U053045

本书系国家社科基金重大项目
"马克思主义基本原理同中华优秀传统文化相结合的科学内涵和实践路径研究"(23&ZD006)的阶段性成果

"马克思主义理论学位点培优培育"系列丛书

精神自立与文化自信

黄凯锋 / 著

Spiritual Self-Reliance and Cultural Self-Confidence

上海社会科学院出版社
SHANGHAI ACADEMY OF SOCIAL SCIENCES PRESS

编委会

潘世伟　吴晓明　黄力之
陈学明　肖　巍　黄凯锋
刘　杰　沈桂龙

丛 书 总 序

潘世伟（上海社会科学院中国马克思主义研究所名誉所长　教授）

19世纪中叶，马克思、恩格斯完成了社会主义从空想到科学的根本转变。《共产党宣言》正是这一根本转变的标志。自那时起的175年里，一代又一代的接续者不断努力，沿着马克思、恩格斯奠基者的足迹，使社会主义从一种思想观念发展为阶级斗争、政党组织、社会革命、国家政权和文明形态。如果从更为深邃的意义上思考，社会主义的历史性运动呈现为三种形态。

基于资本主义生长点的原典形态。社会主义思潮诞生于欧洲，其从空想到科学的蜕变也完成于欧洲，这并非偶然。这一地区得益于资本主义的发展，从而在整个世界的发展中脱颖而出，一跃而成为最为先进的地区。欧洲那些主要的国家，凭着工业革命的先行优势，造就了全新的强大生产力。就其内部而言，一个新的统治阶级，即资产阶级傲然崛起。通过不同样式的资产阶级革命，相继在欧洲一系列国家获得了政权，与此同时构造了与之相匹配的社会架构、市场经济架构、政治架构、文化架构，以及现代民族国家架构。所有这些变革最终关闭了欧洲中世纪略显灰暗的大门，显示出早期资本主义现代化的绚烂光影。就其外部而言，这些现代化先行一步的欧洲国家，借助持续的殖民扩张，以军事战争、宗教传播、文化侵略等综合性手段，揭开了此后绵延百年的以欧洲为中心的全球化序幕。值得注意的是，这一时期欧洲的资本主义是内部发展与外部发展相互交织、互为条件的双重奏鸣：内部政治、经济、文化、社会的发展，推动和主导了外部扩张；外部扩张，反过来又极大地支撑和加固了内部的发展。欧洲资本主义如此多彩炫目的发展成就，遮蔽了当时大多数人的视野。悄然间,一个全新的社会主义思想正在孕育中破土而出。正是欧洲资本主义经济政治的发展,为马克思主义的形成创造了社会条件;工人阶级的成长壮大,以及主张自己利益的工人运动的兴起,为马克思主义的形成提供了阶级基础;文化和哲学、经济学、社会学等社会科学的繁荣,为马克思主义的形成提供了思想社会条件;《共产党宣言》的发表,为科学社会主义的问世颁发了出生证书。科学社会主义的创始人马克思、恩格斯,以及他们同时代的社会主义经典作家,充分肯定资本主义发展创造的一切成就,并且毫不吝啬地给予前所未有的祝贺。然而,超越大多数人的地方在于,他们又无情地发布了欧洲资本主义的讣告,坚定地认为看起来方兴未艾的资本主义制度将迎来自己的绝唱。这些社会主义的先驱者大无畏地指出,虽然资本主义创造了令人赞叹的生产力和物质财富,以及在此基础之上的政治、社会和文化的一切成果,但同时存在着深刻的内在矛盾。而这些弊端,靠资本主义本身的力量只能缓解,无法根除。可以肯定的是,资本主义绝对不会是人类社会发展的终极形态,它在历史中产生,也将被历史所否定。这些社会主义的先驱者坚定地认为,改变资本主义命运的力量来自处在被统治的工人阶级及其他社会力量,通过政治斗争和社会革命,资产阶级将失去统治地位,被压迫的阶级将成为统治阶级。对工人阶级来说,与其屈从于资产阶级的压迫,伴随资本主义的衰落,不如奋而投身革命,以打碎旧的世界。这些社会主义的先驱者充满信心地认为,人类应当有比资本主义更加合理的美好社会状态,取代资本主义的理想制度就是社会主义,以及在社会主义基础之上发展起来的更高级的共产主义。尽管未来美好社会的细节尚不能描绘出来,但是工人阶级及其政党在未来实践中一定会创造出来。更重要的是,这些社会主义的先驱者在批判资本主义、论证社会主义的过程中,提炼出了人类社会发展的一般规律,形成了以唯物史观为核心内容的世界观和方法论,使人们能更加准确地认识世界,把握人类历史运动。

围绕上述内容,逐渐凝聚成社会主义的原典形态。这一形态的大致要点是:(1)社会主义孕育的母体只能是当时人类社会最发达的资本主义,社会主义所需要的政治力量和思想资源都在资本主义内部生成。(2)资本主义可以,也必然被否定和超越,无论资本主义生存维系的时间多么长久,它终究是人类历史的一个片段,即便资本主义因时因势进行自我改良,也无法得出资本主义具有永恒属性的结论。资本主义在完成自己的历史使命之后,告别人类舞台是其无法回避的命运。(3)资本主义的终点就是社会主义的起点,社会主义一开始就立足于人类已经创造的生产力之上,立足于已经非常丰富的物质财富之上,立足于已经拥有的精神财富之上,立足于人类已经达到的现代化水准之上。正是在资本主义所积累的一切成果基础之上,社会主义去消解生产力与生产关系的紧张冲突,去克服生产资料私有制固有的弊端,去解决由之而来的一切矛盾与对抗。社会主义固然是对资本主义的批判与否定,但更是实现一种新的超越与升华。可以说,资本主义越是发展,越是在为社会主义准备更多的物质条件和其他各方面的条件。同样,资本主义的生产力越发达,生产关系越是复杂,国家治理越是精致,社会主义建设新社会的要求自然就会更高。创造更高的生产率,发展更强的生产力,实现更真实的公平,构造更和谐的社会,将更具挑战性。人类应当有能力承担这个更美好社会的建设任务。基于资本主义生长点的原典形态,正是社会主义出生时的模样。在本源的意义上,社会主义源于资本主义又高于资本主义。由此扩展而来的社会主义经典叙事有着强大的生命力,照亮着人类穿越资本主义丛林的前行道路,激励越来越多的人投身向社会主义过渡的漫长历史进程。

　　基于非资本主义生长点的转化形态。出乎人们预料的是,世界社会主义运动的进程发生了重大变化。这种变化表现为社会主义的发展出现了高涨和低落交替的跌宕起伏,表现为社会主义在其原生地形成了成长受阻的长久曲折,表现为在资本主义薄弱环节曾经成功的苏联、东欧国家社会主义实践的夭折逆转。然而在这历史的流变中,更为本质的变化是以中国为代表的社会主义国家的崛起。当社会主义在原来设定的生长点上,即资本主义发达国家,没有能够破土而出的时候,却出现了马克思主义经典作家视野之外新的生长点。这个生长点,不是在资本主义的内部,而是在资本主义的外部;不是在生产力最为发达的地带,而是在经济发展落后的地带;不是在西方,而是在非西方;不是源于资本主义内部的阶级矛盾和阶级斗争,而是源于帝国主义殖民地、半殖民地的民族解放运动。社会主义的内涵、社会主义的展开方式、社会主义的逻辑都有了新的定义。这一意义非凡的突破,超越了当年马克思主义经典作家的论述和想象,构成了一种全新的社会主义形态。在一定意义上可以称之为区别于社会主义经典形态的转化形态,区别于社会主义原生形态的衍生形态。这个新形态的问世,是社会主义发展逻辑与中国自身发展逻辑交汇融合的产物。从社会主义思想的角度观察和思考的话,可以看到资本主义的一个本质表现,就是征服世界。对欧洲中心之外的广大世界的侵略掠夺,成为资本主义持续繁荣和保持舒适的重要条件。发达国家的发达是建立在不发达国家的不发达基础之上的。资本主义不仅固化了内部的不平等,还造就着外部的不平等。社会主义经典作家注意到了资本主义殖民扩张对广大非西方世界的破坏性影响,但是限于诸多客观历史条件的限制,他们没有就此形成系统性的详细论述。直到列宁等后继的马克思主义者,才更加敏锐地深入关注了殖民地、半殖民地国家反抗资本主义、帝国主义侵略的民族解放斗争。"全世界无产者联合起来"这样一个经典的议题设置,被扩展为"全世界无产者和被压迫民族联合起来"的新议题设置,就是一个有力的证明。即便当时社会主义理论和实践的重心依然聚焦于资本主义国家本身,但是欧洲社会主义运动对广大殖民地、半殖民地的溢出效应在不断地增强。社会主义对资本主义的揭露和批判,对未来更加美好社会的理想和追求,工人阶级及其政党推翻旧世界斗争的勇气和决心,给广大殖民地、半殖民地国家和人民带来了深刻的启示,展现了进行新的选择的历史可能性,成为这些国家反抗资本主义侵略征服极其重要的思想资源。

从中国自身发展的角度观察和思考的话,可以看到已经独处东方几千年的中国,遇到了千年未有的重大冲击。一个在经济、军事、政治、文化、技术、治理、制度上全面优越于中国的外部力量,以野蛮的战争方式砸开国门。这场巨变不仅仅是欧美强国对东方古国的远征,更是一个新兴的资本主义对衰落的封建主义的毁灭性打击。国家羞辱、人民苦难、文明蒙尘的不幸遭遇,必然激发中国人民的反抗。追求民族解放和民族复兴的中国人,比以往任何时候都迫切需要新的思想的启迪。在中国内部思想资源难堪大用的窘境下,许多有识之士将目光转向外部,尤其是发展遥遥领先的欧美国家。诸多的西学主张被引入中国,社会主义、马克思主义只是其中一种。然而在西学东渐时涌入的其他西学诸说只是让中国人心动一时,在历史的展开中留下淡淡痕迹。中国人经过比较,最终选择的是社会主义。社会主义与中国的相会相交,是一定时空条件作用的结果。彼此身份的对立，是其原因之一。欧美资本主义国家是侵略者，中国是受害者，两者之间难以共情，老师殴打学生，学生反抗老师，师生之道无以存续。资本主义中心与广大外围地区的利益冲突和身份对立，冲击了所谓共同话语的虚伪性。中国作为亘古存在的源头性文明，从来不应当是被西方中心国家发现、启蒙、开化的结果。因此作为被侵略、被掠夺对象的中国，会更加倾向资本主义批判者的社会主义一边。对弱者的同情和理解，是又一个原因。资本主义国家内部反抗资产阶级统治的工人阶级是弱者；在资本主义对世界的征服中，广大的殖民地、半殖民地国家是弱者。同处弱者状态的中国自然与其他弱者同心同德、命运与共，因而代表弱者利益的社会主义，得到了中国人更多的亲近与重视。资本主义本身腐朽面的显露是再一个原因。随着中国对欧美资本主义了解的加深，其光鲜面背后的阴暗面也日渐显露：奴隶贩卖的罪恶，全球殖民地的争夺瓜分，国内贫困群体的困苦状况，尤其第一次世界大战期间帝国主义国家之间的血腥杀戮，更是反映出资本主义国家的内部弊端和相互矛盾，从而引发中国人对更美好社会的向往，而社会主义正体现了理想社会的可能。基于以上这些以及其他诸多原因，中国人走向了社会主义。其实，社会主义思想与某一个国家的靠拢，尤其是与一个非资本主义的落后国家的相遇，在中国之外的其他许多地区都曾经出现过。

为什么在中国却产生了社会主义与中国实际相结合的实践呢？这是值得进一步思考的问题。社会主义进入中国，中国选择社会主义，这种相遇还只是展现了一种历史运动的可能性，真正要使这种可能转化为现实，结出丰硕的成果，肯定还需要其他若干至关重要的条件。这些条件包括：拥有一个优秀的先锋队组织，一批甘愿牺牲一切的青年人，一批心属劳苦大众的知识分子，一批深谙中国国情又能领悟马克思主义精髓的领袖人物。当时的中国，相当完整地拥有了这些条件。所以，社会主义在中国大地的生根开花不仅是可能，而且是现实的事情。社会主义在中国的命运由此确定。社会主义进入中国后，改变了中国社会变革的性质。在原来世界资本主义的蓝图里，中国只是资本主义中心的从属者，处于被支配的边缘。至于中国内部半封建、半殖民地状态的延续或者变革，对中心国家来说无关紧要。即便中国发生社会变革，中心国家也将其设定为走向资本主义同质化的、模仿中心国家的社会变革，并且应当在中心国家利益代理人的控制下展开。这个进程在社会主义来到中国后被终止,中国出现的是另外一个样式的社会变革。中国共产党取代中国资产阶级政党,成为社会变革的领导者。工人阶级联合农民并与其他阶级一起取代资产阶级,成为社会变革的主体力量。社会变革的内容更是有了根本的调整,反对外来资本主义对中国的侵略、压迫和剥削,也反对外来资本主义对中国国内反动力量的支持,结束封建主义、官僚资本主义、帝国主义在中国的统治,实现民族解放,赢得国家独立。上述这些变化完全颠覆了通常意义上资产阶级民主革命的内容和方式。社会主义进入中国后,改变了中国现代国家的建构。当中国的社会变革被赋予崭新意义之时,意味着随后的国家建设将呈现新的面貌。果然,新中国成立后确定,不以资本主义为自己的发展方向,直接向资本主义的否定者社会主义过渡。相应地,整个国家建设也以此为准则,于是基本政治制度、基本经济制度和基本社会制度相继诞生,还根据中国的实际情况创建了中国共产党领导的制度、人民当家作主的人民代表大会制度、多党派合作的政治协商制度、民族区域自治制度、社会基层治理制度等富有中国特色的重要制度,完成了现代国家的建构,创造了政治长期稳定的奇迹,展现了具有国际比较意义的治理优势。

社会主义进入中国后,重设了中国现代化的进程。当人类社会从农业社会向更高水平的工业社会转变的时候,欧洲国家依托工业革命先行一步的优势,率先启动和实现了现代化;在它们对外扩张的进程中,又将这条资本主义现代化道路强加于广大的发展中国家。其实包括中国在内的发展中国家,对这条现代化道路的移植并不顺利,挫折、停滞和失败已经成为常态。新中国诞生后,决定以非西方、非资本主义的方式完成自己的现代化。中国共产党极其有效地动员和组织了亿万中国人民,在并不有利的国际环境下奋力推进中国的工业化,努力造就社会主义的物质基础。在经历了一系列曲折后,终于开辟出社会主义市场经济、积极参与世界经济、坚持共同富裕的现代化新路径。尤其是改革开放后创造出经济长期快速发展的世界奇迹,大踏步地推进了中国的工业化、城市化、市场化、信息化和国际化,使中国站到了世界现代化发展潮流的前列。

以上分别从社会主义发展的角度和中国自身发展的角度梳理了一个社

主义新形态形成的大致脉络。以中国为典型的基于非资本主义生长点的转化形态的出现,不是社会主义在一般意义上的扩展,而是具有相对独立内涵和意蕴。新形态的问世和成长生动地显示了社会主义本身发展的多样性。

基于社会主义生长点的自我成长形态。19世纪中叶,社会主义诞生于欧洲。在这个世纪里,社会主义形成了第一个形态,即以资本主义为生长点的原典形态。这一形态并未消失,至今仍在缓慢生长之中,主要表现为思想文化层面关于资本主义的批判,以及争取底层人民群众利益诉求的社会政治运动,距离取代资本主义、上升为统治地位的目标依然有着很大距离。究其原因,固然与社会主义队伍本身的分化、变异密切相关,也与资本主义异乎寻常的自我改良能力密切相关。然而从根本上来说,存在于发达资本主义国家内部的社会主义不可能是一个自发生长的自然过程,缺乏强有力的先锋队政党的干预和引领,资本主义可能仍然会继续保持自身的正常运转。20世纪,社会主义运动在非资本主义地区开辟出了发展的新空间。以中国为代表的发展中国家在选择发展方向的时候,没有皈依资本主义中心国家,而在资本主义的外部割断了与资本主义的关联,成为社会主义新的生长点。它们面对的是前资本主义或半资本主义的场景,身处经济、政治、文化、社会发展相对落后的历史方位,没有可以跨越资本主义充分发展阶段,而直接迈入社会主义的理论论证和实践设计。令人欣慰的是,它们发挥了空前的历史主动性,创造性地进行以社会主义为方向的社会革命、以社会主义为标志的国家建设,以及实现了嵌入社会主义要素的现代化实践。在此基础上,形成了关于发展中国家建设社会主义的完整叙事,形成了社会主义发展的新形态。进入21世纪之后,社会主义会有怎样的新进展?这是所有的社会主义思想者、实践者所关注的问题。应当看到,发展中国家后发现代化的逻辑、以非资本主义为生长点的社会主义转化形态的逻辑依然存在。但随着中国社会主义的发展,社会生产力、科技实力、国家综合实力以及社会其他方面的成就,一个新的逻辑正在出场,即以一个社会主义现代化国家的身份,显示社会主义高于资本主义的可能性,显示社会主义的内在优越性,显示社会主义的未来成长性。这就要求把中国已有发展水平作为基础始点,寻求社会主义的自我成长,寻求更高水准的新成长。在一定意义上,这个新形态不是已有的社会主义第二个形态(转化形态)的自然延顺,而是一种具有迭代意义的升级。同时,在一定的意义上,这个新形态也有着向社会主义的第一形态(原典形态)复归的意蕴,意味着从资本主义国家的外部超越资本主义。概言之,新形态要以社会主义的自我成长来超越资本主义。客观上来说,新形态的形成刚刚展开,人们还无法完全把握其整体走向和内在规律,只能大致描绘出这一发展的基本轮廓。其一,统一和深化思想认识,储备相应能力。领导中国社会主义发展的中国共产党要进行深层思考,全面谋划,在适应中形成长期主义安排。在此基础上加强学习,统一思想认识,逐步树立"自我成长"的自觉意识。其中,全面了解和熟悉欧美资本主义在各个领域、各个方面的发展水平、存在瓶颈、有利不利条件、运作机制、操作经验等基本状况,至关重要。其二,加强整体性发展。相比资本主义发达国家长期运行后形成的均衡状态,中国经济、政治、文化、社会、生态各方面的发展上有轻重、先后、长短,需要强化"五位一体"融合发展的意识。其三,推动生产力高质量发展,增强物质基础。尽管中国大踏步地追赶,缩小乃至在某些方面追平了与发达资本主义国家的经济差距,但是生产力、生产效率、高科技以及物质财富基础仍有巨大发展空间。没有更高的生产力、更高的生产效率、更为雄厚的物质基础,社会主义的内在优势肯定无法真正体现。其四,提高制度成熟度,培育独特治理优势。在巩固已有的独特制度优势和治理优势的基础上,加快提高制度建设的完善度、成熟度和执行力,只有这样才能面对西方资本主义运行了数百年的制度高墙。其五,强化对社会主义本质的显示。相对资本主义而言,社会主义的本质决定了其拥有许多独特优越性,比如人民当家作主;比如执政党以人民为中心的宗旨,没有任何特权和私利;比如坚持共同富裕的至高准则,坚决防止社会的贫富两极分化;比如始终保持党的先进性、纯洁性,保持强有力的领导能力;比如强调社会和谐,人民群众之间没有根本利益的冲突和对抗;比如重大问题上的新型举国体制,能够凝聚起强大的各方力量;等等。这些优秀的内在本质要在珍惜呵护中精心培育。其六,更为主动的精神力量。文明型民族、文明型国家,是中国最重要的国情。中华文明是源头型文明,从文学到语言再到思维,都有自己的鲜明特点。中国文化绵延亘古,从未中断,并且与社会的契合、与人民日常生活的契合异常牢固。马克思主义之所以能够本土化,社会主义之所以在中国生成新的形态,很大程度上得益于与中国文化的内在契合,应当努力使这一宝贵资源创造性地转化为更为主动的精神力量,并与人类其他文化一起,展示人类文明多样性的独特魅力。其七,更加凸显的国际比较优势。中国的发展已经造就了许多方面的国际比较优势,即便在与发达资本主义国家的比较中也并不逊色。中国已经推动并在继续推动14亿人口的现代化,这一体量、规模超过了现有发达资本主义国家的总和,成为有史以来人类最伟大的现代化实验。不仅如此,中国现代化以更快的速度、更低的社会成本、更广的共享程度、更温和的方式著称于世。中国在绿色能源、生态保护、脱贫、数字化发展等方面后来居上,走到前列,交出了毫不逊色于发达资本主义国家的亮丽答卷。中国通过"一带一路"倡议唤醒、激活了辽阔的南方国家,鼓励它们开创属于它们自己的现代化之路。在解决人类面临的共同问题方面,中国提出了"人类命运共同体"的理念,以及一系列的正义主张,为世界和平、世界发展提供中国方案。中国欢迎和接受世界上不同类型现代化道路的比较、竞争与合作。随着中国式现代化的不断推进,中国的国际比较优势必将更加凸显。至于某些国家的敌意遏阻,中国将有足够的智慧和能力给予回击。21世纪的车轮正在疾行,已经驶入了第三个十年。使所有社会主义者感到兴奋的是,奠基于社会主义基础之上的一个新形态正在形成之中。站在这个社会主义发展的新起点上,我们仿佛回到了马克思、恩格斯的年代,他们反复思考的是,资本主义将被谁所超越?谁是资本主义的掘墓人?如今我们看到,资本主义在做的事情,社会主义能够比它做得更好;资本主义无法做到的事情,社会主义也能成功地做出来。成长起来了的中国社会主义,正如马克思、恩格斯所设想的那样,努力全面超越哪怕是同时代最先进的资本主义,创造人类更加美好的新社会。面对喷薄欲出的社会主义新形态,我们需要一次新的自觉。

为此,我们依托上海市教委马克思主义理论学位点建设培育培优专项(2021—2025),以上海社会科学院相关相近学科和研究团队为主力,组织一套系列丛书。丛书围绕马克思主义指导下的中国特色社会主义理论和实践,聚焦马克思主义世界观和方法论、中国式现代化理论、马克思主义中国化理论创新、中华优秀传统文化现代转化等展开学理性阐释,为上海社会科学院马克思主义理论一级博士点教学研究和学生培养提供参考。

前　　言

　　文化是一个民族的精神标记,体现生存方式,包孕绵长积累。中国特色社会主义文化则是我们身边的鲜活样态,又需要传统、现实和未来的内在衔接。本土思想资源、当下做法和经验、未来跨文化互动,传承、提升、创新、发展,归结起来都离不开对这一鲜活样态的认识和把握,当然同时也是一种自我认识。因为我们就在这种文化里,我们就是这种文化本身。精神自立和文化自信因此不仅仅是中华民族伟大复兴的内在要求,更指向自我意识。十多年来,笔者一直在思考如何从不同侧面深化对中国特色社会主义文化的认识,也在琢磨不同侧面的认识如何形成整体性的内在逻辑。这本小书集中反映了其间的心路历程。有些比较学理化,也有些相对感性,还包括调研基础上的思考。归结起来,初步形成如下基本观点和思路。

一、融入日用而不觉的生存智慧

　　中国特色社会主义文化来自老百姓日用而不觉的生存智慧。"打拼""实用""乐观""中道"等正是改革开放以来广大人民群众追求美好生活而形成的共同价值观。"打拼",听上去容易给人蛮干、傻干的印象,实际上却意味着解放思想,实事求是,与时俱进,科学发展。"打拼"本身包含尝试中的勇敢、承受挫折的能力和具体而明确的目标引领。今天的中国人已经把通过正大光明的奋斗改变命运、通过拼搏创造幸福生活当成了自己的权利和责任,既搞好自己的生活,又关注社会的发展。打拼文化已经成为绝大多数中国人生活方式的一部分。"实用",经世致用,听上去缺乏高瞻远瞩的理想关怀,只满足于眼下一亩三分田,实际上却意味着"崇高也要讲道理"的理性思维。一切抽象的东西要来自生活经验,要管用。我们不难发现身边熟悉的中国人应对社会生活的诸多如水如草的实用态度:碰到山就往谷底流下去,遇到石砖就从缝里钻出来。山不转路转的伸缩自如,蔑视成规的性格,无疑也是中国经济进步实实在在的种子。"乐观",展示中国老百姓一贯的豁达、庆生和乐生的日常智慧。这种乐观不是因为盲目和无知,而是了然之后的坦荡和练达,其根底是悲情以及对悲情的理解和把握。中华民族承受了多少苦难?开创中国式现代化道路哪有一马平川?即使如此,中国老百姓还是更加愿意把眼光放在人际世间,执着追求又随顺自然,立足现实向前看。"中道",即动态平衡、中庸之道,也是改革开放40多年来中国老百姓日用而不觉的生存智慧之一。什么是恰到好处,不仅在不同时空条件和环境中大不相同,而且随着文明进展、人类活动领域的扩大,这个度更具有难以预测的可能性和偶然性,它不完全是经验的综合,也不是逻辑的推理,而是一种创造。经济上的效率和分配上的公平、伦理上的崇高追求和投资者的利益回报等如何达到某个平衡点,这不仅是具体的法律法规可以解决和回答清楚的,还需要个案积累基础上的经验总结。

这些来自中国老百姓鲜活实践的日常智慧,是中国特色社会主义文化现时态的群众基础,是这一文化来自人民又回到人民的思想土壤。当然,理论形态的中国特色社会主义文化,仍需要不断引领和提升人民群众的日常智慧,并推动实现理论创新与日常智慧的良性互动。比如,我们以往的打拼尽管取得了显著的成绩,甚至还打拼出了一条中国特色的发展之路。但主要恐怕还是经济层面的打拼,完善的市场体制和法治文化本身还有待建设,文明、规范的程度还有待进一步提升。走过摸索和试错,走向规范有序,还需要我们继续发扬打拼精神,同时保障人们健康、合理、文明地打拼。我们还需要为打拼营造一种正当的、干净的社会环境。近代以来的历史使我们在文化心态上总是容易在自大和自卑之间摇摆,通过打拼文化的积累和提升,相信全体中国人民能够在精神上真正站起来,强化自我意识,向世界展现理性自信的整体形象。

二、实现传统文化的现代转化

中国特色社会主义文化需通达伟大传统的思想源头,尤其是五千年未曾中断的中华优秀传统文化。这就意味着我们要认真对待传统文化的现代转化。其实,对文化传统进行反思并非当代之事,迈向现代化的中国人,多年来似乎已形成了一种传统,那就是不断探讨并试图处理好传统与现代化的关系。于是,有趣的现象出现了:问题未获解决,传统亦已形成,我们形成了研究传统的传统,而这恰好又是一种现代现象。因为只要我们把现代化看作一个过程,这个过程中将始终存在传统与现代化的矛盾,于是研究传统问题的传统正是一种现代化现象。传统与现代化的内在关系因此是互相嵌入的,传统向现代化的转向是一种自我革命与自我转化,它在转化与革命中保存自己、发展自己。传统不是预成的,而是在实践中不断生成的,只有在现实中仍然活着的既往存在才是真正有生命力的传统。

几千年来,我们悠久的文化经历了艰难曲折的发展过程,在中华民族的兴衰史上有过大起大落的不同作用。既有悠久的文明,又曾被认为不"文明";既曾陷于落后和屈辱,又能以自强和不屈走出落后,这是我们的文化传统在历史上显示的总体面貌。我们从历史走来,所以绝不可能脱离自己的传统;我们向未来走去,所以绝不应该停留于自己的传统。以科学的方法去认识传统,既要有自尊、自强的精神,也要有清醒、理性的态度。既要对自己的历史负责,有自爱自立的意识,敢于肯定和弘扬自己传统中一切优秀的、美好的东西,又要对自己的未来负责,有自我批评和自我超越的精神,敢于否定和抛弃自己传统中一切落后和丑恶的东西,实现自我转化。

习近平总书记在2023年6月2日文化传承发展座谈会上的讲话中明确指出:马克思主义基本原理同中国具体实际、同中华优秀传统文化相结合是开辟发展中国特色社会主义的必由之路,还突出强调"同中华优秀传统文化相结合"是又一次思想解放,强调中华优秀传统文化与马克思主义"彼此契合""相互成就",进而形成新的文化形态。笔者认为,一方面,中华文化的家国情怀、天道观念与共产主义理想、社会主义信念彼此契合;中华民族知行合一的实用理性与马克思主义实践观、价值观彼此契合;中华礼乐文明、人际伦理和人本思想与人民主体论、群众史观彼此契合;传统修身文化与马克思主义党性思想彼此契合;中华民族协和万邦的处世之道与马克思主义世界历史理论彼此契合。另一方面,刚健有为、自强不息的民族精神与群众路线、独立自主等价值立场和思想方法相互成就;中国古代"实事求是"的人品和史观与社会主义初级阶段理论相互成就;中国文化"致中和""道中庸"的境界与科学发展、和谐社会等理念相互成就;中华文化天下一家的大同思想与人类命运共同体理念相互成就。而以仁义理想助力社会主义市场经济的伦理建设、以经世致用的文化品格助力社会主义价值理念的具体落实、以中道的智慧和动态平衡的艺术助力中国特色社会主义,正是中华优秀传统文化对马克思主义积极回应后可能发挥的实际影响力。

中华优秀传统文化实现现代转化的过程也正是中国式现代化道路成功开辟的历史进程。因此,中国式现代化首先是中国人在自己的土地上建设国家和社会的过程,确立和体现的是中国人、中华民族发展的主体性。它是一个不断进步的、历史的、动态的过程。"现代化"的实质是整个社会生产力水平高度发展,最终目的是综合国力的强盛和人民生活质量的普遍提高。任何国家和民族实现真正的而不是虚幻的现代化,其过程和标志是这个国家和民族对现代化发展不可替代的"自我实现"和"自主生长",而不是"自我迷失",这恰恰也是传统文化现代转化的立足点。

三、坚持和优化中国特色

中国特色社会主义文化要真正体现中国特色,优化中国特色,并在理论上说清楚社会主义文化的中国特色不是人类共同价值的边缘和例外,更非权宜性的表达。中国特色,讲究的是"中学",是中国自己的学说,而"学分中西"是倡导中国特色的一个逻辑起点。在科学及其学科的层面上,"学"本无中西之分,唯以"真为体,实为用";而在学说层面上,中学西学乃人我之分,自当"以我为主,以人为鉴"。把握学科与学说的区分,对于理解什么是中国特色,思考如何优化中国特色,是十分必要的。因为这不仅意味着强调"中国特色"有了一个科学的逻辑前提,更意味着对中国特色的把握有一种自觉的科学意识。

所谓自觉的科学意识,就是要以科学研究的精神对待"中国特色",首先不要把"中国特色"与"科学"相对立,相反,在倡导中国特色时,我们不能视之为权宜之计,更不能牵强附会,而要高举"科学"的旗帜,以彻底的实事求是的科学精神来分析和把握改革开放以来的历史和现实,不断提炼、丰富和深化对中国特色的认识和理解。作为一个学说系统,"中国特色"更多强调我们中华民族自古以来不断传承的文化体系,强调在革命和建设时期逐步形成的新的文化特点,以及马克思主义中国化和传统文化现代化交融统一所达到的新境界。要真正坚持和优化"中国特色",客观上也需要尊重和弘扬人类的科学精神,保持和发扬科学批判的精神和方法,力求在实现现代化的进程中证明自己的优越性,增强"中国特色"的说服力。如果借口"中国特色"而把过去一些非科学、反科学、愚昧落后、不思进取的东西,重新当作了"国粹"和宝贝,那么中国特色与社会主义文化的前进方向就会背道而驰。

中国特色社会主义发展到今天,追求共同富裕和普遍繁荣,既坚持了社会主义共同理想,又探索出了社会主义与市场经济相结合的基本制度,当属"特色"与"共识"内在一致的范例。以为"中国特色"就是否定或逃避现代文明,逃避"共识"的借口,那是完全不必要的误解。特色不是主观追求得来的,而是实践中形成的客观结果。强调特色,只有在重视本国具体现实条件的意义上,才是合理正当的,在实现共同价值的具体表现形式和路径上强调特色,才合情合理。对普遍共识的预设常常不证自明地成为理论研究的路径依赖,全球化、现代化发展到今天,普遍共识的先验预设实际上遭遇了前所未有的挑战,这一挑战不仅仅是理论层面上的,更是实际感受上的。现实已催生多元多层主体内生性、创新性的"特色"发展道路,事实也表明:只有在历史的、具体的情境中,先验抽象的普遍共识及其理论预设才可能有生命力。

"中国特色社会主义"正是从具体现实出发理解和把握社会主义的话语表达。马克思主义中国化时代化的进行时、完成时也就意味着马克思主义正在和已经"化"成了"中学",当然体现"中国特色"。这个特色,以"真"为体,以"实"为用。一方面,推进并拓展中国式现代化道路,创造人类文明新形态,怎么强调其独特意义都不过分;另一方面,探索中国特色,研究中国式现代化的内生逻辑,包括在实践中不断探索具体经验和做法,并不意味着我们会成为普遍共识的边缘和例外,而应始终与总体意义上的人类文明同向同行。"特色"不是否定"共识",更非"共识"的例外,而是我们中国人对实践中创立的文明新形态的标识。以冷静清醒的眼光审视、分析、优化"中国特色",不断寻求更加合理、更具价值共识的理念和境界,正是我们理解和把握"特色"与"共识"内在关系的基本方法。

四、体现文化先进性

在人类整个文明演进过程中,有六大价值被逐步认可,即自由、平等、博爱、真、善、美。就资本主义发展的历史进程来看,如果必须要从这些价值中选择一个作为核心价值观,应该是自由,自文艺复兴以来资本主义社会更加强调的是自由,最能说服人的是个人自由。博爱和平等相对于自由而言,在顺序上不具有优先性。因为资本主义的核心价值是自由,更加主张自由竞争,所以从理论上分析,贫富差距、两极分化尽管也要避免,却不是完全不可接受的。而社会主义社会无论在理论还是实践上都是反资本主义而生的社会形态,反对剥削、反对压迫,追求平等、追求共同富裕。最牵动中国人民神经的是公平正义,没有这一点,我们就不可能理直气壮地说我们是社会主义国家。实现公平正义,我们的制度和文化追求才比资本主义优越,社会主义文化才是更为先进的文化。

何谓先进、何谓落后,不应该脱离了文化的主体作抽象的判断。文化的先进和落后,本身是体现主体性的相对尺度。不同主体之间的文化,涉及主体形成的生存方式和生活样式,都有各自的根据,简单直接的比较当然是不合适的。衡量一种文化是否先进,这个先进性指是否有利于主体的生存和发展,是否能够反映生产力的发展要求和人民群众的根本利益,是否能为社会进步、人的解放和自由全面发展提供最大的资源,包括精神资源(含道义资源、智力资源等)和制度资源(含体制空间、机制活力等)等。中国特色社会主义文化的主体是广大人民群众,中国特色社会主义文化要充分实现人民群众的文化权益,让文化成为人民生存发展富有活力的积极因素。这才是真正的以人为本。

用动态的、具体的主体性的历史分析方式理解先进性，才能防止先进与落后问题上的简单化和抽象化。脱离了主体现实的条件和能力，拔得越高可能越不先进，也并不能为主体提供更大的资源、更强的道义空间和智力空间，反过来会束缚我们的手脚。先进文化的前进方向，不在天上和外面的某个地方，就在我们现实的文化生长之中，在我们现实文化生长发展的趋势要求之中，不能离开这个主体的现实去谈论抽象的先进和落后，更不能离开这一点奢谈前进的方向。总之，在理解社会主义文化的先进性上同样需要实事求是的科学态度。

社会主义文化以五千年中华文化和不断前进的人类文明为基础和资源，以改革开放四十多年的发展为现实活力，既非邯郸学步，更非刻舟求剑，而是在不断变化的生动实践和不断发展的群众智慧中告别"西化论"和"复古论"，警惕各种形式的虚无主义，坚持中、西、马汇通融合，以我们当前社会主义事业的发展为根据，立足现实，着眼发展，以我为主，古为今用，洋为中用，推陈出新，运用科学合理的价值目标凝聚、动员和激励人民为民族振兴和现代化建设事业而奋斗，寻求新时代中华传统文化走向复兴和繁荣的崭新形态。中国特色社会主义文化作为先进文化，就是指对我们中华民族的生存和发展来讲，目前是最需要最合适的一种文化形态。比起过去已有的东西，应该也是更有益的文化形态。我们在实践中掌握文化先进性的标准和尺度，需要把握文化精神实质的一贯性与文化形式多样化的统一，防止文化观的教条主义和形式主义、绝对主义和相对主义等简单化倾向。

五、培育践行核心价值观

核心价值观是指在各种价值观念中最根本的、灵魂性的，如种子般存在的价值观，社会主义核心价值观就是指在社会主义价值体系中最根本的占据核心地位的价值观。党的十八大阐述了社会主义核心价值观二十四字理论表达，即"富强、民主、文明、和谐、自由、平等、公正、法治、爱国、敬业、诚信、友善"，分别从国家、社会、个人三个层面提出要求，体现高度的理论自觉和文化自觉。这里所说的社会主义当然是"中国特色社会主义"，而不是别的社会理想和原则。社会主义核心价值观首先是我们党倡导建设的价值观。中国共产党的宗旨是全心全意为人民服务，但是我们党不会直接把自己的主张原封不动地加给全体人民，也不会把对自己的要求与对广大人民群众的要求混为一谈，而是十分注意向人民学习，从人民群众的鲜活实践和日常智慧中把握他们的共同愿望，并用党的理论和方法加以总结概括，进而表达为全体人民的价值观。这就使社会主义核心价值观建设和实践，步入来自人民、回到人民的逻辑和历史之中。

核心价值观要在社会生活中占有主导地位，一定要注意话语空间和实践空间的一致性。在政治口号和宣传教育中被规定的分量，还只是"话语空间"中的地位，还不等于"实践空间"中的地位，后者往往与人们的现实利益、思想感情和行为方式密切相关。社会上不同的个人、阶层、阶级、民族和国家等，必然都有自己的价值和价值观念体系。对于每一个主体来说，他的价值和价值观念如何，总是由他的社会存在、地位、利益、需要和能力等客观条件所决定的，是与他的生存发展相关的选择和追求所在。如果孤立地就价值观说价值观，就意识形态抓意识形态，甚至以为占领了话语空间、掌握了话语权，就是解决了价值导向问题，那么就可能造成"嘴上说的"与"心里想的、手上做的"相脱节。

一方面，我们要深刻理解和把握社会主义核心价值观，深入理解科学社会主义自诞生以来一直坚持的公平正义的价值理想，密切关注资本主义自身内部反思资本主义弊病的声音。另一方面，我们在理解和阐述社会主义核心价值观的个性特征时，也要注意将这种个性置于人类共同文明的背景之下，否则就会造成个性与共性之间的分离甚至对立，忽视甚至抹杀了中华民族对人类共同文明的权利、责任和贡献。习近平总书记多次倡导构建人类命运共同体，正是要求我们保持和而不同的立场，坚持个性和共性的统一，高举公平正义的旗帜，追求合作共赢的效果，为全人类共有的精神家园贡献中国智慧、中国方案。共同价值观建设是全世界人民的权利与责任，我们不仅需要而且能够参与其中，并做出积极贡献。由此，我们对自己核心价值的确立与表达，就不会与当今世界的共同价值认同和担当发生冲突，从而自觉地把共同价值包括在核心价值之内。

从多元走向共识,由共识形成核心,需要耐心细致的植树造林功夫。寻求共识不是心急火燎地到处摘果子,核心价值观更要经得起岁月的沉淀和现实的严峻挑战。一切在历史和实践中得到的东西,如果视之为当然,如果不懂得珍惜,不善于坚持,也可能在历史和实践中再次失去。改革开放和现代化建设中积累起来的经验和智慧,要继续跟上新实践的步伐,有效回应现实社会价值体系的冲突和矛盾,继续引领社会思潮,并为解决问题提供有说服力的思想和智慧。这需要一个过程,急于求成往往适得其反。

上述五个层面的想法和观点是笔者研究中国特色社会主义文化的基本认识,也是构筑这一文化整体形态的努力。总结起来说,中国特色社会主义文化要以人民群众日用而不觉的共同价值观为基础,在传统文化的现代转化中获得本源性支持,坚持和优化中国特色,坚持社会主义文化的先进性,聚焦公平正义,实现社会主义核心价值观与全人类共同价值的内在统一。

书中还涉及社会生活中一些热点问题,涉及上海文化发展的具体实践,恕不一一赘述。借此机会感谢我的恩师李德顺教授一如既往的支持,也感谢刘克苏、任政、何一伟、孙越、杨起予、谢牧夫、曾毅等同道、朋友和学生在研究过程中的协助!

2023 年 12 月

目　录

丛书总序 ……………………………………… 潘世伟　1
前言 ………………………………………………………… 1

第一辑　日常智慧

中国式打拼 ……………………………………………… 3
经世致用 ………………………………………………… 8
理性乐观 ………………………………………………… 13
动态平衡 ………………………………………………… 17

第二辑　传统与现代化

推己及人 ………………………………………………… 25
临时抱佛脚 ……………………………………………… 28
自我转化 ………………………………………………… 32
有机结合 ………………………………………………… 39
双向建构 ………………………………………………… 48
内生逻辑 ………………………………………………… 54

历史意蕴 …………………………………………………………… 64

第三辑　中国特色

"特色"释义 ………………………………………………………… 77
"特色"与"共识" …………………………………………………… 80
文化先进性 ………………………………………………………… 84
和谐与斗争 ………………………………………………………… 90
和谐与法治 ………………………………………………………… 94
本土与国际 ………………………………………………………… 99
路径依赖 ………………………………………………………… 104

第四辑　价值与价值观

主体与核心 ……………………………………………………… 111
核心与外围 ……………………………………………………… 114
稳定与流变 ……………………………………………………… 119
主导与主流 ……………………………………………………… 123
文化自信与核心价值观 ………………………………………… 126
孝道与核心价值观 ……………………………………………… 134
人类命运共同体价值论 ………………………………………… 141
宗教伦理与精神文明 …………………………………………… 151
培育价值观与植树造林 ………………………………………… 154
共同价值与主体性思维 ………………………………………… 156
价值渗透与历史客观性 ………………………………………… 160
标识性概念与国际传播 ………………………………………… 167

第五辑　文化时评

真相可告 …………………………………………………… 181
"五缘文化" ………………………………………………… 184
"获得"与"获得感" ………………………………………… 189
童年危机与数字素养 ……………………………………… 193
人格示范常态化 …………………………………………… 197
仪式、节庆与精神生活 …………………………………… 201
"+文化"与"文化+" ………………………………………… 204
文明互鉴与自我意识 ……………………………………… 207
由"高楼综合征"想开去 …………………………………… 212
见义勇为与风险伦理 ……………………………………… 215
善之艰难及其可能性 ……………………………………… 218
诗词大赛与人文素养 ……………………………………… 221
讲中国好故事 ……………………………………………… 224
"生命 3.0"和 AI 的未来 …………………………………… 227

第六辑　上海城市文化

上海城市精神品格 ………………………………………… 233
上海城市软实力 …………………………………………… 235
文化地标彰显上海城市品位 ……………………………… 238
用文化向世界传播中国价值 ……………………………… 245
从"叠加"走向"质变" ……………………………………… 252
盘活上海公共文化空间 …………………………………… 256
打造富有张力的城市演艺空间 …………………………… 260

第一辑　日常智慧

中国式打拼

改革开放以来，在开辟中国式现代化道路的过程中，国家富强、社会进步和个人幸福三位一体，为美好生活而打拼成为每一个中国人实实在在的文化品格。"打拼"一词，看似大众，略显粗疏，却支撑着经济社会生活的每一个环节，体现着中国文化饱含的血肉滋味。当然，我们不能说中国历史上的老百姓没有梦想，不会打拼，而是他们虽曾梦想风调雨顺、政通人和、国泰民安，但除了托付给老天爷、圣君、清官和侠客，几乎无法真正实现自己的梦想。近代以来曾经饱受屈辱的中国人都有一个中国梦，这个梦的核心就是强国。晚清时期中国知识界如郭嵩焘、薛福成、谭嗣同等几乎一致认为，这个强国梦不仅仅是船坚炮利、财大气粗，更加重要的还有政治文明、高尚道德。但是究竟如何完成强国梦，想法就各各不同了。

传统社会中国人的天下梦无非是大同、小康和治世，寄托了理想，也表现了无奈。1949年以后中国人的梦想就有了新的版本，而改革开放以后又有新的解释。但无论如何，强国之梦离不开民本之心，国家富强，是为了人民幸福，而人民是由无数有生命的个人组成的。没有个人就没有人民，没有个人的幸福就没有人民的幸福，而没有人民的福祉，大同之梦和强国之梦将全部背离自己的初衷，走向反面。

实际上，改革开放带来的价值观上的重大变化就包括个人权利意识和自主选择意识的显著增强。公民获得了越来越多的选择自由：农民可以进城打工，工人可以下海经商，大学生可以自主择业，所有人都可以炒老板鱿鱼。当然，这些选择，未必都成功，也未必都主动，但能够选择，敢于选择，某种程度而言就是成功。

我们不仅可以有国家的梦想,而且也可以有个人的梦想。比如自己的公司可以发展,自己的孩子可以出国,自己的工作可以调换,自己的户口可以迁移,自己的冤屈也可以有多种渠道申诉。但不管怎么说,我们不必集体做梦,也不必在同一个框架和范围内考虑个人的生活方式,可以各自选取活法和做法。

从天下为公的大同梦到民富国强的强国梦再到自我实现的幸福梦,是情理和时势的水到渠成。社会、国家和个人原本就是三位一体。社会不稳定,个人就难发展;国家不强大,个人就没前途。但社会的进步和国家的富强归根结底又是为了每个人的幸福,为了每个人的自由全面发展。我们曾想当然地认为,只要国家富强了,社会进步了,人民自然就幸福了,事实并非如此。只有把每个公民的幸福放在第一位,以人为本,社会进步和国家富强才能真正获得持久的动力。这是改革开放实践中人民群众日用而不觉的朴实道理。

这样一个中国梦的变迁和位移,落实到具体个人的价值观和理想上就是对打拼文化的认同。"我们都希望国家富强、人民幸福,让我们一起继续打拼。"[①]这样贴近老百姓的表达会引起人民群众内心的强烈共鸣。为美好生活打拼,使大同之梦、强国之梦和每一个普通民众的幸福之梦实现无缝对接。

"打拼"这个提法,与执政党的工作理念、艰苦奋斗的工作作风以及改革开放所需要的开拓精神也是内在一致的。著名演员李雪健(反映深圳改革开放以来发展历程的电视剧《命运》中市委书记宋梓南的扮演者)对深圳的"拼""创""干"精神的概括很值得关注。建党百余年,中华人民共和国成立七十多年,改革开放四十多年,风雨兼程、硕果累累,我们确实一直都在打拼。有所不同的是,在不同时期,我们打拼的目标、打拼的方式、打拼的效果有所不同,而艰苦奋斗、百折不挠、坚定不移、勇往直前的精神状态是一以贯之的。不同时期的打拼有成有败,有得有失,总体上是在不断探索,不断改革,不断发展。

应该说全世界人民都在为了自己的美好生活而打拼,但我们的打拼富有中国特色。我们打拼的目标一直是国家富强、社会进步和人民富裕。传统文

---

① 胡锦涛:《让我们一起继续来打拼》,《人民日报》2009年10月8日。

化熏陶下的中国人历来重视家国同构,位卑未敢忘忧国。尽管社会主义市场经济背景下许多打拼或多或少带有个人奋斗的特点,但是对国家强盛和文明进步的期待一直是个人打拼的背景和根底。如果说今天我们在中国共产党的领导下走出了一条建设社会主义现代化的正确道路,那么这条道路离不开中国式打拼。

打拼本身包含尝试中的勇敢、承受挫折的能力和具体而明确的目标引领。全世界没有现成的在市场经济条件下建设社会主义的经验,更没有在与发达资本主义国家共存的背景下发展社会主义的经验,客观上也需要这样一种探索精神和创新品格。普通老百姓对幸福生活的期待与整个国家对富强、和谐、文明、美丽的期待在文化心理上也是高度一致的。所以打拼文化还不仅仅体现了老百姓实实在在的生存智慧,也是整个国家和民族没有退路的文化选择。"继续打拼"因此也就不只是要求每一个中国人继续为幸福人生而努力,更意味着要坚定不移地走自己的道路,在推进中国特色社会主义事业中继续拼搏。

打拼,听上去容易给人蛮干、傻干的印象,实际上却意味着要坚持解放思想,实事求是,与时俱进,科学发展。经过改革开放四十多年的发展,我们的打拼,是以实现全面发展意义上的国家富强、人民富裕为目的,并通过实践去检验的过程。国家富强,不只是经济上的,还包括精神文化上的;不光是硬实力,还包括软实力。人民的富裕也不只是物质上、经济上,还包括精神富裕。所以,打拼不是目的,而是条件、是手段。摆正了打拼的位置,我们就敢于改革,敢于创新。至于做的结果,该是什么样就是什么样,能做多好就做多好,不要怕像谁,也不要怕不像谁。国家富强、人民富裕是我们自己选择的目标,是我们经过自己的努力达到的成果,这就是我们打拼的意义所在,[1]也是打拼文化的魅力所在。

普通民众的打拼也许就是为了房子、车子,为了更好的生活。作为个体的中国人的打拼与中国式打拼的精神实质是贯通的。群众打拼,靠实实在在的勤劳和智慧来改善自己生活,是全中国富强和幸福的一个细胞、一个点滴。如果全国人民都不考虑自己的生活,而去管那些自己既不了解,又管不了的事,

---

[1] 李德顺:《我看"中国式"打拼》,《北京日报》2009 年 12 月 7 日。

那反而有麻烦,也就谈不上实现中国梦。国家富强、人民富裕就是在每个人正大光明的奋斗中实现的。如果人人不去奋斗,而是等、靠、要,依赖国家、社会和他人,那么这个文化即使理论上概括得再好也是无济于事的。

事实上,今天的中国人已经把通过正大光明的奋斗改变命运、通过拼搏创造幸福当成了自己的权利和责任,既搞好自己的生活,又关注社会的发展。打拼文化已经成为绝大多数中国人生活方式的一部分。需要进一步思考的是,当前,国家发展了,人民的生活好了,还要不要一如既往地打拼?打拼文化还有没有继续发扬光大的必要?实事求是地说,我们以往的打拼尽管取得了显著的成绩,甚至还打拼出了一条中国特色的发展之路。但是主要恐怕还是经济层面的打拼,完善的市场体制和法治文化本身还有待建设,文明、规范的程度还有待进一步提升。

走过摸索和试错阶段,走向规范有序,还需要我们继续发扬打拼精神,坚持合法、合理、有效、可持续的发展原则。作为个人的打拼,有明确的目标、合理的途径,同时需要有大家都尊重的公共规范,保障人们健康、合理、文明地打拼。我们还需要为打拼营造一种正当的、干净的社会环境。打拼不仅仅是简单意义上的物质生产、经济发展上的打拼,还有精神文化体系、社会管理治理机制等方面的打拼。打拼总会有成有败,但是打拼的精神不能放弃,须认准目标,百折不挠。

未来较长一个时段,我们的打拼可能会在精神文化层面实现一个新的飞跃。打拼,不仅仅需要重围中杀出一条血路的悲壮,更需要汗流浃背之际的坦荡和自信。近代以来的历史使我们在文化心态上总是容易在自大和自卑之间摇摆,通过打拼文化的积累和提升,相信全体中国人能够在精神上真正站起来,学会正确地看待自己,正确地看待别人。通过继续打拼,强化自我意识和民族自觉,向世界展现中华文化理性自信的整体形象。中国道路实际上首先是实践问题,期待越来越多的践行者。

打拼也好,国家富强、社会进步、人民幸福的梦想也罢,其实都需要吸收借鉴外来文化,兼具开放包容的胸怀。世界文化多元多样、各有所长,辩证取舍才是好的态度。开放包容不是盲目崇外,学习借鉴也不是照抄照搬,转化再造的能力是关键。当然,打拼文化和幸福之梦还要着眼未来,从世界发展大势、中国特色社会主义伟大实践、文化建设自身的良好局面以及信息技术革命新动向中整体把握。总而言之,打拼文化活跃在民间,契合强国之梦,仍需不断引领和提升。

文化自信是一个国家、一个民族、一个政党对自身文化价值的充分肯定,对其文化生命力保持坚定信念。只有对自己文化有坚定的信心,才能获得坚持坚守的从容,鼓起奋发进取的勇气,焕发创新创造的活力。正是有了对民族文化的自信心和自豪感,我们才在漫长的历史长河中保持自己、吸纳外来,形成独具特色、辉煌灿烂的中华文明。

而所有这些叙述之所以站得住脚,是因为每一个中国人都在以自己实实在在的打拼精神彰显着本土文化的蓬勃生机。

经 世 致 用

当下广大人民群众既有为美好生活打拼而矢志不移的精神,又不缺乏柴米油盐人间烟火的清醒和理性。经世致用是比较切合这种特质的具体话语表达。具体而言,就是义利兼顾。

义利关系是中国哲学的主要命题之一,重义轻利一直是古老、文明的中国所崇尚的基本准则。在中国的民间文化中,义薄云天,"义"从来都是一个核心概念。否则我们就难以理解为什么《三国演义》和《水浒传》在今天依然有很大的市场。

最早重视"义"的不是孔子,而是墨子。历史中的侠客与墨子相关,《史记·游侠列传》所陈述的多为墨子的后代。孟子吸收了墨子的思想,"义"与"仁"并举,第一个提出"仁义",于是孔孟之道也就成了"仁义之道",而"仁义礼智信"在汉代以后逐渐盛行。"仁"讲爱心,"义"则强调合理性,而合理性是可以变的,与时俱进。所以任何时代,它的"义"都是对的。但这些是不是儒家义利观的全部?按照北京师范大学周桂钿教授的考证和分析,许多人对儒家的义利观有误解甚至曲解。他认为"利"就是以刀割禾,在农业社会,利的意思是收割,实际上就是指物质利益。而"义"就是合理分配。义利关系就是怎么合理分配的问题。此事说起来容易,但是做起来非常困难。在中国历史上曾被反复讨论,经常不是偏向这一方面,就是偏向那一方面,而孔子的义利观,基本思想实际上非常简单,一是见利思义,看到有什么好处就想合不合理;二是义然后取,如果是合理的你就可以接受,不合理就不接受。孟子强调的"义"也是从这个基本思想出发的。"义"变成一个最重要的行事原则。任何利益面前首先都考虑是否合理,这是儒家关于义利观的基本精神。由此可见,重利轻义并不是完全的不要钱,如果该要的不要,本身也是不义。董仲舒继承了荀子的说法,他认为义利天生乃人之良友,利养其体,义养其心,养其心,所以要重义轻利。儒家还有所谓门内之事恩掩义,门外之事义断恩。家庭内部的事情,讲感情,不讲道理。门外的事,就是义断恩。为什么儒家有时候讲大义灭亲?因为它是门外的事。门内跟门外是不一样的。这就是在义利关系上比较典型的经世致用。

经世致用今天依然是中国人日用而不觉的思维方式和共同价值观。这种思维方式和价值观总体上意味着:不能把生活、现实、人生、语言等归结为超验、先验的概念、范畴。一切既定的概念、秩序都是从活生生的经验生活中涌现和产生出来的。理性、概念、大道理只是生活的工具,产生于历史,其基础在于合理性,是历史地建立起来的,关键还得回到现实,管用并经得起生活的检验。

我们今天所看到和感受到的温州的发展及其文化上的表现不妨算作经世致用的一个现实案例。

温州,在人们的直观印象中是一个多商贾之才的地方,哪里有商机哪里就有温州客。根据浙江大学陈剩勇等人的调查研究,温州在全国各地乃至全球的异地商会已经发展到数百家,足见商业眼光和企业协作精神。值得思考的是这种商业精神背后的文化根基,这种根基可能不是束之高阁的抽象概念演绎,而是经世致用的生活哲学。生活哲学不以逻辑推理的严密见长,而以切身合情合理的经验为主。

温州历史上曾经产生过著名的永嘉学派,永嘉学派又称"事功学派""功利学派"等,是南宋时期在浙东永嘉(今温州)地区形成的一个儒家学派,是南宋浙东学派中的一个重要分支学派。前期代表人物有郑伯熊、薛季宣、陈傅良、徐谊等,叶适则集永嘉学派之大成。该学派既不同于朱熹的理学,也不同于陆九渊的心学。

其一,永嘉学派一开始就比较务实,从地方新兴阶层的利益出发来阐明自己的价值立场。这个学派的诞生与温州地区的经济发展紧密相关,代表当时的富商及经营工商业的地主的利益。主要观点是减轻税赋,恢复生产,尊重富人,提倡功利。而当时朱熹的"理学"、陆九渊的"心学"则大讲身心性命之学,主张从心性修养开出万世太平的理想。今天的人们已经越来越清楚地看到:道德理想主义当然有它的价值,但没有务实的制度安排和具体的行事规则,理想就可能成为空中楼阁。对于社会主义市场经济而言,洗练的商业精神比抽象地谈论内心修养更加有效,崇高一定是建立在讲道理的基础上。永嘉学派更多强调的是来自具体商业生活经验的道理。正如明清之际的黄宗羲所指出的:"永嘉之学,教人就事上理会,步步着实,言之必使可行,足以开物成务。"确实是对那些漠视现实、自附道学,于古今事物之变不知为何物的一种纠偏。

其二,永嘉学派应该称得上中国少有的重商主义者,反对中国传统的"重本轻末"、重农抑商的思想,认为应该"通商惠工""扶持商贾",发展商品经济,并认为雇佣关系和私有制有合理之处,富人应该成为社会的中坚力量。这个观点在今天有待进一步商榷,更可想见当时在思想界引起的反响。对此我们可以从历史和现实两个层面进行具体分析。从历史的角度去看,永嘉学派本身就代表新兴社会阶层,代表富人,赞同私有制,肯定雇佣关系,就是题中应有之义;从现实的角度去看,这个社会的中坚力量如果单纯考虑经济因素,那么永嘉学派的观点仍然有其合理性,但显然还有经济之外的各种因素影响着人们对这个群体的理解。今天人民群众无法接受的不是有人富起来了,只要君子爱财,取之有道,中国绝大多数老百姓不会仇富,他们不能接受的倒是社会对贫富的态度,富人对穷人的态度。

其三,在学术思想上,永嘉学派重视事功之学,认为讲"道义"不可以离开"利益",对传统儒家中所谓"正其谊(义)不谋其利,明其道不计其功"(董仲舒语)的说法表示异议,提出了"以利和义,不以义抑利"的观点,试图把两者统一起来。义利之辩历来是中国哲学尤其是伦理学的难题。见利忘义、杀身取义是经济伦理的例外,真正的赢家应是义利结合,两者兼顾。当然,永嘉学派确实比较功利,没有把道义同时看作目的论意义上的范畴。如果按照永嘉学派的看法,那么商人所有的诚信都只是手段,都有所图,而不是自成目的。这个观点我们不能同意。诚信,既为做事更为做人,要做人就不能事事图个有用。为了照亮世俗伦理,我们需要绝对的价值承诺;为了不至于完全脱离现实,又不能无视生活经验。人生毕竟还存在非功利的精神追求,生活中毕竟还有一些东西超越功利之外,比如人性的光辉、真情真爱等。在世俗的商业生活中也能看到不那么功利的追求,才能在义利之间保持一定的张力和平衡。

其四,永嘉学派还十分重视历史和制度的研究,希望通过考究历代国家成败兴亡的道理、典章制度沿革兴废,找寻振兴南宋、转弱为强的途径,其哲学思想基础就是"道不离器"。虽然永嘉学派是一个十分偏重功利实用的流派,但仍然不乏治国平天下的胸襟和关怀。

强弱相生,优劣互存,矫枉过正,永嘉学派至少提醒了纯粹讲求个人心性修养的可能的陷阱。其实何止是温州商人,看起来最抽象、最远离现实的哲学工作者都在研究范式和自身价值方面不断面对经世致用的洗礼。

虽然学院哲学有其不可替代的空间,但今天如果谁一定要坚决排斥对现实问题的研究,难免书生意气。如果都只是满足于做大学教授,缺乏勇气也没有以哲学家的姿态参与重大理论和现实问题研究,仅借助晦涩笨拙的学术语言来折射自己的政治理念,大众的冷落就怨不得别人。

整个社会对哲学的热情和期望其实并不低。普通民众在校园之外热烈展开着属于他们的哲学活动,比如探讨理性与情感、战争与伦理、安乐死、教育产业化、网络犯罪及其预防等相关话题,无意而有力地推动哲学的社会化。他们绝不可能像学院哲学那样"作茧自缚",把自己牢牢限定在纯哲学理论的概念框框里打转转,而是把哲学作为一个公开的思想交流的领域。在他们眼中,任何一种思想只要稍稍超出具体生活层面而涉及某种普遍的理性规则,就属于哲学之列。这种哲学已经受到整个社会的热情关怀和大力支持,它的蓬勃发展将把大众文化提升到一个新层次。[1]

哲学并不是只被研究和教授的东西,而同时应该是被实践的东西。哲学不能仅存在于思辨的形式里,而应成为一种生活方式,哲学的内容应在生活中获得展示。如果丧失对现实世界的热忱,我行我素,冷漠引退,拒绝以哲学家的创造性劳动来为实际的社会生活服务,那只能限于圈内消费。无论如何,积极的尝试总比坐以待毙强,关怀、支持的态度总比心怀冷漠强。

学院哲学之外大众哲学的生长,恰恰是改革开放四十多年来经世致用所

---

[1] 参见甘绍平:《应用伦理学前沿问题研究》,江西人民出版社2002年版。

体现的实用理性不断滋养的结果。其实我们不难发现身边熟悉的中国人应对社会生活的诸多如水如草的态度：碰到山就往谷底流下去，遇到石砖就从缝里钻出来。山不转路转的伸缩自如，蔑视成规的性格，无疑也是中国经济进步实实在在的种子。当然从这样的经世致用中要开出笃定的生活秩序和美好心灵，还需要长长的路径。

理 性 乐 观

　　从上层精英到普通百姓,从行酒礼仪到划拳猜令,从促膝谈心到摆龙门阵,从衣食住行到性、健、寿、娱,无不展示出中国人乐观豁达、庆生乐生的日常智慧。那种绝对形而上学的、彼岸神圣之物来支配、主宰人的生活样式不为中国人所喜。在思想文化上,我们更喜欢理性的、乐观的、肯定生命的活法和做法。

　　充分肯定现世生命的乐观品格决定了中国人信仰生活的世俗性和随意性。一般的柴米油盐,谁能想到阿弥陀佛?只要身心健康,多半不会迷信。六道轮回对古印度人来说也许是完全真实的,仿佛春夏秋冬,转着圈来。品德好的圣人说什么,就照着来。佛法的修行和理论就是放松、放下、舍得,直至无我。总之,精神不再感到痛苦。但是真正看懂佛教理论的人还是不多的,一旦进入其中的逻辑部分,常常望而止步。概念之间喜欢转述,到头来含含糊糊,不知是说也说不清还是故意说成这个样子。

　　真实的中国人只是凡夫,并且心安理得地甘于做凡夫:努力工作按劳取酬,而不是直接向人家要;愿意发善心,用挣来的钱去帮助脑萎缩患者,而不是从一个人手里拿钱,再去帮助别人,顺便还给自己留一点;有了新发现,急着与亲人分享,而不是身怀绝技,深藏不露;知道癌症患者命运不济,但仍然竭尽所能予以挽救,而不去考虑什么劳什子业力;有时候为了朋友义气和承诺肯牺牲一己利益,若真有神通,更是乐得好好发挥,把人民的生活改善了再说,叫他们无病无灾富起来再说。总之,凡夫的道德境界也不低。只要认同自己是一个凡人,也就不大羡慕圣人了。

什么叫"如如不动"？想想就觉得头痛。既不是动，也不是不动，既不是有意义，也不是无意义，既是又不是。怎么理解这中间的悖论？呵呵，成佛了你就能体验了，先信着吧，慢慢就明白了。这算什么回答？

得了急性肺炎不去医院，在家里一遍遍念"阿弥陀佛"，想一想就感觉大事不妙。还好，中国老百姓一般倾向于一边去医院治疗一边念佛，真正的双保险。不嫌麻烦的话，就这么干吧。如果特别担心又特别想知道死后的事情，那么或许会找一门宗教来信一信，而如果像心理学家荣格一样觉得死后不会有什么事情发生，死后的事情死后再说，那么就什么也不用担心了，今生如夏花之灿烂就好。

改革开放四十多年来，各地寺庙经济渐次发达，仿佛宗教信仰深入人心。其实不然，中国人在此过程中更愿意把各式宗教当成情感满足和心理安慰的一种现世表达。实现方式和许愿还愿的程序等无一不是世俗的，爱还在人间。一切为现世，一切趋于乐观。这样一种在任何环境下坚韧、执着、锐意进取、越挫越勇，相信明天会有更好的精神支撑着广大人民群众创造一个又一个立于大地的奇迹，也有效推动了中国特色社会主义事业的蓬勃发展。如果这也算是一种精神胜利法，一定程度上也许有积极意义。

话说回来，中国人的这种乐观和随意不是因为盲目和无知，而是了然之后的坦荡和练达，其根底是悲情以及对悲情的理解和把握。

也许人更多的时间是活在一个梦想里，活在一些想法里头，但无论怎样，人一般不能接受一个没有我的世界。人的一切言论、一切猜测、一切怀疑、一切的不确定，都是在"有我"的前提下可行。但是，没有我了，任何一个具体的人死了，这世界依然花好月圆，依然飞短流长，一点也没有减损。

既很难接受没有我的世界，又清楚地知道没有我宇宙照样存在，既想把握这无常的命运，又不知道这无常究竟应该怪谁，于是产生深切的感伤，徘徊复徘徊。有生就有死，只能理解它，没法克服这个结局，更无法消灭它。

每个人命定的结局是死，那么生的乐趣又是什么？人在生的感觉中难免自恋，我觉得我是重要的，否则很多事情无法开始。精心欢喜地养着自己，每天勤于浇水、除草、施肥、捉虫，兴致勃勃。将这份自恋和珍爱扩展开去，爱惜地球，爱护动物，保护环境等。但在更大的几乎是命定的结局面前，如冰河期恐龙绝灭，如汶川大地震等，不分青红皂白，一概抹掉。在这个大手笔那里，一切好像都成了瞎折腾、瞎起劲。这种时候仔细想想，每个人都会忍不住心疼自己，任何人都会冷不丁撞进终点又不能轻言死亡。活下去是生命的本性，是向死而生的根本的处境和义务。

中华民族所承受的苦难何其多？开创中国式现代化道路哪有一马平川？即使如此，中国老百姓还是更加愿意把眼光放在此世间，立足现实向前看，不曾指望上帝来解救，更执着于此世的情感体验和精神生活，安顿此生。这份乐观的背后自有悲情作为根底和依托，而且努力从理性的角度把握这种悲情。

人在旅途，经过车站码头和机场，看到密密麻麻人影和各种表情的美丽或不美丽的脸，心里会产生恍恍惚惚的虚无感：上次遇见的已不知身在何处，这次遇见的依然陌生，下次看到什么还是未知数。这种感觉如此强烈地震撼着你，就像在读萨特的存在主义。而那个思考的你，不也有点虚无吗？来自哪里？现在何方？明天又要去哪里？一切不得而知。存在的这种偶然和困惑足以使人产生最悲观的念头和最不负责的想法，而把握了悲情的乐观倒真正体现人间清醒。

歌手姜育恒有一首《驿动的心》，演绎了那种漂泊和偶然的感觉：曾经以为我的家，是一张张票根，撕开后展开旅程，投入另外一个陌生。佛教以特有的悲悯告诉我们：无常是生命的底色。真实得总是那么残酷。慈悲的意念也许就是在对无常的了悟中升起的吧。一切都在不停的生灭幻化中，世界除了变化还是变化。

知道生命的偶然和无常，感受到无力和绝望，又试图把握和征服这种偶然和绝望，才会产生审美意义上的悲情。中国的《诗经》就描写过这样柔性的悲伤："所谓伊人，在水一方"——无论怎么"游""从""洄"，还是"宛在水中央"。伊人具体可感，美且值得追求，但有距离、有障碍。放弃实在舍不得，要追求也不得，柔肠寸断，化为深切的哀叹、悲伤、询问和诉说。一方面，内心产生无比深厚的悲痛感情，另一方面，又把握住这种感情，此为理性乐观。

离愁别绪，追求而不得，抱负难施展等，说到底都是日常人们可以体会的情感，它们能上升到人生深刻的悲哀和美学上悲情的高度，从根本上说就在于个体人生的有限性。有死的人生使离愁别绪的悲怆深入本根；个人生命的不可重复性使理想失落的幽怨带上永恒色彩。美学上的悲情，其深处包裹着的就是个人的有限性和宇宙无限性的矛盾、生与死的情结纠葛。陈子昂《登幽州台歌》的千古绝唱大概就是这样生发出来的吧：前不见古人，后不见来者，念天地之悠悠，独怆然而涕下。但另一方面，人又说不出离别、失恋、失意、死亡应该怪谁，因为它们就是自然大化和人生命运。所以不是什么与之决裂和拼搏的问题，而是一个理解和顺应的问题。这就是中国式的乐观。

哪一个人的人生会一帆风顺，以至于连一次小小的失意都没有？是人，就可能常常咀嚼忧愁，体味悲伤，感伤情怀也就不以为怪。悲情需要宣泄和表现，需要安抚和解脱。在宣泄和表现中，在安抚和解脱中，悲情使人有审美愉悦。

中国人的审美方式总体上"乐而不淫，哀而不伤"，把握情感"致中和"。人称"乐者，天地之和也"（《乐记》）。所谓"声歌之道，和动为本"，皆习见之论。而明中叶以后，文艺启蒙思潮却伴随一种新的审美类型，那就是欣赏"山奔海立，沙起云飞""掀天揭地""震电惊雷"的美，以冲突和破裂为美，以"冷水浇背，陡然一惊"为美。这种新的审美形态的动因是反抗现实的激情，效果是振聋发聩、惊世骇俗的。而贯穿在所有这些方面的共同本质，是剧烈的冲突。当时文艺启蒙思潮的代表如袁宏道、徐渭、黄宗羲等是现实世界的叛逆者，他们自觉的历史使命是"赤身担当""掀翻天地"。现实世界对待他们，是"不以为狂，则以为可杀"，而他们对待现实世界，则是"一世不可余，余亦不可一世"。这样的人，只有在"震电惊雷""山奔海立"的境界中才能得到精神的安慰，只有在冲突的美中才能得到自由的快感。这样一种痛感和美感，如朱光潜先生所说的那样，对于民族的生命力来说非常重要，但是就当下中国多数民众普遍的文化心态而言，还不是主流。不到万不得已，不是逼得无路可走，中国的老百姓不可能以悲剧性的毁灭示人。执着追求又随顺自然，合情且合理，是中国人理性乐观的文化土壤。

动态平衡

动态平衡、中庸之道是与中国经济改革和社会发展共生的实践智慧和文化品格。20世纪70年代末以来的改革开放堪称现代中国最重大的社会变革,市场化、全球化、网络化及由此带来的生存方式的变迁,从根本上置换了传统社会的文化基础、结构样态与联系方式。传统社会的价值秩序必然随着其栖身环境的置换而发生较大程度的调整。经历转型后的当代中国社会,道义不再超然独立于利益问题,物质利益的创造与实现成为价值判断的重要标准之一,"德性""道义"从形而上的、抽象的存在状态回到现实、具体的存在状态。当然,在道德滑坡与爬坡的争论中,在人文精神失落的忧虑中,在中国传统文化现代性转换与振兴国学的呼声中,我们也发现其背后矫枉过正的因素和合理处理价值冲突的种种期待和努力。伴随改革开放四十多年的实践历程,动态平衡和"中庸之道"逐渐获得时代赋予的日用而不觉的新的内涵。

中庸并不是一个能用具体数量指标说明的范畴。也许重要的不是具体的度量,而是权衡。孟子说"权然后知轻重"。权术、权知、权变、权时、权宜、权略,其实都是一个意思:矛盾双方总是在运动之中获得自己的存在,在变动中不断权衡并寻找共同点。中庸之道之"中",因权而变,关键在于度的把握。度就是掌握分寸,恰到好处。而恰到好处的把握首先产生和出现于生产技艺中。

《周官·考工记》说:"天有时,地有气,材有美,工有巧,合此四者,然后可以为良。""弓人为弓……巧者和之。"所谓"和""巧"等都是描述生产技艺中无过无不及的"度",这个出现于生产生活过程中的"度"本身就是人的一种创造和制作。上古以来中国思想中一直非常强调"中""和","中""和"就是度的实现和对象化,遍及音乐、兵书和政治等诸多领域,其根源就在于生产技艺中的"和""中""巧""调",只有在"用中"才有度的建立。"度"本身有某种不可规定性、不可预见性。什么是恰到好处,不仅在不同时空条件和环境中大不相同,而且随着文明进展、人类活动领域的无比扩大,这个度更具有难以预测的可能性和偶然性,它不完全是经验的综合,也不是逻辑的推理,而是一种创造。"度"意味着日日新又日新,不断突破旧的框架和积淀,突破旧的形式和结构,在不断创造和超越中前行。[①]

中庸之道实质上就是要寻求各方利益的动态平衡。中东西部统筹发展、和谐社会、协商对话等其实正是动态平衡的生动体现。虽然改革之初我们采取了一些类似"单纯通用配方"谋求经济发展,但从长时段来看,从价值优选的角度来分析,矛盾双方的动态平衡和中庸之道是总的价值取向。像中国这样一个幅员辽阔、人民生活水平和精神需求愈益多元化的国家,权衡、中庸的理念尤其重要。当然,中庸之道、动态平衡的价值理念并不意味着采取实践步骤时左顾右盼,举棋不定,而是强调在发展结果的共享上、在宏观调控的过程中注意统筹兼顾,城乡平衡,内外统一。所以我们一方面强调发展是第一要务,是硬道理,尽一切可能克服困难、创造条件,促进经济社会全面发展;另一方面,在发展到一定阶段、一定水平的基础上强调动态平衡,强调多元之间通过共识和尊重达成的交叉面和共同点,避免掉入物质主义陷阱。

如果固守两极思维,只用一方战胜或消灭另一方的手段来解决问题,我们不可能赢得宝贵的和平稳定的发展环境。由诸多现实问题组合而成的社会结构中,许多"好的""有用的""正面的""积极的"价值元素可能就包孕在各种复杂关系和矛盾中,问题的核心不再是经过斗争最终确认其中某个价值是唯一重要的,而是多个"好"的价值通过权衡、协商、组合构成优选的链条。动态平衡正是优选的一种方式,需要一定的规范支撑,在一定程度上也可以模仿学习,但更加重要的是实践中的尝试和摸索。经济上的效率和分配上的公平,伦理上的崇高追求和股东的利益回报等如何达到某个平衡点,这不仅仅是具体的法律法规可以解决和回答清楚的,而需要在个案积累基础上的经验总结,改

[①] 参见李泽厚:《历史本体论·己卯五说》,生活·读书·新知三联书店2005年版。

革的整个过程常常充满探索性和尝试性。因此也可以说动态平衡和中庸之道其实就是对不同时效条件下价值优选的经验上的把握,不可能是一个纯粹理性的分析过程。

中国式现代化道路的成功开辟,得益于我们比较好地把握了义利关系上的中庸之道和动态平衡:一方面,承认与肯定不同阶段价值目标的合理性,另一方面,清醒认识矫枉过正的局限以及价值目标不断提升的必要;一方面,肯定价值目标的原则正确性,另一方面,又充分发挥实践步骤灵活性的优势。

将这种中庸之道和动态平衡艺术运用在具体生活实践中,难免不够革命,甚至可能被冠之以"滑头""捣糨糊"的骂名。其实不然。我们所熟知的关于实现公平正义途径和方法的学术讨论,不外乎罗尔斯的"无知之幕"、艾克斯罗德的计算机实验、哈贝马斯的"交往理性"和孔子的和谐策略。在《正义论》中,罗尔斯试图制造完全平等的处境以考察人们仅凭理性所能够作出的真正公平的选择:博弈双方被假设成都是自私的,又是充分理性的。1980年,艾克斯罗德做过一个关于合作条件的计算机实验,博弈双方被假设为能力相等,不可能消灭对手而只能在得分上胜过对手,可以看作对罗尔斯方案的一种仿真实验,但条件相对宽松,不要求博弈者必须是理性的,这个实验或多或少证明了好心有好报或者好人笑到最后,其中最大的一个困境是对手杀不死的假定。而哈贝马斯不满足于康德的实践理性,发展出交往理性,希望通过交往使原来相互冲突的不同意见达成一致。圣人孔子的策略基本上可以说是改进型的,追求的是同步对称的利益依存关系,即一种即时现报的连锁反应:一方选择对自己有利的行为,当且仅当对方同样获得利益;一方不得不选择不利于自己的事情,对方也因此而产生利益受损的结果,这样的双方关系和价值选择才符合公平原则,和谐才得以实现。[①] 纵观这种种博弈的观点,其实不难发现,无论哪一种主张,都是一种或多或少带有文学性的获得公平和正义的方案,都可以从中找出这样那样的缺陷和漏洞,但我们并不会因为其缺陷而否定价值追求的正当性。从这些前辈哲人和学者的努力中可以看到:公平也好,正义也罢,它们在现代社会常常也要通过妥协、交流和协商来实现。日日革命,月月斗争,

---

[①] 赵汀阳《每个人的政治》"合作的条件"部分,社会科学文献出版社2010年版,第18—41页;赵汀阳《冲突、合作与和谐的博弈哲学》,《世界经济与政治》2007年第6期。

不断地冲突和交锋,毕竟不是生活的常态。

当然,动态平衡、中庸之道,策略的灵活性等需要以一个国家健全的法治为基础。道德理想的实现需要真正的法治。每一次改革的推进看起来是确立新规则、订立各种法规制度的过程,实际上也是不断打破规则,实现变革和创新的过程。而这个过程的历史合理性和局限性究竟在哪里?我们把其中的试错和探索行为说成是中国式的智慧,是原则坚定性和策略灵活性相结合的艺术,但技术上的合理性并不能规避法治建设上的风险。目前更重要的是建设一个现代意义上的法治国家,因此,动态平衡依然有其不能任意跨越的底线。

中国古代所说的中庸之道沿用到今天,可以归结为礼数和秩序。简而言之就是矛盾双方各守其位,家庭和谐了,村落和谐了,天下就和谐了。政治内部的矛盾处理好了,官民就和谐了,中央和地方就和谐了。当然中国古代的中庸之道所说的矛盾双方还是有层级之分的,从这个意义上说仍有其局限性。因为如果主导方面不修身、不自律,只是一味地有利于自己呢?如此,中必不中,出现偏移,偏移必然易倒塌。面对失衡和倒塌,儒家并没有设计出真正可靠的办法来挽回这个局面,实在没办法了,就采取最后的解决方案,允许汤武革命,允许老百姓颠覆暴君。如果统治者不把老百姓的利益放在眼里,那他就丧失了天命,而天命就在人间游荡。但在革命爆发和官民失衡之前怎么来解决呢?没有可靠的办法,只能劝上,如果实在劝不好呢?那就只有采菊东篱下,悠然见南山了。

有人认为,现代西方民主制度为重建平衡寻找到了一种办法,那就是授予双方平等的权利,但这也存在一个问题,双方力量有强有弱,表面上平衡,实际上对强的一方更有利。因此,我们认为不能抽象地谈论平衡点。小到每一个老百姓的行为取舍,大到中国外交战略的调整,中庸之道和动态平衡的艺术可以使我们避免武断,避免偏激和盲动,兼顾多种因素和多个方面。方法论上的意义是首要的,具体的中点还要靠实践去探索和把握。[①] 动态平衡的艺术用在政治发展上就是协商,用在一个区域发展极度不平衡的国家,就是要求中东西部统筹发展,用在思想观念上就是建设和谐文化。虽然改革之初我们采取

[①] 曹锦清:《如何研究中国》,上海人民出版社 2010 年版,第 125—126 页。

了一些看起来比较单一的手段谋求经济发展,但从长时段来看,从价值优选的角度来分析,动态平衡是总的价值取向。

像中国这样一个幅员辽阔,人民生活水平和精神需求愈益多元化的国家,和谐、中庸的理念对发展十分必要。在中国传统文化中,中庸确实和一定的等级平等联系在一起,似乎不同等级的人各安其位,社会就和谐了。现代意义上的中庸之道、和谐之道应该超越这种等级思维。既然承认整个社会的利益格局和主体需求已经多元化了,就应淡化等级观念,强调多元之间通过共识和尊重达成的交叉面和共同点。

在今天看来,动态平衡其实就是对价值优选的总体把握,不可能是纯粹概念之间逻辑演绎的过程,更不可能像菜谱一样将分量配料计算得清清楚楚。关键环节有两个,一是度的把握,二是多元优选。与规则有关,不局限于规则,与理性有关,离不开经验感觉,与探索有关,又不等于盲目犯错。

第二辑 传统与现代化

推 己 及 人

2023年6月2日,习近平总书记在文化传承发展座谈会上的讲话中明确指出:中华文明具有突出的创新性,从根本上决定了中华民族守正不守旧、尊古不复古的进取精神,决定了中华民族不惧新挑战、勇于接受新事物的无畏品格。一方面,我们要推动中华文明诸多优秀文化元素实现现代转化,另一方面,也要实事求是分析个别观念范畴的利弊得失,以利于整体意义上发挥中华文化更为主动的精神力量。传统伦理建设中惯用的"推己及人"就是一个值得推敲的观念。

道德的内容、规范和原则究竟从哪里来？根据什么来制定和确立？这些被称作"元问题",是一切伦理道德体系的根据、前提和基础性问题。从孔夫子开始,中国历代思想家的回答,实际上都是以推己及人的方式,沿着由自己而大家的思路进行,尽管总是打着"天命""天意""天理"和人的"天性"的旗号。

孔子最先提出推己及人的思路和原则,提出"己欲立而立人,己欲达而达人"。其中的核心原则就是"己所不欲,勿施于人"。通过自己的观察和内心体验,找到人的天性和天理,然后再将它推广到其他人和整个社会,得出一套道德规范和绝对律令。将心比心,人我一心。多年来,这种以个人意识为起点,自我—他人——切人的思路,成为一种很有代表性的传统思维方式。乍看起来,确实很有道理,似乎找不出比它更合理、更根本、更普遍适用而又简单明确的原理了！但事情总有另外一面,如果不是停留在抽象的义理上,而是结合一下历史和现实,那么就会发现,恰恰是这种似乎无懈可击的抽象,也包含失误的因子。

首先，是它的理论和逻辑前提：为什么要推己及人？应该和能够实行推己及人的前提条件是什么？在生活中，己与人之间都是可以忽略具体条件而随时推及的吗？这一点并没有经过论证和说明。推己及人的弱点，恰恰是它预设了人与己之间的完全一致，至少也是应该相同或一致的：己所欲者，一定也是他人所欲；己所不欲者，也一定为他人所不欲，忽视了主体的多样性和特殊性。这种抽象和预设本身就是非历史的、主观化的观点和判断，也许只能是人的个性尚未充分发育时代的想当然的理念。随着主体多样化需求的发现和发展，无条件的推及必然遇到难题，人们需要说明：人与人之间，在什么条件下是可以的，而且应该看作彼此相同或一致的？又在什么情况下绝不可以如此一视同仁的？在人人平等、各自独立的条件下，一个个体有什么权力和必要把别人看得和自己一样？有什么必要大家都去推及别人或接受别人的推及？在生活实践中这样的问题是不可避免的。如果得不到说明，那么推己及人就很难成立。

其次，要考虑的是推及的现实过程。过去的伦理道德是由什么人、如何推出来的？未来的道德又指望谁、如何推出来？这些都有待考察和验证。但有一点却很清楚，世界上人与人之间，存在着各种各样的区别，有些甚至是根本利益的差别，在这种情况下如果让人人去推己及人，可能行不通。那么是不是意味着要依靠少数人，比如圣人或大人或统治者？但是少数人从他们自己出发所推出来的东西，能够无条件地适合大多数人吗？如果有损于绝大多数人利益的规则也要强制推行，那么这种推己及人的道德，就成了专制、剥夺和强加于人的借口，还有什么仁爱可言呢？

所以尽管推己及人看上去合乎情理，但事实上的结果却总是造成社会上一部分人己所不欲，偏施于人——有权势的人，将自己所不愿的东西，施加于另一部分人；无权无势的人，则不管是否为自己所欲，也只能接受别人的施予。同时权势的得失本身也有其不稳定、不可靠的一面，人可以一时得到它，也可以一时失去它。得到权势的人乐于施于人，失去权势的人则苦于被施予。于是人们总也看不到推己及人被全面、一贯地执行和落实，相反，总看到它变成实用主义的手段。一个似乎美好的原则，在现实中却可能成为虚伪的掩饰品和替代物。这就是一个抽象化原则的命运。

最后,再看看推及的结果和产物。推己及人的道德思维必然因推及者的不同而有不同的结果。即使在最好的情况下,即人们是以最大的善意,从绝对公正无私之心出发,去进行最严密合理的推及,它所产生的思想成果,也只能是一种纯粹理想化的道德、一套抽象合理的观念,还不等于生活中成为必然的现实。仅仅依据个体对善的本性的理解和推广,或凭借对恶的本性的超越而设想出来的美德和规范,往往只具有理想的性质,而缺少现实的力量。因此,道德常常只被理解成人类生活中某种发自内心的应然,而不是历史发展本身一定意义上的实然。

理想固然是重要而宝贵的,但缺少现实根基的理想,则注定在现实中处于弱势。在强有力的现实经济发展、社会进步面前,道德常常受到攻击和亵渎,多被说成是社会进步的牺牲品。特别在社会的变革和转型期,在道德理想主义那里,总是发出道德"滑坡"的担忧,在他们眼里,似乎世俗的经济、科技和日常生活天生就与道德背道而驰。在这种议论下,似乎道德的拯救多半寄托于恢复以往的东西,往往需要依靠某种政治或行政的力量干预才能实现,并不能从多数人那里得到支持。这种道德思考方式越来越与现实相脱离,甚至相冲突,从一个侧面说明推己及人存在缺陷。

外推式的道德思路,是传统伦理一个影响很深的误区,这种外推是从抽象个人出发,而不是从现实多样的人出发,用一种主观意向构造原则。除了抽象理想化的道德,还有现实的真实存在着并发挥作用的道德。生活本身在什么样的范围和条件下进行,它建立在什么样的结构关系上,它要求怎样的秩序和规则,就必然产生什么样的伦理道德。现实的强势的道德,不是来自任何人推己及人的想象,而是由人们的共同生活和相互关系本身产生的,内生才是社会各个领域的现实道德产生和发展的重要方式和真实途径。

道德是由人自己的活动创造生成的,如果这种"生成"也是推及,那么它也并不是从个人出发,而是从群体出发;不是个人用头脑推及,而是由群体共同的生活逻辑推出;不是从一个点向外,向他人推及,而是一个整体在向内深化和调整,进行自我完善和自我规范。既然如此,现实的道德必然与人的生存发展相联系,并由人的实践本身强有力地创造出来。

临时抱佛脚

中国人的信仰生活常被概括为"有信仰无宗教",体现世俗性。

儒家学说的精神实质是以"天"为最高信仰的人本主义,但"天"本身却从未被人格化为一个统一的、唯一的神,而是可以由人们随时随地去认识、体悟、理解的信仰对象。从孔子开始就少有对神或上帝作认真系统的强调和发挥,始终以人的方式去理解和阐述天意,而天意永远与现实的人伦政治联系在一起。所以关于天,并没有一套完整严密的说法(教义),也不需要一套不同于现实的特殊组织形式去维护和实现它。

宋明之后,儒家也有被宗教化的迹象,通过国家政权参与推行与教化,儒家学说不再仅仅是一套政治伦理学说,而进一步被当成不容怀疑的信仰,要求人们无条件膜拜。儒家学说的教条化,意味着某种程度的神化,同时孔子也被神化,具有至少接近于教主的地位。这就使儒家在中国民间成了与佛教、道教相并列的"儒教",孔子成了与释迦牟尼、老子并排安放在庙宇的神像。当然儒教本身并非宗教,它的学说也非宗教主张,但儒家在现实生活中却有宗教化的趋势,这一情况很值得深思。一方面固然反映出在当时社会发展水平下,人们确实有一定的信仰需要,而信仰和宗教之间没有绝对的界限,确实很难截然分开;另一方面也显示出中国人对待信仰和宗教的特有方式。

中国自古以来有过无数大大小小的民间宗教,其中不乏历史悠久、组织严密的教派。特别是较早产生的道教和后来输入的佛教,还形成了很大的规模。但是却从未有一种宗教真正占据信仰生活的主导地位,成为具有国教性质的宗教。这恐怕是出于中国文化的主流一直是人本主义而非神本主义的原因。

以人为本而非以神为本,在心理上意味着人们对神的来历与本意,可以不过分认真地追求,不求对其全面彻底的理解和逻辑一贯的忠诚,而只取其对人的意义,只问是否能够管人的事,只求适合于自己。

孔子的态度一向是十分明确的,子不语怪、力、乱、神,而当有人问及如何侍奉鬼神时,他的态度是:未能事人,焉能事鬼?祭如在,祭神如神在。一个"如"字表明对神究竟是否存在,采取的是一种存而不论的含蓄态度,而对人们的敬神行为,也采取理解和宽容的态度。这种异常的大度和睿智,从一开始就做出榜样,教会国人如何在神面前保持以人为本。

在中国民众的信仰中,并不是没有神圣的偶像,但人们所崇拜的神仙,并无严格的宗教体系,常见的情形是给各路神仙分配一定职务,请他们分管具体事务。因此可以超越森严的教义和教派,熔儒、释、道于一炉,甚至将孔子、关公、观音、耶稣供于一堂,求神而无定规,呈现典型的实用主义态度。为读书做官就去拜孔子,要求子嗣就去拜观音,要想发财就去求财神,有时连阎王小鬼都拜,供奉的目的就在于那实用之要求,而不一定在于虔诚的信。只是因为相信许诺或害怕威胁而信教,明显都是实用心理的表现。既无虔诚的宗教精神,又无严格的宗教秩序,平时不烧香,临时抱佛脚,正是中国民间信仰的典型形式。

也因此,这种人本主义宗教中多半表现出一种令人瞠目结舌的多变性、包容性和不严肃性,在这看似荒诞的背后,实际上含有一种深刻的人生哲理,它既有合理的一面,也有不合理的一面。合理的一面表现在它借助宗教的形式保持了以人为本的内涵,体现了对神的信仰向对人自身信仰的一定程度的回归,自有其深刻的现实基础。同时,中国式的宗教态度,因其对于各种宗教都采取宽容态度,有利于避免西方特别是欧洲历史上多次发生的那种流血的宗教冲突,给社会的发展多保留一点难得的安宁和稳定,其大度和睿智功不可没;不合理的一面则在于,对现实中很严肃的大问题往往关注得不够认真、不够彻底,对于信仰的对象缺少彻底的研究和一贯的把握,而是任其含混不清,随意改变,对于信仰这种心理和行为本身,则更少有正面的开诚布公的追问、反思和交代,而当作心照不宣的约定,停留于自发的选择水平,这种大度和睿智的负面作用,恰恰是把以人为本的信仰置于不合理的地位,而把对信仰的不负责任凸显于前台,把应该坦率说明、旗帜鲜明地加以发扬的东西(以人为本的信仰)掩盖于言行的背后,而把应该加以自我反省和矫正的东西如对信仰的不求甚解、不负责任等当成可以立身处世的方法,其结果是使人满足于眼前似是而非的所得,而往往失去更大、更宝贵的理性思考的机会。①

平日不烧香,临时抱佛脚,抛开单纯的宗教用意,而取其对信仰的一般描述,应该说很好地刻画了由于对信仰、信念缺乏足够自我论证而必然导致自我矛盾、自我冲突的状况。究竟信什么,不信什么,人只有能够彻底说服自己时,其态度才是真实虔诚、坚定一贯的。仅用实用主义式的随机反应,则使人缺乏原则感、敬畏感和自觉的理性归属意识,精神上极易陷入混乱和浅薄。它至多能保证小范围的安宁,而不能产生追求真理和科学的强大动力,甚至可能导致精神上的保守和堕落。一旦遇到巨大而深刻的思想冲突,心态就容易失控,陷入严重的危机,遭受重大的挫折。所以不仅在科学上需要反思,就是在信仰问题上也要对传统文化中的上述倾向进行反思。

信仰是人们关于普遍、最高价值的信念。既然是一种信念,就具有信念的基本特征,即对于某些尚未被实现和证实的客观状态、观念等的确信不疑。不相信的东西不可能成为信仰对象,当然并非任何信念都能成为信仰,信仰是信念的一种特殊、强化和高级的形式,是一种整体性的精神姿态和综合性的精神活动,而不只是一种意念。信仰使人的整个精神活动以最高信念为核心,形成一个完整的精神导向,并调动各种精神因素为其服务。无论具体对象是什么,信仰这种精神形式的特征都在于把某种价值信念置于统摄思想和行动的地位,成为自我意识活动的中枢。因此,信仰的确立是对人整个生存方向的把握,人们信仰什么归根到底就反映了这种把握的程度。在这个意义上,我们可以肯定地说,信仰确实也有一个自觉与不自觉、科学与不科学、先进与落后的区别。

变革和转型时期,是最能考验人们原有价值观念和信仰的先进程度、自觉程度、牢固程度的时期,也是反思、校正和充实它们的关键时刻。不论是否自觉,在这样的时候我们必然会有所思考、比较和判断。时至今日,个体化,多样化和务实化的增强和明朗是总的趋势,这些变化和特征在信仰层面上一定会有所反映。一方面,信仰本质上是自由的、富于主体性的,社会上信仰现象的

---

① 参见李德顺、孙伟平、孙美堂:《精神家园——新文化论纲》,黑龙江教育出版社2010年版。

多样化从来都是一个基本的现实,不能因为它表现出来而乱了阵脚,惊慌失措,而是要积极探索和发展面对多样化局面进行正面建设的新方法、新形式;另一方面,也要相信,符合人民大众生存发展要求的"正信"一定会在生活实践中成为主流。目前来说,加强信仰科学化建设还是一项比较紧迫的任务。

信仰的科学化有两种解释,即对科学的信仰、科学地对待信仰。科学虽然不能直接证明上帝不存在,也不能证明天堂和地狱不存在,但它能不断提供给我们所需要的关于世界各个领域的知识和真理,同时它代表和倡导一种健康积极的人类精神。所谓"弘扬科学精神",理所应当包括科学地对待一切非科学的、非理性的东西。科学当然不能代替价值和价值观念,科学本身不等于信仰,但科学能够帮助我们历史地、深入地说明价值观念并指导其建设。我们要重视用科学的、理性的态度去对待那些不属于科学认识、知识领域的现象,如兴趣、愿望、情绪、体验、信仰等,给予适合其特点的引导。①

这些年来,社会思想文化现象呈现多样化、多元化趋势,但科学精神引导下的社会评价,尤其是科学评价机制还不够健全有力,往往缺少必要的"过滤、消毒、提炼"程序,容易导致一窝蜂式的"热点""浪潮",不利于明辨是非、判断优劣。科学评价的核心,是解决对象本身各种意义上的"真实性"问题,包括事实发生和存在的真相、依据、条件、范围、变化的可能空间以及主要趋势等,对有重大影响或争议的社会问题包括信仰对象,要首先落实科学评价的程序,让科学评价先于政治、经济、道德等功利评价,在弄清"事实"的基础上再来权衡价值。②

我们也要看到各种宗教在处理明在和暗在、内在和外在关系上的探索,借鉴吸收其基于人性和心理的方法和艺术,但不能因此就被某些教义牵着鼻子走。人世的问题可以有超人世的想象和思考,却不能在超人世中解决,"做好人"的承诺归根到底也要在人生一世中得到归位和落实。如何让先进的生命观、幸福观、事业观、道德观、家庭观乃至生活观、健康观引领主流是一个具有重要意义的社会问题。严肃的科学精神如果不能在其中起作用或者不能满足人们迫切的精神需求时,歪理邪说、歪门邪道就会乘虚而入。

---

① 李德顺:《谈谈中国人的信仰方式》,《辽宁大学学报(哲学社会科学版)》2012年第1期;李德顺:《论信仰》,《前线》2000年第2期。

② 参见黄凯锋:《安妥今生——信仰生活的价值观研究》,上海社会科学院出版社2016年版。

自我转化

抛开学理,或许每个人都对传统与现代化问题有些感性认识,但显然一旦落实到确切的内蕴,立刻又有一种说不太清楚的困惑,只因为我们谁都不得不与无法超越的东西共存,谁都从传统里来,深深地拥抱传统或以现代眼光拒斥传统充其量只是态度。

传统与现代化的关系不是三言两语可以说清的,更非随便从传统中东抽一点西挑一点嫁接到现代化上去就解决问题的。"传统为什么这样红""国学热""读经运动"等曾在不小范围内引发过讨论甚至热议,出现了几场较有影响的争论。如主要是由文学界介入关于"人文精神失落"的笔战;史学界提出的所谓"革命导致文化传统中断"的说法及其批驳;关于改革开放以来道德趋势是"滑坡"还是"爬坡"的社会性辩难;等等。这些笔战都有一个共同之处,就是都不同程度地涉及如何看待文化传统与现代化的关系问题。这表明我们在改革开放、理论创新的过程中始终关注本土文化的命运和前景。

其实,对文化传统进行反思并非当代的事,迈向现代化的中国人,多年来似乎已形成了一种传统,这种传统就是:不断探讨并试图处理好传统与现代化的关系。于是,有趣的现象出现了:问题未获解决,传统亦已形成。我们形成了研究传统的传统,而这恰好又是一种现代现象。因为只要我们把现代化看作一个过程,这个过程中将始终存在传统与现代化的矛盾,于是研究传统问题的传统正是一种现代化现象。换句话说,现代化进程又必定有其自身的传统,其中之一就是研究传统的传统,这种传统是现代化本身的一个内容。由此可知,传统与现代化的内在关系是互相嵌入的,没有外在的力量可以使传统迈向现代化,传统向现代化的转向是一种自我革命与自我转化,它在转化与革命中保存自己、发展自己。

如果我们分析一下著名的"美诺悖论",也许可以更好地理解"自我转化"。美诺悖论是古老的十大思维悖论之一,出自柏拉图的《美诺》篇。美诺悖论的基本内容揭示了人类研究活动的一个基本矛盾,即你要是知道自己研究什么,那么你无须再研究它,因为你已知道它;你要是不知道自己研究什么,那你就无法研究它,因为你不知道自己将研究什么。美诺悖论有不同的解决方式:苏格拉底求助于"回忆说",认为人的灵魂早已充分具备关于万物的一切知识,现世的人只需通过回忆唤起这些知识就行,学习与研究只是回忆(对前世知识的回忆)。他通过一个没学过几何学的小孩答出几何学知识的实验来证明他的"回忆说";对于美诺悖论,苏格拉底式的回答便是:你即使不知道自己研究什么,仍可以研究,只要借助回忆,因为研究就是回忆。实际上,一个没学过几何学的小孩在被不断提问中答出了几何学的有关知识,这一事实也可以从反面来解释:孩子并非在回忆前世的知识,而只是在创新而已。太久远的回忆越来越不像回忆,越来越像新知、新发现。可以说苏格拉底的"回忆说"本身又陷入了传统与创新的悖论中,并没有真正解决美诺悖论。

其实,美诺悖论的实质是要研究"什么是研究",其结果乃是"研究是不可能的"。深化一下美诺悖论,它就是一种自指结构,即研究"研究——对研究加以研究"。美诺悖论对此的看法是:如果已知什么是研究,则无须研究"研究";如果不知道什么是研究,则无法研究"研究",所以两种情况下我们都无从研究"研究"。在这中间,"研究是不可能的"这一结论是由研究了一番以后得到表明的,即"研究表明,研究乃是不可能的",这种做法恰又证明了研究的可能性,这种可能性是绝对的。因为如果去除掉研究的可能性,研究的不可能性永远无法得到说明。换句话说,可能性与不可能性在其中打成了一片,证明表现为非证明,非证明表现为证明,这恐怕是一切研究、一切证明、一切结构、一切思维的根本特性。美诺悖论正揭示了这种开放性与无限性。

事实上,任何一种有限的思维和结构都有一个无限的根基,在那里,思维表现出它的无限开放性,以致可能性将不可能性接纳于自身,而不可能性也将可能性接纳于自身,两者融为一体。美诺悖论正是以研究的可能性显示着研究的不可能性,它的深化形式与自指结构则以研究"研究"的可能性显示着研究"研究"的不可能性。关于这一点我们还可以从自指结构(研究"研究")与原结构("什么是研究")的关系中得到说明。因为研究"研究"本身也是一种研究,它(自指结构)会将原结构中已蕴含的内容揭示出来,这一过程带有必然性。自指结构是原结构的必然发展与肯定,又由于原结构意在否定研究的可能性,而自指结构意在否定研究"研究"的可能性,因此自指结构又是对原结构的否定。但实际上,并没有一个原结构之外的自指结构立于外部与原结构作战,所以所谓自指结构对原结构的否定是原结构自我运动的结果(自指结构与原结构并非两个不相干的东西,从美诺悖论来看,它们本是一个结构,自指结构只不过是原结构的深化形式)。这一否定也就是原结构的自我否定和必然产物,这一点又显示出原结构的革命性,它是自我革命的。原结构通过自我革命而否定自己,并在这一否定性革命中保存发展自己(即以不可能性显示可能性),其结果便产生自指结构。我们认为,这是美诺悖论最有价值的地方,它以看似矛盾的形式揭示了原结构自身保守与革命、可能与不可能融为一体的关系。

这一悖论充分表明了结构、思维的自主性与客观性,它们并非人可以任意选择的工具,本身便可以是超主观的活动,超越认识者有意识的控制。

由美诺悖论,关于传统与现代化,我们便可以有一些新的看法。

比如,深刻理解传统的自主性、客观性。我们不妨把传统看成一种结构,它自身有一个原结构与自指结构的关系问题。由上述分析我们已知:原结构的革命性、自我否定性是通过自指结构对原结构的发展与肯定来体现的,原结构并不需要什么在它之外的力量作为媒介,推动它向自指结构转化,它的活动呈现自我转化的性质。传统作为一种结构,它也是自主活动的,并非任何人随意决定或主观愿望可以左右它的运动。在对传统文化反思中我们看到有这样三种杂陈的见解:其一,认为中国近代以来之所以陷入深重的民族灾难,是因为传统已成沉重的包袱,摆脱困境的唯一出路在于彻底否定传统;其二,中国的祸乱之源在于激进反传统主义造成传统"断裂";其三,介于前两者之间,认为可以像裁缝师傅那样,东抽一点西取一些随意剪裁,或中体西用,或西体中用。这三种看法,最根本性的症结就在于:忽视传统自身作为一种结构所具有的自我运动的特征，以为传统是那种想舍弃便可舍弃、想保存便可保存的身外之物，完全取决于人们的主观选择。这是一种想当然，是用头脑中的观念来解释自我运动与转化的传统时所犯的错误。

既然传统是自我转化的，那么主体人在其中有没有作用呢？当我们问：传统究竟是什么？它有什么作用？我们应如何对待传统等一系列问题时，其实这些问题本身便已经是来自传统的声音，也是传统在现代的声音，是传统在现代的自我诘难。所以，主体人并不是作为传统与现代化之间的一个中介，而是传统以自身为中介自己转向现代化。当然，这里，传统作为一种结构其主要承载者和内涵应该是人，这一自我转化过程实质上就是传统自身的现代化，其间并不再需要一个主体作为中介。人们主观想象出来的以主体为中介的传统与现代的转化其实是不存在的，存在的只是传统（以人为中心）的自我转化。那么现代人与传统到底是什么关系呢？我们认为，传统就在现代人自身，它通过对现代人的制约来获得自身的规定性。因此，传统不在文献典籍中，不是我们作为现代人的身外之物，而是通过自我运动转化成现代人本身存在的东西，要深刻地理解传统，必须善于发现传统在现代生活中的具体表现形式（自指结构）。

比如，传统以其革命性、否定性显示保守性并维持自身的传承与发展。由美诺悖论可知，可能性本身作为一种绝对条件才能真正说明不可能性，传统以否定和革新为其生存开辟道路，这是传统的创造原则与推动原则。传统的保守性的一面恰恰是以其否定性结构来维持的，很难想象传统精神会不具备自身的保守力量。一种大胆怀疑、批判的革命精神本身便是非常优良的传统，有学者强调"激烈批判传统的精神恰恰又是中国人的传统"，而按照马克思主义的理解，这种保守与创新的彼此缠绕源于辩证的否定。传统是我们由以出发的前提，这个前提本身以辩证的否定（扬弃）为媒介，扬弃意指传统的发扬光大。传统中的否定性环节是最主要、最本质的联系（"媒介"之说只是一个比喻，因为革命与否定便是传统自身结构中的一个内容）。没有这样一个否定性的环节与内容，传统无法发展与转化到现代，也无法真正得到有效的保存。没有革新与否定，只能无可奈何地停滞、僵化下去，传统也就难以再传下去。总之，传统就是那么一种结构，其保守性是革命性的另一种体现，并且恰以革命、否定来表现保守性与继承性。正如美诺悖论所揭示的那样，可能性才能证明不可能性。

  又比如,从外面打破传统与打破现代人的自我束缚相比,后者来得更为重要。因为传统就在我们自身,甚至可以说就是我们自己。埋怨传统不如埋怨自己,赞美传统不如赞赏自己,抛弃传统不如抛弃自己(旧我),保存传统不如保存自己,革新传统不如革新自己,转化传统不如转化自己——而这一过程又将表现为人的现代化进程。我们在传统向现代化转化过程中必须自我承当,现代人只能自我承当,而这又是传统的自我承当。唐代大儒文中子云:"诗书盛而秦世灭,非仲尼之罪也;虚玄长而晋室乱,非老庄之罪也;斋戒修而梁国亡,非释迦之罪也。易不云乎?苟非其人,道不虚行。"如果不拘泥于文字,其间含义是意味深长的。严格来说,传统与现代化的关系首先应是现代人的生活实践问题,而非观念探讨,只有现代人达到了能够自我批判的水平,才能客观地理解民族自身的传统结构。

  在不舍昼夜的逝川中,并非凡是淌过的生命之流都会在现代人心目中成为历史与传统,也不是哪一个人任意抽刀断水,就能在生活长河的某一瞬间武断地截划清当代与历史的界限,只有当人们攀上一个新生活的阶梯之后再回顾前一时期的损益得失,那些昔日的苦乐悲欢才会给人前尘影事的感觉,即真正能把对象看成"传统"时,才标志着思考者已有了现代的眼光。我们只能立足于现实来理解传统。中国人一般好走"托古喻今""借古证今"的文化迂回路线,甚至一些激进的改革者,也喜欢从归咎与责备前人处发难。对于这些无论肯定还是否定,都重在探究过去的思维习惯,其现实基础、文化含义、价值导向和实践意义到底如何,是需要认真加以省察的。这种省察可以使现代人有更明确的自觉。

  再如,有必要重新认识传统的纯度。传统作为一种结构,它是把过去与未来连接起来的文化方式。其中包括两个基本要素:其一,是指在过去或历史中形成的;其二,是指流传至今或仍存在于现今的东西。总之,它自我转化,是走到现在的过去,也是过去在现今的显现。它不是预成的,而是在实践中不断生成的,只有在现实中仍然活着并起着作用的既往存在才是真正有生命力的传统。按照这一理解,传统的纯度问题要重新加以考虑,至少古已有之的并非全是传统,更非纯粹的传统内涵。其实近代以来,中华民族文化的新发展与新成果都应成为我们民族的传统,中国文化、中国哲学显然不只是"中国古代文化"与"中国古代哲学",弘扬传统更不等于弘扬儒家传统,否则我们对传统的理解就会变得非常狭隘。纯而又纯的传统本不存在。美诺悖论正是这样启示我们的:原结构向自指结构的转化是无限的。

美诺悖论对现代化问题的理解同样很有启发。现代化实际上就是传统的自我转化过程。作为传统原结构的自我转化的成果,现代化是一种自指结构。相比而言,西方人的现代化实践似乎更符合上述分析:因为西方意义上的现代化主要是内源性的,他们从批判继承自己的传统开始转向现代化。这里的现代化主要是指工业革命以来现代生产力导致社会生产方式的大变革,引起世界经济加速发展和社会适应性变化的大趋势。但中国等发展中国家的现代化是外源性的,与内源性现代化有所不同。东方的现代化进程主要起因于西方现代化的猛烈冲击,不可否认东方传统中有产生现代化的转机,但总体来说是在中西碰撞的框架中展开的。最初表现为殖民冲击,在一定历史时期,东方的现代化甚至被当成是"西化"、工业化,而整个东方被总称为传统社会,这一认识有片面性。

随着第二次世界大战开始与结束,资本主义与社会主义两大势力彼此较量又互补,随着殖民体系的崩溃和国际关系的重新调整,在全球化背景下,东方的现代化开始有了新的内容,同样,西方的现代化也有了新的含义,有趣的现象在于:东方的现代化居然遭遇西方的后现代问题。正由于世界已不可分割地联系在一起,西方的后现代问题也是东方将要面临的,由此也可知:东方的现代化不再可能是单纯的"西化",不会简单重复西方现代化的道路,这也是东方追随西方时自然得出的结论。这一结论意味着:东方的现代化不但要面临自己的传统问题,也必然面临西方的传统问题。西方传统又有两个方面,即西方人的老传统和西方人的现代化传统。仅此一点,我们可以认为:东方走向现代化的任务要比西方内容丰富得多,也复杂得多。

如果说只有超出界限才能了解与把握界限(通过可能来把握不可能的另一种理解),只有进入现代才能了解与把握传统,那么也似乎只有进入后现代才可以了解与把握现代。这样一来,东方人在当代的现代化已然失去了现代化的纯粹含义(即落后国家通过学习世界先进国家,带动广泛的社会改革,以迅速赶上先进并适应世界环境的过程)。如今,不管我们是想分阶段解决也好,还是想毕其功于一役也好,纯粹的现代化对东方人来讲是没有可能的了,其中当然也包括我们中国。

所以,毫无疑问,当代中国人在自我转化,即现代化进程中所要面临的传统问题,不但包括中国古老的传统,也包括西方古老的传统,还包括西方的现代化传统。以现代的界限,我们都可将上述传统称为"我们的传统"。这样,现代化进程中的传统问题便获得了一种全球性的视域。这和那种把别国的传统视为异己的、敌对的东西的态度就大不一样了。在全球化的现代进程中,对于传统与现代问题理应有更开阔的视野,这恐怕也是一种更有前途的态度。

传统是一本有结构的教科书,现代化本身并没有固定的模式。如果讲开放,就不能漏掉这样两个开放,即对于传统的全面开放,对于现代化多种可能性的全面开放。这种开放也许会成为我们的一种优良传统,也许会成为我们的现代化现象。

实事求是地看待自己的传统,我们不难发现它是有两张甚至多张面孔的守护神。几千年来,我们悠久的文化经历了艰难曲折的发展过程,在中华民族的兴衰史上有过大起大落的不同作用。既有悠久的文明,又曾被认为不"文明";既曾陷于落后和屈辱,又能以自强和不屈走出落后,这是我们的文化传统在历史上显示的总体面貌。

我们从历史走来,所以绝不可能脱离自己的传统;我们向未来走去,所以绝不应该停留于自己的传统。以科学的方法去认识传统,既要有自尊、自强的精神,也要有清醒、理性的态度;既要对自己的历史负责,有自爱自立的意识,敢于肯定和弘扬自己传统中一切优秀的、美好的东西,又要对自己的未来负责,有自我批评和自我超越的精神,敢于否定和抛弃自己传统中一切落后和丑恶的东西,实现自我转化。

古往今来,装进中国人头脑中的各种"土教条"和"洋教条"数不胜数。它们共同的特点就是制造迷信而不受实践检验,不对中国人民的现实发展负责。而中国的文化,是在亿万人民的活生生的实践中创造出来的。我们完全有能力破除迷信,解放思想,实事求是,使中华文明在未来发展中焕发出更加蓬勃的生机。

有 机 结 合

中华文化历史悠久,形态多样,内容丰富,各要素之间看似互相矛盾,却因运用得当演绎出新时代的创造性转化,对中国自身经济持续发展和人民生活质量提高起到了潜移默化的重要作用。中华文化以中原华夏文化为基础,在与不同民族文化的对话与融合中赢得深广发展空间,是文化整合的结果。殷周文化是整合了夏人、商人、周人以外的许多少数民族文化的结果。秦汉时期许多少数民族文化,如巴蜀文化、楚文化、吴越文化等也被汉文化吸收整合,成为中华民族文化整体的一部分。魏晋南北朝时融合了鲜卑人、乌桓人、匈奴人的文化,五代至宋融合了契丹、女真、西夏等民族的文化。特别是东晋、安史之乱、南宋时期,北方文化的三次南移浪潮,对南方各民族的汉化所起的作用是相当巨大的,它不仅融合了南方各民族的文化,也使整个中华民族的文化走向了一体化。

中国佛教禅宗作为印度佛教文化与我国道家文化特别是庄子与玄学相结合的产物,本身就是文化多样统一的例子。在西汉时期,固守儒学经典的博士是专以训诂注疏的章句之学,排斥各种新的理论观点。但是随着佛教的传入,老庄哲学与魏晋玄学的兴起,经唐至宋,一些士大夫受佛学与老庄哲学的影响,已放弃训诂注疏的章句之学而发展起了一种追求经学真理的精神。到宋朝仁宗、神宗之世,周敦颐、邵雍、程颢、程颐等开拓出了义理之学,他们出入佛、老,泛滥诸家,虽宗孔、孟,已不固守陈词滥调,而是以诚为本,以格物穷理、知礼成性为学问。及至南宋时期的朱熹,更是推波助澜,声高入云,集理学之大成。程、朱理学发展到明代,儒、道、佛已完全合流了。儒、道、佛三种文化从汉魏六朝的分庭抗礼,到宋、元、明时期已发展为三位一体,形成了新的中华文化体系,既注重积极进取,建功立业,又讲求顺其自然,自我完善,还不忘慈爱众生,无私奉献。

到了近代,从19世纪末戊戌变法开始,经历了半个世纪,主要是吸收西方文化的民主和科学思想。从20世纪70年代末开始至今,不断推动理论创新,吸收市场观念、法治观念,当然,还有许多有价值的东西。从被迫打开国门到主动对外开放,中华文化在各种形式的对话交融中不断成长。发展到今天,中华文化的组成部分更加丰富多样,其中有传统优秀文化的继承,有革命传统的发扬,更有马克思主义和优秀传统文化经由结合生成的文化新形态。

原创性论断和方法论基础

习近平总书记在庆祝中国共产党成立100周年大会上的重要讲话中第一次明确提出"两个结合",即"把马克思主义基本原理同中国具体实际相结合、同中华优秀传统文化相结合"。党的十九届六中全会决议再次强调了"两个结合",并指出:"习近平新时代中国特色社会主义思想是当代中国马克思主义、二十一世纪马克思主义,是中华文化和中国精神的时代精华,实现了马克思主义中国化新的飞跃。""两个结合"是习近平新时代中国特色社会主义思想的原创性论断,"当代中国马克思主义和二十一世纪马克思主义"与"中华文化和中国精神的时代精华",这两个定位体现了"两个结合"的集成创新。马克思主义进入中国,一方面,引发了中华文明的深刻变化,对中华优秀传统文化的现代转化产生深远影响;另一方面,与中国具体实际相结合,相继形成毛泽东思想、中国特色社会主义理论体系,习近平新时代中国特色社会主义思想正是在继承这些马克思主义中国化理论成果的基础上创立的。毋庸讳言,在马克思主义中国化的历史进程中,尽管"中华优秀传统文化"并未缺席,但我们的认识却长期停留在"一个结合","两个结合"的提出,标志着"中华优秀传统文化"主体性地位的确立。马克思主义向中国形态转化,理应实现"现实与历史""现代与传统"的完整结合。作为习近平新时代中国特色社会主义思想的原创性论断,"两个结合"是对马克思主义中国化的历史、规律和逻辑的新认识,标志着我们党对中国马克思主义的理解达到了一个新的历史性高度,马克思主义的现实化和内生性已是不可分割的一体两面。

党的十八大以来,习近平总书记始终在对中华民族伟大复兴、马克思主义中国化、社会主义现代化之间的内在关系进行整体性思考,并对贯穿其中的现实归宿和理论基点有了深刻认识,最终找到了一种复合叙事的思维方式。[①] 在党的十九大、文艺工作座谈会、哲学社会科学工作者座谈会、纪念马克思诞辰 200 周年大会等一系列重要讲话中,习近平总书记反复强调马克思主义中国化和中华优秀传统文化"双创"的内在统一,要求完整理解中华优秀传统文化、革命文化和社会主义先进文化的有机统一。他指出,"我们要立足中国,面向现代化、面向世界、面向未来,巩固马克思主义在意识形态领域的指导地位,发展社会主义先进文化"。[②] "一个抛弃了或者背叛了自己历史文化的民族,不仅不可能发展起来,而且很可能上演一场历史悲剧"。[③] 当然,传承中华文化,要"辩证取舍、推陈出新",[④] "要坚持不忘本来、吸收外来、面向未来,在继承中转化,在学习中超越"。[⑤] 这些论述本身就是马克思主义中国化"两个结合"的标志性成果。习近平新时代中国特色社会主义思想的创立有两个重要的思想文化前提:一是马克思主义与新时代中国改革、发展和治理的具体实际相结合,因而它是当代中国马克思主义;同时,随着中国对自身发展难题的破解,开创以社会主义方式实现现代化的伟大事业,丰富人类文明发展的多样性,产生世界历史性的示范意义和深刻影响,因而它也是 21 世纪马克思主义。二是马克思主义与中华优秀传统文化相结合,体现了坚定的民族自信和强大的文化创造力,因而它是中华文化和中国精神的时代精华。

"两个结合"不仅是习近平新时代中国特色社会主义思想的原创性论断,也是这一思想得以继续丰富、发展和创新的方法论基础。面向新时代新征程,习近平总书记指出,"构建人类命运共同体成为引领时代潮流和人类前进方向的鲜明旗帜",[⑥] "和平、发展、公平、正义、民主、自由"是全人类的共同价值,我

---

① 黄凯锋:《习近平新时代中国特色社会主义思想的整体性逻辑》,《理论视野》2020 年第 9 期。
② 习近平:《在纪念马克思诞辰 200 周年大会上的讲话》,人民出版社 2018 年版,第 19—20 页。
③ 习近平:《习近平谈治国理政》(第 2 卷),外文出版社 2017 年版,第 349 页。
④ 习近平:《在文艺工作座谈会上的讲话》,人民出版社 2015 年版,第 26 页。
⑤ 习近平:《坚定文化自信,建设社会主义文化强国》,《求是》2019 年第 12 期。
⑥ 《中共中央关于党的百年奋斗重大成就和历史经验的决议》,《人民日报》2021 年 11 月 17 日。

们应当摆脱意识形态偏见,"本着对人类前途命运高度负责的态度,做全人类共同价值的倡导者"①;要坚持共商共建共享的全球治理观,"做全球治理变革进程的参与者、推动者、引领者"。② 这些立足中国、面向世界的新提法、新概括,要在未来落地生根也离不开"两个结合"的方法论指导:马克思主义提供普遍一般的规律性认识,中国悠久文明是马克思主义中国化的具体文化情境。习近平新时代中国特色社会主义思想的丰富、发展和创新不仅注重普遍原则和规律性认识,更注重这些"薄"的普遍原则怎样在"厚"的本土文化里落实,并找到最合适的途径和方式。③ 党的十九届六中全会决议明确提出,新时代如何坚持和发展中国特色社会主义、建设社会主义现代化强国、建设长期执政的马克思主义政党是三个时代课题,这意味着,未来的理论创新必须继续立足于中国的历史方位,立足于世情、国情、党情,继续坚持马克思主义同中国具体实际相结合、同中华优秀传统文化相结合,既继承马克思关于社会主义社会形态的经典论述,又赋予其中华五千年文明的深厚底蕴和人类文明新形态的价值追求,进一步促进马克思主义与中华文明深层次的对话、融合与汇通。

中华优秀传统文化与马克思主义基本原理的内在契合

2023 年 6 月 2 日,习近平总书记在文化传承发展座谈会上的讲话中明确指出:马克思主义基本原理同中国具体实际、同中华优秀传统文化相结合是开辟发展中国特色社会主义的必由之路,还突出强调"同中华优秀传统文化相结合"(第二个结合)是又一次思想解放。马克思主义传入中国后,科学社会主义的主张受到中国人民热烈欢迎,并最终扎根中国大地,开花结果,决不是偶然的,而是同我国传承了几千年的优秀历史文化和广大人民日用而不觉的价值观念融通的。马克思主义和中华优秀传统文化来源不同,但彼此存在高度的契合性。

首先,中华文化的天下观念与马克思主义的人类情怀具有内在契合性。

---

① 习近平:《加强政党合作　共谋人民幸福——在中国共产党与世界政党领导人峰会上的主旨讲话》,《人民日报》2021 年 7 月 7 日。
② 习近平:《加强党对全面依法治国的领导》,《求是》2019 年第 4 期。
③ 关于"薄"和"厚"的表述,参见 Michael Walzer, *Thick and Thin*, *Moral Argument at Home and Abroad*, University of Notre Dame Press, 1995。

"天下"的视野与情怀是中华文化的显著特征,早在周朝就已经初步成形。"天下"一方面是一个空间概念,确立了以中华文明位居中心,夷狄等居于四方的整个世界;另一方面也是一个社会文化概念,天下又指所有生活在这片土地上的人心向背,所谓"得民心者得天下"。天下观对维护中国传统社会和大一统国家认同起到了重要作用。马克思的人类情怀表现为从近代化以来在世界普遍交往的前提下,从国际主义的视角出发提倡"全世界无产者联合起来""无产阶级只有在世界历史意义上才能存在,就像共产主义——它的事业——一般只有作为'世界历史性的'存在才有可能实现一样。而各个个人的世界历史性的存在,也就是与世界历史直接相联系的各个人的存在"。① 马克思还把未来共产主义社会设想为"自由人的联合体",扬弃民族国家。

其次,中华文化的中道观与马克思主义的辩证法具有内在契合性。中华传统文化里有许多跟"中"相关的概念,如执中、用中、中庸、中和、中正等,可以说"中道"精神一以贯之。"中道"思想体现了中国传统文化中的辩证思维、变通观念、包容品格和实践理性精神,为中华民族提供了一个独特视角来考察人与天、自我与他人、主观与客观、一体与多元、原则性与灵活性等之间的辩证统一关系。马克思主义辩证法即唯物辩证法,它通过扬弃黑格尔辩证法,把"合理的内核"从黑格尔营造的神秘外壳中揭示出来,马克思在创立自己的思想体系过程中,把辩证法置于首位,提出"辩证法在对现存事物的肯定的理解中同时包含对现存事物的否定的理解""辩证法不崇拜任何东西,按其本质来说,它是批判的和革命的"。②

再次,中华文化的民本思想与马克思主义的人民立场具有内在契合性。中国传统文化自古就承载着"民惟邦本,本固邦宁"的优良思想,在中国历史上,以人为本的思想在很大程度上体现的就是"以民为本"。孔子提倡"仁者爱人",构建了一整套以"仁"为核心的理论体系,在此基础上孟子提出了"君轻民贵"的治国理念,都是民本思想的典型体现。马克思主义将人民群众提高到历史创造者的高度,赞扬人民群众在推动社会形态变革和历史运动发展中的主体地位。马克思主义哲学作为无产阶级的"批判武器",所有的理论总结和实

---

① 《马克思恩格斯文集》(第 1 卷),人民出版社 2009 年版,第 538 页。
② 《马克思恩格斯选集》(第 2 卷),人民出版社 1995 年版,第 112 页。

践探索都是为了实现无产阶级和全人类的解放,实现人向人自身本质的复归,实现每个人自由全面的发展。

最后,中华文化的实学传统与马克思主义的实践观点具有内在契合性。中华文化很注重实践活动。"力行近乎仁",儒家强调只有经过实践,落实到日常生活中,才能成人、成道。道家、墨家等同样把行动放在最根本的位置,"上士闻道,勤而行之"。马克思主义是在同各国工人运动和革命斗争的实践中不断丰富、发展和完善的思想体系,具有科学性和革命性相结合、理论性和实践性相统一的鲜明特征。马克思主义一方面极度重视实践,强调实践出真知;另一方面,通过实践检验真理,从哲学的高度理解实践,不断丰富、完善实践概念和实践观。

"激发""提升"与"回应""影响"交互作用

正因为马克思主义基本原理与中华优秀传统文化具有内在契合性,马克思主义价值追求才能激活中华优秀传统文化的生命力,赓续中华民族之魂。共产主义理想、社会主义信念激发中华文化的家国情怀、天道观念;马克思主义实践观、价值观激发中华民族知行合一的实用理性;人民主体论、群众史观激发中华礼乐文明、人际伦理和人本思想;马克思主义党性思想激发传统修身文化;世界历史理论激发中华民族协和万邦的处世之道。

马克思主义与中国的结合,既出于马克思主义自身的发展逻辑,也出于中国自身思想文化的发展逻辑。马克思主义为中国文化注入现代性的同时,还有效避免"西化",为中华民族伟大复兴创造了条件。马克思主义指导下中国共产党领导的革命、建设和改革发展的百年历程,对于中华优秀传统文化的熔铸和提升,具有革命性意义。群众路线、独立自主等价值立场和思想方法,熔铸和提升刚健有为、自强不息的民族精神;社会主义初级阶段理论再造和提升中国古代"实事求是"的人品和史观;科学发展、和谐社会等理念,再造提升中国文化"致中和""道中庸"的境界;人类命运共同体理念,再造提升中华文化天下一家的大同思想。

对中华传统文化进行了科学鉴别和正确取舍,实现创造性转化和创新性发展,进而与当代文化相适应、与现代社会相协调,始终离不开马克思主义的引领。为此，马克思主义对中华优秀传统文化的激发和熔铸，一定要运用马克思主义立场、观点和方法，以客观、礼敬的态度，激活中华优秀传统文化，使之更好地与当代中国实践相结合、与民族复兴的时代主题相契合，进而深化中华文明的内涵，把中华文明推向新高度。

近代以来，尤其在清末到民初的政教改革、五四新文化运动中，包括中国传统文化在内的本土思想资源的价值曾经受到质疑，一度还被视作保守、落后的象征。马克思主义传入中国以后，中华传统文化对马克思主义的回应和影响始终是广大知识分子深切关注的话题。1921年梁漱溟的著作《东西文化及其哲学》，可以算是对包括马克思主义、社会主义在内的西方文化的一种回应，他探讨了中西文化的本质，对两者融合的可能性进行反思，认为虽然当时该全盘承受西方文化，但儒家文化及价值代表人类当前和将来的需要。抗战时期，熊十力的"新易学"、马一浮的"新经学"、冯友兰的"新理学"、贺麟的"新心学"在某种程度上是对马克思主义、社会主义"哲学的回应"。[①]

1935年，上海十位教授联合发表《中国本位的文化建设宣言》，提出所谓中国文化本位建设的五项原则：第一，要"特别注意于此时此地的需要"；第二，"必须把过去的一切，加以检讨，存其所当存，去其所当去"；第三，"吸收欧、美的文化是必要而且应该的，但须吸收其所当吸收，而不应以全盘承受的态度，连渣滓都吸收过来"；第四，"中国本位的文化建设，是创造，是迎头赶上去的创造"；第五，"我们在文化上建设中国，并不是抛弃大同的理想"。据冯友兰的分析，这个宣言其实说的主要是"不盲从"。[②] 1938年，毛泽东在《中国共产党在民族战争中的地位》一文中提出"中国作风和中国气派"，在《反对党八股》中再次强调这个要求。1940年，毛泽东在《新民主主义论》中还提出建设"中华民族的新文化"这一历史课题，表明对中国革命和中国文化的自信，更是站在历史和现实的角度及时澄清对马克思主义的错误理解。

有效推动中华优秀传统文化的现代转化，才是对马克思主义中国化的积极回应，也才能开启民族文化自觉的新时代。用仁义理想助力社会主义市场经济的伦理建设、以经世致用的文化品格助力社会主义价值理念的具体落实、

---

① 陈来：《儒家文化与民族复兴》，中华书局2020年版，第3—11页。
② 冯友兰：《三松堂自序》，生活·读书·新知三联书店2021年版，第237页。

以中道的智慧和动态平衡的艺术助力中国特色社会主义,正是中华优秀传统文化对马克思主义积极回应后可能发挥的实际影响力。中华优秀传统文化虽然没有自发地引导中国走上社会主义现代化道路,但被马克思主义激活后,焕发出更为主动的精神力量,在适应社会主义市场经济发展的同时,助力中国走向"文化上平衡,结构上合理,伦理上适宜"的中国式现代化文明之路。①

五千年未曾中断的中华文明延续着国家和民族的精神血脉,客观上要求马克思主义中国化时代化植根于中华文化沃土。坚定文化自信,增强对中华文化的认同,就要以时代精神赓续优秀传统,进一步构筑中国精神、中国价值、中国力量,使中国特色社会主义道路具有无比深厚的历史底蕴和更加强大的前进动力。

经由结合形成文化新形态

马克思主义和中华优秀传统文化来源不同,但彼此契合,相互成就,造就了一个有机统一的新的文化生命体,经由"结合"而形成的新文化成为中国式现代化的文化形态。"两个结合"尤其是"第二个结合"的提出,开掘了中国特色社会主义的历史纵深,也标志着我们党对中华文明主体地位的确认。"两个结合"通过马克思主义在中国的实践形态和理论形态,着力打通"古今关系",重新定位"中西关系",为中国的理论、道路和制度夯实经由现代赓续的中国传统文化之基。

经由"结合",一方面,我们进一步深化了对马克思主义中国化的规律性认识:中国化的马克思主义不只有中国当下现实的来源,还应当有中华优秀传统文化的来源,应当是秉承中国的文化基因,通过中国的经验、语言和思维予以表达的马克思主义;另一方面,我们也进一步深化了中华民族在文明交融、文化结合的锻炼中自主生长、自我实现的认识。守正不守旧,尊古不复古,不惧新挑战,勇于接受新事物,中华民族使马克思主义从一种外来思想融入中国人的心灵,充分展示中华优秀传统文化的包容性和创新性。

经由"结合",我们阐明了中国为什么选择、接受了马克思主义,而且解释

---

① 陈来:《儒家文化与民族复兴》,中华书局 2020 年版,第 86 页。

了中国为什么能够发展好中华优秀传统文化,使马克思主义越来越成为中国的,使中国的优秀文化传统越来越成为现代的。如果不把中华优秀传统文化与马克思主义相结合,就有可能导致文化复古主义,中华优秀传统文化也就无法焕发出生机和活力;如果马克思主义不能实现与中华优秀传统文化相结合,就有可能出现历史虚无主义、文化虚无主义等倾向,马克思主义也就无法融入中华文明,无法在中国生根开花、枝繁叶茂。

经由"结合",尤其是"第二个结合",我们超越了近代以来西方中心主义和中国自身的旧观念,更新了中国人对于本国的历史意识,有效解释今日中国的成功现实,使我们进一步掌握历史主动和精神主动。因"结合"形成的新文化形态,既不是原封不动的马克思主义,也不是传统文化的简单复归,而是真正在新高度上实现精神自立的产物。

经由"结合"尤其是"第二个结合",我们增强了本土文化认同和社会共识,实际上也强化了国家认同和政治认同,强化了以党领政的文化自信,进一步增强了道路自信、制度自信、理论自信。中华民族现代文明不是封闭的,而是开放的。不是完成时,而是进行时。未来之中国,必将以更加开放的姿态拥抱世界、以更有活力的文明成就贡献世界。

双 向 建 构

马克思主义中国化和中国传统文化现代化实际上是中国特色社会主义现代化事业推进过程中的一体两面,两者的双向建构成为中国特色社会主义文化最基本的特征。如何正确认识这个特征,把握中国特色;如何深化这个特征,优化中国特色,将是今后较长一段时间内广大理论工作者的使命和责任。

中国传统文化与马克思主义基本原理彼此契合

马克思主义中国化能否成功,有一个前提:马克思主义与中国传统文化能否兼容并从中找到生长点。从理论上说,马克思主义与中国传统文化,尤其是儒家文化有许多相似、契合之处。[①]

从社会理想层面上看,《礼记·礼运》篇的大同理想,以"天下为公"为基本原则和根本特征,与马克思对共产主义社会的远景设想多有类似之处。在中国历史上,从《春秋》公羊学的"三世说"、老子的小国寡民、孟子的"仁政"学说、墨子的兼爱尚同,直到近世洪秀全的"人间天国"、康有为的"大同世界"、孙中山的"三民主义"等思想,都体现出对大同社会理想的渴求。伴随这种社会理想,均平共富思想源源不断,并逐渐内化为人伦日常。当然,"大同"理想是一种建立在自然经济基础上的乌托邦式的愿景,认识不到理想的实现需要遵循社会发展的客观规律,也找不到其实现的正确道路和动力所在,它与建立在高

---

① 孙美堂:《马克思主义哲学中国化的价值路径初探》,《马克思主义研究》2007 年第 4 期;刘力波:《文化视域中的马克思主义中国化——马克思主义中国化与中华民族精神关系研究》,陕西师范大学博士论文,2007 年。

度发达的大生产基础上,通过对人类社会发展规律的科学揭示和把握而提出的共产主义理想是有本质区别的。但客观上它确实与科学社会主义对人人平等、没有阶级、没有剥削、财产公有、按需分配的共产主义社会的设想,有诸多的相似、相通之处。因此,马克思主义一经传入中国,就给人以似曾相识的文化亲切感,无形中也加速了知识分子和人民群众对马克思主义的接纳。

从思维方式的角度去看,中华民族有着悠久而独具特色的辩证法传统。"一阴一阳谓之道""反者道之动""有无相生,难易相成,长短相形,高下相倾""祸兮福之所倚,福兮祸之所伏",讲究相反相成、一分为二、合二而一、阴阳变化,这些见解逐渐渗透到社会、历史、道德、政治、军事等各个领域,成为中华民族思考事物运动变化和发展的思维方式。马克思主义哲学与中国哲学中的辩证法也是相通的。对立统一思想是马克思主义哲学的重要观点和方法论原则,列宁把它理解为唯物辩证法的实质和核心。马克思主义主张普遍联系的有机整体观,中国哲学更是承认万事万物的整体联系;马克思主义承认事物的运动、发展、变化,承认事物内在的矛盾运动以及由此导致的新陈代谢,中国哲学亦承认事物的氤氲和合,五行相生相克,以及由此导致的新陈代谢和大化流行。中国传统的辩证思维构成了马克思主义在中国传播的重要文化基础,也为中华民族接受唯物辩证法架起了思想桥梁。中国共产党人正是立足于实际,在中国革命和建设的实践中,有效地利用传统文化资源,剔除其非科学因素,吸收其合理内容,创造性地发展了马克思主义的辩证法,取得了马克思主义中国化的一系列成果。

从人生境界和价值追求的角度去看,中国传统文化尤其是儒家提倡以群体为本位,着眼于整体利益,重义轻利。在处理人际关系上主张相亲相爱,以保持人际和谐。与此相关,在个人与民族国家的关系上,中国自古以来就形成了以关心社稷民生、维护民族独立和继承中华文化为基本内容的爱国主义传统。这种人生境界和价值追求虽然也有其局限,但主张个人利益服从群体利益,个人独立人格与高度的社会义务感和历史责任感相统一,与社会主义集体主义人生观价值观具有相似、相通之处。马克思主义主张社会本位,认为人的本质是一切社会关系的总和,人的需要是社会实践的产物,任何个人都不能脱离一定的社会关系和联系而存在。中国共产党人正是在把握这种文化契合的基础上,在马克思主义的指导下,将个人利益与集体利益结合起来,并确立了国家利益、集体利益、个人利益的"三兼顾"原则,丰富发展了社会主义的人生价值观。

此外,马克思主义主张群众史观,认为历史是由那些促使整个民族、整个阶级行动起来的重大持久的动机促成的。每个人都参与历史活动,而他们行为的总的结果就构成历史的"合力",这个"合力"代表了历史运动的方向。这一观点与儒家的"民本"思想也有相通之处。儒家提倡仁政,主张"民贵君轻",以民为本。

中国化马克思主义对中国传统文化的现代塑造

在马克思主义中国化的实践中,中国传统文化现代化的两难困境得以化解。与世界上后起的民族国家一样,中国的现代化曾面临这样的尴尬:为了本民族国家的生存和发展,需要学习甚至移植西方的文化(包括学问制度),但这种移植又好像在受屈辱,因为它是西学,与本土文化直接相对。而马克思主义中国化使后起的中国现代化摆脱了文化上的尴尬。[①] 作为文化建制上的社会科学,隐含着两个矛盾,一个是特殊对象与普遍知识原则的矛盾,另一个是经验理性与政治利益的矛盾。[②] 而马克思主义、列宁主义、毛泽东思想作为一种社会科学的形态,既普遍又特殊,并能将经验理性与政治取向最佳地结合起来。掌握了这样一种文化和意识形态的国家才可能在心理上重拾自信,并对中国传统文化的现代塑造产生积极影响。马克思主义中国化不断为中国文化注入现代性的同时又规避了西化,走上了符合中国国情,具有中国特色的现代化之路,也为中华民族继承和弘扬民族精神开辟了道路。在马克思主义指导下,不仅"从孔夫子到孙中山,我们应当给以总结,承继这一份珍贵的遗产",[③]而且"一切民族、一切国家的长处都要学",[④]以"取其精华、去其糟粕、去粗取精、去伪存真"的精神,做到"古为今用,洋为中用",立足当下向前看,走出一条

---

　　① 刘小枫:《拣尽寒枝》,华夏出版社2007年版,第16—17页。
　　② 参见华勒斯坦(Wallerstein)等:《开放社会科学》,刘锋译,生活·读书·新知三联书店1997年版。
　　③ 毛泽东:《中国共产党在民族战争中的地位》,《毛泽东选集》(第2卷),人民出版社1991年版,第534页。
　　④ 毛泽东:《论十大关系》,《毛泽东文集》(第7卷),人民出版社1991年版,第41页。

综合创新的文化发展之路。

在马克思主义中国化的实践中,中国传统文化在不舍弃心性修养的同时不断朝着经世致用的方向发展,把我们民族文化心理中的务实、理性、乐观等已经成为习焉不察的东西充分激发出来。在中国与现代化的世界已有如此紧密联系的今天,中国传统文化的发展事实上也不应该还只是一个纯粹理论建构的"明道"问题,而是在高度关注现实的过程中有所总结,并找到中国传统文化转化性创造的形与神。

在马克思主义中国化的第一次历史性飞跃中,以毛泽东为主要代表的共产党人以马克思主义为指导,开启了中华民族精神从自在到自为的发展阶段的转变,并结合中国革命和建设的实际以及中国文化发展的要求,从不同层面对中华民族刚健有为、自强不息的弘扬和培育做出了贡献:马克思主义成为弘扬民族精神的指导思想;中华民族的精神品格被赋予时代性和阶级性内涵,实事求是、群众路线、独立自主熔铸和提升民族精神。当然马克思主义中国化对中国传统文化的现代塑造并非简单移植和修正延续。陈晋在《毛泽东的文化性格》中就曾强调:"当毛泽东在马克思主义范畴中思考现实问题时,他那意识深处的传统智慧和行为方式往往得到淋漓尽致的发挥;当他怀着伟大的民族感情一意要在尽可能短的时间内改造中国社会使之强大起来时,他确实又在自觉地同某些传统的价值观念实行'决裂',并一意遵奉马克思主义提供的思想武器和社会目标。"[①]

在马克思主义中国化的第二次历史性飞跃中,以邓小平、江泽民、胡锦涛为主要代表的中国共产党人,坚持解放思想,实事求是,与时俱进,求真务实,赋予马克思主义中国化崭新的时代内容,创立了中国特色社会主义理论体系。邓小平求真务实的实践风格给国内外留下十分鲜明的印象,在晚年他发表了一个非常意味深长的结论:"我们讲了一辈子马克思主义,其实马克思主义并不玄奥。马克思主义是很朴实的东西,很朴实的道理。"[②]邓小平坚信马克思主义是生活实践的道理,把马克思主义的精髓理解为实事求是的真理,他强调要按照马克思主义的方式来学习马克思主义,求真务实,讲求实效。所以,内

[①] 陈晋:《毛泽东的文化性格》,中国青年出版社1991年版,第166—167页。
[②] 《邓小平文选》(第3卷),人民出版社1994年版,第382页。

容重于形式,手段服从目的。① 邓小平的理论风格强化了中国传统文化经世致用、务实乐观的一面。"三个代表"重要思想、科学发展观等一系列理论成果,对中国传统文化现代化、提升国家文化软实力产生了积极影响,针对弘扬和培育中华民族精神的具体途径和方法提出了总体要求——纳入国民教育全过程和精神文明建设全过程。②

中国特色社会主义进入新时代以来,以习近平为代表的共产党人创立了新时代中国特色社会主义思想,实现了马克思主义中国化新的飞跃。在党的十九大报告、文艺工作者座谈会、哲学社会科学工作者会议等一系列重要讲话中,习近平总书记集中表达了文化自信对中国特色社会主义现实道路和未来发展的重要意义,并就中华文化"双创"发表论述,"坚定中国特色社会主义道路自信、理论自信、制度自信,说到底是要坚定文化自信。文化自信是更基本、更深沉、更持久的力量"。③ 一个抛弃了或者背叛了自己历史文化的民族,不仅不可能发展起来,而且很可能上演一场历史悲剧。当然,传承中华文化,要辩证取舍、推陈出新,"以古人之规矩,开自己之生面"④"使中华民族最基本的文化基因与当代文化相适应、与现代社会相协调"。⑤ 要坚持不忘本来、吸收外来、面向未来,在继承中转化,在学习中超越,实现中华文化的创造性转化和创新性发展。⑥

马克思主义中国化与中国传统文化现代化的互动融合

马克思主义中国化的过程也就是马克思主义经过改造,不断融化在中国文化中的过程。中国的马克思主义与中国传统文化,即生活方式、人生理想、价值观念、情感态度以及中国特有的人情世故等,在不断交错融合中组成中国的现代性。

马克思主义已经成为今天中国的意识形态,也获得了当仁不让的文化身

---

① 李德顺:《邓小平人民主体价值观思想研究》,北京出版社2004年版,第275—283页。
② 参见刘力波博士论文《文化视域中的马克思主义中国化》第四部分。
③ 《在哲学社会科学工作座谈会上的讲话》,新华网,2016年5月18日。
④ 《在文艺工作座谈会上的讲话》,新华网,2014年10月14日。
⑤ 《在中国文联十大、中国作协九大开幕式上的讲话》,新华网,2016年11月30日。
⑥ 《在中国共产党第十九次全国代表大会上的报告》,新华网,2017年10月27日。

份。不仅引导中国社会摆脱殖民主义体系并赢得民族国家的建立,而且在四十余年的改革开放进程中,推动中国获得少有的经济进步和国家繁荣。所谓中国式现代化,应当正视这样一个基本事实。而中国特色社会主义文化,也离不开对马克思主义中国化及其创新成果的理论概括和升华。它是外来思潮在中国本土文化中开花结果的合法依据。

中国传统文化现代化的过程也就是不断吸收马克思主义中国化的成果并实现创造性转化和创新性发展的过程。马克思对资本主义生产关系本质的揭示,对人的本质和人的解放的分析,对未来共产主义社会的远景展望,马克思主义的历史观、方法论和人民主体的价值取向也已不断强化中国传统文化的社会关怀、大同理想和伦理追求,"内圣"的心性修养转化为对生活意义和人生境界的追求,"外王"的入世关怀融入经济、社会、政治体制的建构。

马克思主义中国化和中国传统文化现代化的互动融合,无论在理论还是实践上,都不是简单相加,而是通过民族形式来实现马克思主义,赋予其普遍原理一种新鲜活泼的并为老百姓喜闻乐见的中国作风和中国气派;是把中国历史和现实中的一些特殊规律上升到马克思主义普遍原理的高度来说明和发挥;是在两种文化的贯通融通中,总结出一套关于中国问题的过去、现实与未来及其发展途径的理论体系和实践形态。它既不是原封不动的马克思主义,也不是传统文化的简单复归。[①]

马克思主义中国化与中国传统文化现代化的双向建构将是一个不断不尽的过程,在此过程中,中国特色社会主义文化的形态和面貌将越来越清晰。坚持中国特色,优化中国特色,就应该继续走马克思主义中国化与中国传统文化现代化的互动互化之路。既用马克思主义创新中国传统文化,又用传统文化的现代化发展创新马克思主义;既使中国传统文化现代化成为马克思主义中国化的重要任务,又使马克思主义中国化成为中国传统文化现代化的题中应有之义。使马克思主义具有中国性格、中国气象、中国风韵;使中国传统文化真正获得其现代形态。

---

① 陈晋:《毛泽东的文化性格》,中国青年出版社1991年版,第169页。

内 生 逻 辑

党的十八大以来，我们党不断实现理论和实践上的创新突破，成功推进和拓展了中国式现代化，创立了新时代中国特色社会主义思想，实现了马克思主义中国化时代化新的飞跃，为中国式现代化提供了根本遵循。进一步深化对中国式现代化内涵和本质的认识，概括形成中国式现代化的中国特色、本质要求和重大原则，初步构建中国式现代化的理论体系。[①] 这既是对中国共产党领导下中华民族自主自觉实践的经验总结，又是马克思主义中国化时代化的理论成果，实现民族叙事、社会主义叙事和现代化叙事的内在统一。深刻学习领会习近平总书记对中国式现代化的系统论述，对蕴含其中的内在逻辑进行学理性阐释，整体把握中国式现代化理论体系，持续推进"两个结合"，具有重要意义。

中华民族的自我主张和自主发展

中国式现代化首先是中国人在自己的土地上建设国家和社会的过程，确立和体现的是中国人、中华民族发展的主体性。它是一个不断进步的、历史的、动态的过程。"现代化"的实质是整个社会生产力水平高度发展，最终目的是综合国力的强盛和人民生活质量的普遍提高。任何国家和民族实现真正的而不是虚幻的现代化，其过程和标志是这个国家和民族对现代化发展不可替代的"自我实现"和"自主生长"，而不是"自我迷失"。

---

① 《习近平在学习贯彻党的二十大精神研讨班开班式上的讲话》，新华社，2023 年 2 月 7 日。

近代以来，随着西方列强的全球扩张与殖民，中华民族曾被迫卷入西方开启的世界现代化进程，中国的现代化类型也曾被理解为"后发""外生"。[①] 19世纪下半叶至20世纪初，旧王朝体制下中国带有资产阶级发展取向的"自强""维新"和"立宪"运动的失败、中华人民共和国成立前内忧外患背景下现代化进程的实际状态，一定程度上又加深了"后发""外生"的主观印象。马克思主义指导下的中国共产党带领中国人民完成了民主革命和民族革命的历史任务，推翻了帝国主义、封建主义和官僚资本主义，从而在根本上改变了近现代以来中华民族的历史命运，为中国现代化建设奠定了政治基础，创造了根本社会条件。

中华人民共和国成立初期，我们曾仿效苏联模式，与西方资本主义脱钩，以中央指令性计划推行优先发展重工业的快速工业化战略，其中包括一系列相对激进的社会改革，一定程度上加剧了中国现代化建设不由自主的"学徒"状态。从这个意义上去分析，中国式现代化曾被理解为"后发""外生"不仅仅是价值判断，也反映了当时的客观现实，具有一定的历史合理性。中国现代化启动阶段的部分推动力可能是来自外部，一定程度上也确实被资本主义主导的全球化运动所裹挟，问题在于，如果长时间受制于"后发""外生"的无奈和亦步亦趋的照猫画虎，中国式现代化的自主意识迟迟不发，就容易造成实践探索中的曲折反复。

改革开放以来，我们党对中国发展道路的内生性有了理论上的高度自觉，带领中华民族坚持解放思想、实事求是，以实践先行、理论与实践互动的方式探索中国现代化发展之路。不把书本当教条，不照搬外国模式，总结经验教训以提炼规律性认识。在坚持社会主义价值目标的前提下，逐步走出一条既不是西方资本主义现代化道路，也不是苏联社会主义现代化道路，更不是拉美民族依附性的现代化道路，而是真正属于中华民族的内生性、创新型发展道路。

---

① 20世纪八九十年代北京大学罗荣渠先生总结现代化概念的广义和狭义内涵，进行现代化类型分析，提出资本主义现代化、社会主义现代化、混合型现代化等模式，认为中国的现代化后于资本主义现代化，也后于苏联式社会主义现代化，是谓"后发"，又由于受世界现代化浪潮的冲击和裹挟，是谓"外生"。参见罗荣渠：《现代化新论》，商务印书馆2004年版；《现代化新论续编》，北京大学出版社1997年版。

我们不断反思中国现代化进程中的曲折经历,从改革开放的新坐标出发,初步总结出一系列贴合国情、有的放矢的观点和判断。比如,中国特色社会主义开放但不依附、调控但不指令、系统协调但不齐头并进、渐进而非一步到位;社会主义和资本主义都只是实现现代化的方式,而且社会主义有可能比资本主义干得更好;不能按一种模式解决现代化问题,尤其不能把现代化等同于西方化;中国式现代化是社会主义方式的现代化,坚持以公有制为主体,以共同富裕为目的;中国式现代化是从中国实际出发的现代化,既要注意现实国情又要考虑历史传统;等等。①

进入新时代,我国现代化建设深入推进,实现中华民族伟大复兴进入不可逆转的历史进程,科学社会主义在21世纪的中国焕发出新的蓬勃生机。党的十九大、十九届五中全会、十九届六中全会聚焦中国式现代化,总结了一系列带有规律性的理论认识。党的二十大报告进行了集中、完整和系统的论述,进一步明确中国式现代化的性质和定位,强调中国式现代化是中国共产党领导的社会主义现代化,既有各国现代化的共同特征,更有基于自己国情的中国特色;进一步明确中国式现代化的五大特征,即人口规模巨大的现代化、全体人民共同富裕的现代化、物质文明和精神文明相协调的现代化、人与自然和谐共生的现代化、走和平发展道路的现代化;进一步明确中国式现代化的本质要求,即坚持中国共产党领导,坚持中国特色社会主义,实现高质量发展,发展全过程人民民主,丰富人民精神世界,实现全体人民共同富裕,促进人与自然和谐共生,推动构建人类命运共同体,创造人类文明新形态。②

这些基于历史过程和思想建构的科学认识绝不是凭空而造,更不是其他现代化理论的翻版,而始终是中华民族对现代化发展的"自我主张",体现了中国共产党领导下全体中国人民把命运牢牢掌握在自己手中的主体意识。正因为坚持了这种主体性,才有效保证中国式现代化没有陷入西方模式误区和拉美模式陷阱,有力回应了"后发""外生""赶超"现代化类型理论未能回应的、来自时代和实践的挑战。

---

① 黄凯锋:《走出一条内生性创新型发展道路》,《解放日报》2021年11月9日"思想者"栏目。
② 参见习近平:《高举中国特色社会主义伟大旗帜　为全面建设社会主义现代化国家而团结奋斗》,人民出版社2022年版。

当然,这种"自我实现"和"自主生长"不是自我封闭,而是"以我为主",批判性地吸收西方现代文明的有益成果,通达本土思想文化源头,在文化结合的锻炼中形成的"自我主张"。中华民族成功开辟中国式现代化道路,形成了符合中国实际、具有中国特色的社会主义现代化理论,也是对马克思主义经典作家关于跨越"卡夫丁峡谷"这一思想的回应和证明:像中国这样有着悠久文明传统的东方国度,完全可以在民族民主革命和社会主义革命的基础上,吸收资本主义的肯定性成就,避免资本主义的波折和阵痛,通过社会主义的方式来实现现代化。

中国式现代化与马克思主义中国化时代化的结合

中国式现代化始终坚持马克思主义现代化理论的守正创新。马克思主义经典作家虽然没有给"现代化"明确下过定义,但在他们卷帙浩繁的著述中却蕴含着极其丰富的现代化思想。最具代表性的有如下基本认识:其一,根据生产力普遍发展与民族普遍交往的事实,现代化的生产方式带来资本文明化趋势和人类历史的巨大变革,对于"不发达的国家"而言,"较发达的国家"所显示的"只是后来未来的景象";[①]其二,真正意义上的现代社会是建立在已有文明基础上的更高级的社会主义或共产主义社会,在"谋求自己的解放"过程中,"经过一系列将把环境和人都加以改造的历史过程",创造出"向其趋归的那种更高形式",[②]从而克服资本主义病理性缺陷;其三,经济上落后的国家可以通过革命性的实践找到符合本国具体实际和历史传统的发展道路,跨越"卡夫丁峡谷"。

中国共产党成立后,坚持马克思主义基本理论与中国具体实际相结合、与中华优秀传统文化相结合,既实事求是,力戒主观主义,尊重人民群众的实践智慧,又解放思想,与时俱进,不把经典当教条,不断探索现实的具体的做法、经验和认识,不断开辟马克思主义中国化时代化新境界。在新民主主义革命时期,团结带领人民,浴血奋战、百折不挠,建立了人民当家作主的中华人民共和国,实现了民族独立、人民解放,为实现现代化创造了根本社会条件;中华人

---

① 《马克思恩格斯选集》(第2卷),人民出版社1995年版,第100页。
② 马克思:《法兰西内战》,人民出版社2018年版,第64页。

民共和国成立后,团结带领人民进行社会主义革命,建立起独立的比较完整的工业体系和国民经济体系,为现代化建设奠定根本政治前提和宝贵经验、理论准备、物质基础;改革开放和社会主义建设新时期,党和国家工作中心转移到经济建设,实行社会主义市场经济体制,实现了人民生活从温饱不足到总体小康、奔向全面小康的历史性跨越,为中国式现代化提供了充满新的活力的体制保证和快速发展的物质条件;党的十八大以来,成功推进和拓展了中国式现代化,创立了新时代中国特色社会主义思想,实现了马克思主义中国化时代化新的飞跃,为中国式现代化提供了根本遵循。[1]

马克思主义现代化理论的守正创新,也与理论界对其他现代化理论的学习借鉴和批判性反思密切相关。西方经典现代化理论关于科学革命、民主革命、产业革命乃至管理革命的评价标准和任务分析,"依附理论""世界体系理论"所揭示的西方中心主义的问题和不足,非西方、后发展国家现代化类型理论的定位和思考等,[2]正是在马克思主义世界观和方法论指导下获得的学术积累和研究成果。

中国式现代化与马克思主义中国化时代化的结合,在基本方法层面表现为马克思主义基本原理与中国具体实际、与中华优秀传统文化的"彼此契合"和"相互成就"。[3] 一方面,马克思主义的人民主体理论、东方民族革命理论、国家理论、资本论、共产主义理论等,与中国近代社会性质、阶级状况、国家建设、社会主义建设与改革等具有内在契合性。实践证明,我们党在百年奋斗的历史进程中,紧紧围绕实现中华民族伟大复兴的历史主题,积极传播和运用马克思主义,分析和解决中国革命、建设和改革进程中的理论问题和实践问题,推动了马克思主义中国化、时代化和大众化,彰显了马克思主义的科学性、人民性、实践性、开放性,使中国人民迎来了从站起来、富起来到强起来的伟大飞跃。另一方面,马克思主义基本原理同中华优秀传统文化因相互契合而有机结合,马克思主义的价值观主张与中华优秀传统文化的宇宙观、天下观、社会

---

[1] 《习近平在学习贯彻党的二十大精神研讨班开班式上的讲话》,新华社,2023年2月7日。
[2] 参见帕森斯:《社会行动的结构》,译林出版社2003年版;沃勒斯坦:《现代世界体系》(四卷本),社会科学文献出版社2013年版;富永健一:《日本的现代化与社会变迁》,商务印书馆2004年版;罗荣渠:《现代化新论》,商务印书馆2004年版;《现代化新论续编》,北京大学出版社1997年版。
[3] 《习近平在文化传承发展座谈会上的讲话》,新华社,2023年6月2日。

观、道德观、人民观,特别是天下为公、民为邦本、为政以德、革故鼎新、天人合一等高度契合。结合的结果是互相成就,造就了一个有机统一的新的文化生命体,让马克思主义成为中国的,中华优秀传统文化成为现代的,让经由"结合"而形成的新文化成为中国式现代化的文化形态。[①]

中国式现代化在"两个结合"的基本方法推动下,既是中国与世界、历史与现实、理论与实践相结合的产物,又是通达伟大传统思想资源、拥有优秀传统文化基因、与世界文明交流互鉴的产物。由此,中国式现代化与马克思主义中国化时代化的内在契合,既表现为马克思主义与中华优秀传统文化互相成就,还表现为马克思主义与中国式现代化的互动融合。

中国式现代化与马克思主义中国化时代化的结合,还表现在目标层面的高度一致,即实现中华民族伟大复兴。中华文明是世界上唯一自古延续至今、从未中断的文明。实现中华民族伟大复兴,必然要考虑以马克思主义中国化时代化最新成果引领中华优秀传统文化的创造性转化和创新性发展,从而焕发出更为强烈的历史自觉和主动精神;必然要以中国式现代化超越西方现代化模式,建成能够驾驭市场和资本、实现共同富裕和普遍繁荣的新型社会主义。持续推进马克思主义中国化时代化,开辟中国式现代化道路,创造人类文明新形态,贯穿其中的主题就是实现中华民族伟大复兴。

中国共产党从诞生之日起就把实现中华民族伟大复兴作为自己的初心和使命。实现中华民族伟大复兴既是中国式现代化的宏伟目标,又是马克思主义中国化时代化的宏伟目标。以中国式现代化全面推进中华民族伟大复兴,就要在新时代新征程中不断实现开拓创新,通过系统谋划、整体布局、协调推进,贯彻中国式现代化的本质要求、发展布局和价值理念。以马克思主义中国化时代化全面实现中华民族伟大复兴,就要不断推进"两个结合",坚持人民至上、自信自立、守正创新、问题导向、系统观念、胸怀天下的世界观和方法论,使中国特色社会主义道路有更加宏阔深远的历史纵深和现实根基。

中国式现代化的核心是社会主义,反映科学社会主义在中国的创造性实践,其理论表达就是马克思主义,是马克思主义在中国的创造性运用和发展。

[①] 《习近平在文化传承发展座谈会上的讲话》,新华社,2023年6月2日。

从这个角度去看,中国式现代化的成功,也就是马克思主义中国化时代化的成功。

复合叙事与综合创新的思维方式

把握中国式现代化内生逻辑实际上就是把握以社会主义方式实现现代化的内在机理和思维方法。告别两极思维,坚持复合叙事与综合创新,正是内在机理之一。社会主义是世界的普遍存在与历史发展的必然走向,但在不同国家、不同发展阶段有着不同的表现形式与实现道路。现实的资本主义和现实的社会主义呈现为竞争中长期共存的复杂形态,而马克思当年所分析的资本主义文明化趋势与局限以及社会主义作为更高形态所具有的制度优势和思想力量仍具有理论上的说服力。因此,我们认为,要以复合叙事和综合创新为思维方法深入领会习近平总书记关于中国式现代化的系统论述,进而在学理上实现社会主义叙事、现代化叙事和民族复兴叙事的内在统一。

中国特色社会主义进入新时代以来,以习近平同志为主要代表的中国共产党人始终对马克思主义中国化、中华民族伟大复兴、社会主义现代化之间的关系有一个历史的整体观照,并对贯穿其中的现实归宿和理论基点有深刻认识,因而合理、辩证地把握了一种复合叙事的思维方式。[1] 事实上,中国共产党领导中华民族自主探索的中国式现代化,本身也体现社会主义、现代化和民族复兴三条线索的汇通融合。

社会主义叙事、现代化叙事、民族复兴叙事内在统一的核心和关键是中国特色社会主义。建构中国式现代化理论体系,正是要说清楚中华民族自我生长、自主发展的中国特色社会主义道路,如何既是中华文化现代化与马克思主义中国化互动融合的道路,又是超越传统意义上的社会主义,利用又引导市场经济的道路,还是吸收世界一切现代文明、与西方资本主义社会在竞争中发展的道路。[2]

所谓复合叙事和综合创新,意味着对现代化理论的理解和把握告别纯而

---

[1] 黄凯锋:《习近平新时代中国特色社会主义思想的整体性逻辑》,《理论视野》2020年第9期。
[2] 黄凯锋:《"两个结合"与习近平新时代中国特色社会主义思想的原创性贡献》,《社会科学》2022年第4期。

又纯的单一叙事,告别就社会主义考虑社会主义,就现代化分析现代化,就民族复兴阐释民族复兴,而是把中国式现代化的三条线索统一起来,进行系统思考、辩证把握,进而历史地、科学地把握中国式现代化理论体系。社会主义和资本主义都只是现代化的实现方式,但社会主义是中国式现代化的核心和灵魂,只有社会主义现代化才能超越西方资本主义现代化,进而实现中华民族伟大复兴;只有现代化才能推进社会主义从初级阶段向高级阶段迈进,实现马克思当年关于未来社会更高形态的价值理想;只有实现中华民族伟大复兴,才能使中国式现代化深刻改变世界现代化版图,才能推进社会主义在世界范围内以其历史必然性代替资本主义,推动构建人类命运共同体,创造人类文明新形态。

马克思主义在中国的传播和发展,是历史和人民的选择。马克思主义和中华优秀传统文化来源不同,但彼此存在高度的契合性。马克思主义的人民主体论、历史唯物论、客观辩证法等理论,对资本主义生产关系本质的揭露,对人的政治解放和自由本质的分析,对未来理想社会远景的展望,已逐步熔铸于中华优秀文化的家国情怀、大同世界和价值追求。马克思主义成为中国马克思主义,赢得了政治地位和文化认同,中华优秀传统文化经过创造性转化和创新性发展,获得现代表达,两者互动融合形成的新文化成为中国式现代化的文化形态。所以,今天我们所说的中国式现代化、社会主义现代化,应当正视这样一个基本事实。中华优秀传统文化现代转化与马克思主义中国化的"互相成就"进一步巩固了文化主体性,以中华民族特有的接受方式实现马克思主义中国化,探索并发现来自鲜活实践、符合人民群众精神需求的表达形式,其理论体系和实践形态既不是原封不动的马克思主义,也不是传统文化的简单复归。

改革开放 40 多年的实践中,我们一直在探索社会主义价值理想和现代化所包含的市场逻辑之间的关系。事实上,社会主义价值理想的实现离不开对市场和资本的利用。但市场经济在极大激发竞争意识、创新意识和公平观念的同时,也存在把一切关系和价值淹没于金钱交换的倾向。社会主义叙事和现代化叙事的内在统一就意味着我们主动将社会主义价值理想"前置"和"嵌入"市场经济,充分认识资本文明化的趋势和局限,成功引领市场经济的发展。

现实的社会主义是在资本主义发展的薄弱环节产生并发展起来的,作为一种不同于资本主义的现代化方式,中国特色社会主义赋予现代化新的功能和高远的价值取向。嵌入社会主义因素、实现价值目标的前置,以社会主义理想反思现代化的过程和结果,可以有效范导和指引现代化的发展,创造一条现实的具体的由成功经验所不断支撑的新路,更有可能在借鉴资本主义现代化有益成果的同时,避免其所面临的种种问题和困境,更好地完成现代化的任务,更有利于人类向社会主义过渡。[1] 因此,我们特别强调走自己的路,解放思想,实事求是,求真务实,以实践为检验真理的标准。既重视普遍规律又特别强调发展机遇,既重视主动自觉的思想建构又强调群众鲜活生动的实践形式和日常智慧。

坚持复合叙事和综合创新的思维方式,与新时代中国特色社会主义思想所贯穿的世界观和方法论是一致的,尤其要把握好全局和局部、当前和长远、宏观和微观、主要矛盾和次要矛盾、特殊和一般的关系,不断提高战略思维、历史思维、辩证思维、系统思维、创新思维、法治思维、底线思维能力,为前瞻性思考、全局性谋划、整体性推进党和国家各项事业提供科学思想方法,为实现民族复兴叙事、现代化叙事和社会主义叙事的统一提供理论基础。

中国式现代化的成功打破了西方现代化的道路、制度和模式定于一尊的迷思,从根本上改变了西方现代化模式长期主导的世界现代化格局,展现了现代化道路、社会制度和人类文明的多样性和丰富性,拓展了发展中国家走向现代化的路径,也为整个世界的发展贡献了中国道路、中国智慧和中国方案。我们认为,立足中华民族自主自觉的实践探索,继续推进中国式现代化与马克思主义中国化时代化的内在契合,运用复合叙事和综合创新的思维方法,实现民族叙事、社会主义叙事和现代化叙事的内在统一,实现中国特色与全人类共同价值的内在统一,是建构中国式现代化理论体系的内生逻辑。党的二十大报告已经擘画了中国式现代化战略目标,未来十五年、三十年甚至更长时期将是中国式现代化内生性理论不断臻于成熟和完备的阶段。中国共产党的坚强领导、十四亿中国人民对美好生活的向往将成为支持中国发展的最大驱动力。

---

[1] 黄凯锋:《对"原生"和"西方"的超越》,《解放日报》2019年9月16日。

我们既需要对世界各国现代化路径多样性作出理论论证,对现代中国的历史叙事作出更加合理的建构,对中国发展各个阶段的实践经验作出更为全面系统的理论提炼;也需要推动社会主义理论本身的完善和成熟,深化对社会主义与资本主义并存的结构、特点和规律的研究。

历 史 意 蕴

马克思主义基本原理与中国具体实际相结合即"第一个结合"首先解决了中国革命的方法论问题并最终赢得胜利,也解决了我国社会主义革命和建设中的一系列问题,推进了中国式现代化。面向新征程,崛起的中国如何在众多民族国家中自我定位尤其是精神层面的定位显得更加重要。毫无疑问,马克思主义是我们的指导思想,但中国的自信、自立、自强,不可能脱离世代相传的民族文化。既要坚持马克思主义的指导,又要弘扬民族文化传统,马克思主义基本原理同中华优秀传统文化相结合("第二个结合")就成为应对时代之问的必然选择。

中华优秀传统文化现代转化的历史合理性

数千年未中断的中华优秀传统文化同马克思主义相结合是一个历史过程,理解和把握中华优秀传统文化核心价值理念的传播、变迁、内化并最终与马克思主义和合共生,需要我们对其间的历史合理性有充分的关注和体认。

传统中国儒学的道理由个人(自己)推向社会(天下),强调德性圆满、君子人格。周代敬天,认为"皇天无亲,惟德是辅"[①];《礼记》所谓"修身齐家治国平天下";《论语》、荀子、陆九渊等主张"学以为己"等[②],立足点都在立己立人,从自身的修养出发,圆满人我之间的关系。中国共产党成立后,这些观念潜移默

---

① 《尚书·蔡仲之命》。
② 《论语·宪问》"古之学者为己,今之学者为人";荀子《劝学》"君子之学也,以美其身;小人之学也,以为禽犊";陆九渊"学者所以为学,学为人而已,非有为也"。

化影响着一代代中国共产党人。毛泽东在《纪念白求恩》中称赞白求恩是"一个高尚的人""一个纯粹的人""一个有道德的人""一个脱离了低级趣味的人""一个有益于人民的人",[1] 又在《为人民服务》中说:"人固有一死,或重于泰山,或轻于鸿毛,为人民利益而死犹比泰山还重。"[2] 刘少奇在《论共产党员修养》中强调孟子的富贵不能淫,贫贱不能移,威武不能屈[3];谢觉哉与自己"打官司",省察一言一行[4];彭德怀每月"反省自查一遍"[5]。习近平强调《礼记》的"博学之,审问之,慎思之,明辨之,笃行之",[6] 又引用"圣人是肯做功夫的庸人,庸人是不肯做功夫的圣人"[7]。这些被继承了的儒学君子人格的思想是如何在马克思主义的影响下实现了转化、超越和升华,如何结合了共产主义的信仰和理想,如何与牺牲精神相勾连等,值得关注。

民本思想是传统中国的古老观念,《尚书》中的"民为邦本"[8] "天听自我民听,天视自我民视"[9] "四海困穷,则天禄永终"[10];孟子的"民为贵,社稷次之,君为轻"[11];黄宗羲的"天下为主,君为客"[12]等论说,都体现了典型的民本思想。但自19世纪中叶以来,中国人不得不以"自强"和"富强"回应西方的冲击,而自强和富强都以国家为本位,直接导致了国家意识的高涨和民本意识的衰弱,由此形成了近代中国的深刻矛盾。[13] 此后,孙中山提出"三民主义",其中的"民生主义"体现了一种民本意识的回归,而马克思主义所内含的集体主义与中国传统的民本意识相应和,很快为中国人所接受。中国共产党成立之后,最初关注的是无产阶级,但北伐之后的工人运动和同一时期的农民运动,以及农村包围城市的战略思想都越出了无产阶级的范围。延安时代开始,中国共产

---

[1] 《毛泽东选集》(第2卷),人民出版社1991年版,第660页。
[2] 《毛泽东选集》(第3卷),人民出版社1991年版,第4页。
[3] 《孟子·滕文公下》。
[4] 中国延安干部学院:《红色延安的故事》,党建读物出版社2017年版。
[5] 中国延安干部学院:《红色延安的故事》,党建读物出版社2017年版。
[6] 《礼记·中庸》。
[7] (清)颜元:《习斋先生言行录·齐家》。
[8] 《尚书·五子之歌》。
[9] 《尚书·泰誓中》。
[10] 《论语·尧曰第二十》。
[11] 《孟子·尽心下》。
[12] 黄宗羲:《明夷待访录·原君》。
[13] 杨国强:《衰世与西法》,广西师范大学出版社2020年版,第674—675页。

党明确了"为人民服务"的宗旨。改革开放以后,针对现代化过程所出现的物质主义倾向,提出以人为本的科学发展观,其重心和立足点正在于民本和人本。习近平总书记提出的"江山就是人民,人民就是江山"更加明确了中国式现代化的起点和归宿都是人民。历史地看,两千年的民本思想如何融汇于建党以来的百年历史进程之中,如何促使原本国家与民本的矛盾在人本意识中合为一体,如何使古老的民本观念获得现代意义的诠释,同样值得关注。

在传统中国,天下是一个比国家更重要的观念,天下是苍生之所在。19世纪中叶后的70多年里,中国历经五次大规模民族战争,在回应西方人的冲击中天下观念被逼成了民族意识,而民族意识出现之后,西方民族主义观念又引入中国,进而把进化论与民族主义结合起来,认为中国的每一个发展阶段都落后于西方,反而造成对中国民族主义的负面评价。这种外来的民族主义观念真正转化为中国人自己的民族主义,源自五四运动中的外争国权。第一次国共合作初期孙中山重新解释"三民主义"中的"民族主义",以反帝国主义为主旨,及至五卅运动引发各阶层反帝浪潮。自此伊始,中国的民族主义以帝国主义为对手和对象,构成一种完备的民族意识。中国共产党诞生后的百年历史中坚守反帝立场,具有鲜明的民族意识。但在中国共产党的民族意识中又始终有一种世界意识。北上抗日的同时,共产党人仍然未泯世界关怀。[①] 党的十八大以来,习近平总书记多次提到"人类命运共同体"的观念。这些都体现了一种与民族意识相伴随的世界意识。马克思主义的世界主义、国际主义如何融合于中国人的思想,如何长久不衰地存在于中国共产党的思想历史,如何与有着两千年历史文化的天下意识产生"感应",也值得关注。

传承发展中华优秀传统文化适逢新时代

如何认识传统文化,如何开辟中华优秀传统文化发展新境界是中国特色社会主义进入新时代以来党中央一系列文件的核心话题之一,相继提出了一系列标识性概念和论断。2017年1月,中共中央办公厅、国务院办公厅联合印发《关于实施中华优秀文化传承发展工程的意见》,明确将创造性转化和创

---

① 《毛泽东选集》(第2卷),人民出版社1991年版,第520—521页。

新性发展("两创")作为实施工程的基本原则。同年10月,"两创"正式写入党的十九大报告,"推动中华优秀传统文化创造性转化、创新性发展,继承革命文化,发展社会主义先进文化,不忘本来、吸收外来、面向未来,更好构筑中国精神、中国价值、中国力量,为人民提供精神指引"。[1]

如何实现中华优秀传统文化的"两创"? 首先要提炼贯穿其中的"价值观"和"精神标识"。2014年2月,在第十八届中央政治局第十三次集体学习会议上的讲话中,习近平总书记要求"深入挖掘和阐发中华优秀传统文化讲仁爱、重民本、守诚信、崇正义、尚和合、求大同的时代价值"。党的十九大报告明确指出,"深入挖掘中华优秀传统文化蕴含的思想观念、人文精神、道德规范,结合时代要求继承创新,让中华文化展现出永久魅力和时代风采"。[2] 2018年8月21日的全国宣传思想工作会议又提出"把优秀传统文化的精神标识提炼出来、展示出来,把优秀传统文化中具有当代价值、世界意义的文化精髓提炼出来、展示出来"。[3] 2022年5月十九届中央第三十九次集体学习的讲话要求"展示中华民族的独特精神标识,更好构筑中国精神、中国价值、中国力量"。在2022年10月16日党的二十大报告上,以习近平同志为核心的党中央概括提炼了中华文化蕴含的价值观,并在国际传播中再次强调"精神标识和文化精髓","要增强中华文化传播力影响力。坚守中华文化立场,提炼展示中华文明的精神标识和文化精髓,加快构建中国话语和中国叙事体系"。[4] 习近平总书记在2023年6月2日文化传承发展座谈会上的讲话系统总结了中华文化五大突出特性,对贯穿其中的价值观和精神标识再次进行集中阐释。[5] 提炼"价值观"和"精神标识"不是为提炼而提炼,而要与当代文化相"适应"、与现代社会相"协调","涵养"社会主义核心价值观。2014年10月15日召开的文艺工作者座谈会已明确指出,使中华优秀传统文化成为涵养社会主义核心价值观的重要源泉。2016年5月17日召开的哲学社会科学工作座谈会强调,"要加强对中华优秀传统文化的挖掘和阐发,使中华民族最基本的文化基因与当代

---

[1] 《习近平著作选读》(第2卷),人民出版社2023年版,第19页。
[2] 《习近平著作选读》(第2卷),人民出版社2023年版,第35页。
[3] 《论党的宣传思想工作》,中央文献出版社2020年版,第342页。
[4] 《习近平著作选读》(第1卷),人民出版社2023年版,第37—38页。
[5] 习近平:《在文化传承发展座谈会上的讲话》,《求是》2023年第17期。

文化相适应、与现代社会相协调"。① 2021年3月,习近平总书记在福建考察时强调,要特别重视挖掘中华五千年文明中的精华,弘扬优秀传统文化,走中国特色社会主义道路。2022年5月27日在十九届中央第三十九次集体学习时的讲话中进一步明确,"要坚持守正创新,推动中华优秀传统文化同社会主义社会相适应"。

实现中华优秀传统文化与社会主义相适应,关键要走文化结合的锻炼之路。"在五千多年中华文明深厚基础上开辟和发展中国特色社会主义,把马克思主义基本原理同中国具体实际、同中华优秀传统文化相结合是必由之路,这是我们在探索中国特色社会主义道路中得出的规律性的认识,是我们取得成功的最大法宝。"②习近平总书记尤其强调"第二个结合"的高远立意,"表明我们党在传承中华优秀传统文化中推进文化创新的自觉性达到了新高度","第二个结合是又一次思想解放"。③ 2023年6月30日,习近平总书记在二十届中央第六次集体学习时的讲话又明确要求,把马克思主义思想精髓同中华优秀传统文化精华贯通起来,聚变为新的理论优势,不断攀登新的思想高峰。

通过上述初步梳理可以发现,从"两创"、提炼"价值观"和"精神共识"到朝向社会主义的"适应""协调"和"涵养",再到马克思主义基本原理和中华优秀传统文化的"结合"和"贯通",我们党对中华优秀传统文化传承发展的标识性概念可谓系统完整,层层推进,而"第二个结合"的提出是我们党关于文化建设一系列原创性论断及其思想建构的成果,是循序渐进,也是水到渠成。

从"一个结合"到"两个结合"的历史关联和本质区别

马克思主义中国化由"一个结合"发展到"两个结合",反映了中华文化主体性意识的历史自觉。在19世纪中叶之前,中国长久位居东亚文化圈的核心,并以中华文化深度影响着东亚,很自然地拥有一种文化上的优越性。但中西冲突及至西方列强将中国拖入由西方主导的资本主义世界体系之中,其间经过"中体西用""西体中用"到"全盘西化",经过"富强""进化"等概念连同思

---

① 《习近平著作选读》(第2卷),人民出版社2023年版,第480页。
② 习近平:《在文化传承发展座谈会上的讲话》,《求是》2023年第17期。
③ 习近平:《在文化传承发展座谈会上的讲话》,《求是》2023年第17期。

维方式的"嵌入",文化主体性意识日渐流失。① 一路效法日德、效法英美,实施洋务新政、变法维新乃至国民革命,并没有迎来现代化的成功,反而"截断"本民族文化传承发展的历史进程,使中国沦为半封建半殖民地社会。

20世纪初,马克思主义经由十月革命传播到中国,中华民族意识开始觉醒。马克思主义诞生于现代西方,但对西方资本主义、帝国主义和殖民主义的批判及其革命理论迅速赢得中国的认同,推动中国革命进展到新民主主义乃至社会主义阶段,迎来民族独立和人民解放,建立了社会主义新中国,在"民族的、科学的、大众的文化"建设中,中华文化内生性力量受到重视。此后七十多年社会主义现代化实践历程中,在马克思主义指导下,我们实现对西方模式的超越,经过了革命洗礼的中华文化也获得"新生",并实现了主体性意识的觉醒、回归和强化。

马克思主义中国化的历史某种程度上就是一部"结合史"。很长时间以来,我们党始终坚持马克思主义基本原理与中国具体实际相结合,推动马克思主义在中国的现实化和具体化。在这"一个结合"时期,中华传统文化始终没有缺席,毛泽东等老一辈革命家对"民族形式""中国气派"也多有强调。② 只是当时的"中国具体实际"主要是指不断变化和发展的社会现实,而"中华传统文化"更多是指应当占有的思想资源、反思的对象和批判性吸收的"库存"。在路径和方法上,马克思主义与中华优秀传统文化之间的关系从属于马克思主义与中国具体实际的关系。但无论如何,中华优秀传统文化还是在中国的革命、建设和改革中得以传承,成为"中国具体实际"的本土思想渊源。"两个结合"尤其"第二个结合"的明确提出,"马克思主义基本原理"与"中华优秀传统文化"并列,是对"第一个结合"的深化,阐明马克思主义和中华文化两种思想传统的历史性联系,也标志着中华传统文化的权重发生重大变化,上升到主体性高度。"两个结合"的内涵和实质,就是完整的马克思主义与完整的中国相结合。在这里,"第二个结合"意味着马克思主义与植根于中国现实的本土文化基因进行深层次的汇通融合,进而形成新的文化有机体。从"一个结合"到

---

① 杨国强:《近代中国的两个观念及其通贯百年的历史因果》,《学术月刊》2015年第12期。
② 《毛泽东选集》(第2卷),人民出版社1991年版,第534页。

"两个结合",既有继承也有发展,既有内在联系,也有本质区别。在此过程中,马克思主义中国化的基本范式、中华优秀传统文化的地位和作用都发生了很大变化。从马克思主义基本原理与中国具体实际相结合的进程中发展出"两个结合"尤其是"第二个结合",这是马克思主义中国化的历史和逻辑使然,也是中华优秀传统文化现代化的历史和逻辑使然,既推动马克思主义进一步走向"内生"和"内在",又推动中华优秀传统文化进一步走向"复兴"和"新生"。

"第二个结合"是"又一次思想解放"

我们党在推进马克思主义中国化的历史进程中,始终坚持解放思想,实事求是,不断从教条主义和经验主义中解放出来。在新民主主义革命时期,毛泽东提出了"马克思主义中国化"的命题,把马克思主义基本原理同中国具体实际结合起来,告别本本主义,从苏俄革命模式中解放出来,成功开辟了中国革命道路,迎来中华人民共和国的成立;中华人民共和国成立之后,我们也提出了"第二次"结合的任务,终于实现了从苏联模式的社会主义中解放出来,初步探索中国社会主义建设的道路,同时实现了对现代西方资本主义的超越,从而开创了中国特色社会主义。1978年6月,邓小平就曾说过:实事求是,是毛泽东思想的出发点和根本点。这是唯物主义。[①] 同年12月13日,他在中央工作会议上发表《解放思想,实事求是,团结一致向前看》,而邓小平论述"实事求是"的时候,十分明确地把它看成一个解放思想的过程,他指出:"解放思想,就是使思想和实际相符合,使主观和客观相符合,就是实事求是,今后,在一切工作中要真正坚持实事求是,就必须继续解放思想。"[②]

回顾历史,我们可以发现,在理解解放思想上也有两种不同认识。1958年"大跃进"时提出的"破除迷信,解放思想",是超越客观实际的解放思想;资产阶级自由化思潮下的"解放思想",则是主观无视社会主义现实存在的解放思想[③];正确理解的解放思想是主观能和客观符合的解放思想,换句话说,与实事求是相统一的解放思想才可称之为科学的解放思想。当然解放思想是思

[①] 《邓小平文选》(1975—1982年),人民出版社1983年版,第109页。
[②] 《邓小平文选》(1975—1982年),人民出版社1983年版,第323页。
[③] 李君如:《当代中国的马克思主义:邓小平理论》,上海人民出版社2019年版,第81页。

想不断深化的一个过程,而不是一次行动。所谓"不断""继续"解放思想,正反映以实践为基础的思想逐渐"符合"实际的过程。真理标准问题大讨论、对社会主义"再认识",市场经济姓"社"姓"资"之争等都是思想解放过程中的一次次行动,我们要始终警惕思想的僵化,逐步把解放思想引向深入。

面向21世纪的今天,不论是曾经的苏联社会主义模式(老教条),还是当前的西方资本主义制度(洋教条),都不足以学习、效仿或取法。而成功开辟中国式现代化道路带来的对马克思主义和中华文化的自立自信、社会主义从经典形态走向自主发展所需要的中西思想资源支撑、新的国际关系秩序在平衡与失衡间不断强化的主体性价值思维等,客观上对如何看待马克思主义与中华优秀传统文化的关系、应对历史虚无主义思潮提出新期待,尤其是如何在精神价值的层面超越谁主谁从、孰重孰轻,处理好世界性和民族特征的关系。这个客观要求和期待与我们党新时代主动自觉地思考和探索中华优秀传统文化发展新境界,并提出"第二个结合"是内在一致的,可以称之为新时代主观符合客观的又一次思想解放,旨在实现完整意义上的马克思主义与完整意义上的中国(历史文化传统和社会现实)彼此契合、相互成就,从而使我们从现代西方的一系列制度、体制和观念的信条中解放出来,在"以史为鉴""以史为戒"中秉承中华文化的历史和实践智慧,打开新的理论、实践和政策创新空间,以中国式现代化全面推进中华民族伟大复兴。

对马克思主义传统文化观的认识和超越

批判是马克思本人对待传统文化的基本立场。马克思始终秉持"批判"和"扬弃"的态度,改造、转化和超越传统文化。《共产党宣言》中提出了著名的"两个决裂",即"共产主义革命就是同传统的所有制关系实行最彻底的决裂;毫不奇怪,它在自己的发展进程中要同传统的观念实行最彻底的决裂"。[①] 当然事实也表明,无论是撰写博士论文,还是撰写《哲学的贫困》;无论是对国民经济学著作的解读,还是对人类学著作的评析,马克思对前人的成果包括传统的文化和观念还都是充分把握、极其认真研究的。"决裂"并非"断裂","批判"

---

① 《马克思恩格斯文集》(第2卷),人民出版社2009年版,第52页。

也不等于"抛弃"。在马克思主义中国化过程中,"两个决裂"的影响不同程度存在。而我们党对中华传统文化的认知、判断及相应的政策措施,可谓辗转曲折。一方面,我们不否认传统文化的重要性。"从孔夫子到孙中山,我们应当给以总结,承继这一份珍贵的遗产。这对于指导当前的伟大的运动,是有重要的帮助的。"①毛泽东本人的许多讲话中常常引用诸子百家的思想。另一方面,我们曾为了革命和斗争的需要,在理论上对传统文化持批判态度。"破四旧""批林批孔""文化大革命"造成的巨大损失和灾难必须正视和反思。

党的十八大以来,以习近平同志为核心的党中央对中华传统文化有了更深刻而全面的认识。一方面,"中华优秀传统文化"本身在提法上就包含吸取精华、剔除糟粕的批判意识,但总体上充分肯定传统文化的历史传承、当代价值和世界意义,如"中华文化积淀着中华民族最深沉的精神追求,是中华民族生生不息、发展壮大的丰厚滋养""中华优秀传统文化是中华民族的突出优势,是我们最深厚的文化软实力",②又如"中华优秀传统文化是中华民族的精神命脉,是涵养社会主义核心价值观的重要源泉,也是我们在世界文化激荡中站稳脚跟的坚实根基",③"中华文明延续着我们国家和民族的精神血脉,既需要薪火相传、代代守护,也需要与时俱进、推陈出新"。④ 2014年,习近平总书记在纪念孔子诞辰2565周年讲话中特别强调:"在带领中国人民进行革命、建设、改革的长期历史实践中,中国共产党人始终是中国优秀传统文化的忠实继承者和弘扬者",这个政治论断与"两个决裂"以及马克思主义中国化过程中的总体性基调不可同日而语。

2021年,习近平总书记在庆祝中国共产党成立100周年大会上的讲话中首次明确提出"两个结合",这是我们党马克思主义中国化历程中的原创性论断。2023年,习近平总书记在文化传承发展座谈会上提出"第二个结合",这是我们党对马克思主义中国化时代化历史经验(包括教训)的深刻总结,是对中华文明发展规律的深刻把握(包括主体性流失、唤醒、回归和强化),表明我

---

① 《毛泽东选集》(第2卷),人民出版社1991年版,第534页。
② 《习近平著作选读》(第1卷),人民出版社2023年版,第150页。
③ 《论党的宣传思想工作》,中央文献出版社2020年版,第114页。
④ 《论党的宣传思想工作》,中央文献出版社2020年版,第228页。

们党的历史自信、文化自信达到了新高度,表明我们党在传承中华优秀传统文化中推进文化创新的自觉性达到了新高度。这是前所未有的新判断。不仅是对历史上曾经占主导地位的传统文化批判论的超越,也是对"中体西用"的超越。在"第二个结合"中,这个"中"经由结合已经和"马"构成有机统一的新的生命体。所以"中西之争"就不再是问题,一切也就迎刃而解了,因为"中"已经内在地包含了"西",更为重要的是体现了马克思主义作为西方文化的精华和中华优秀传统文化的结合。

"第二个结合"相对于世界上很多国家和地区文化价值观的成长而言,可能是一个伟大的、独特的例外,是复兴和原创同在的历史过程。其间,无论是中华传统文化现代转化还是马克思主义中国化时代化,自主性和包容性兼具。我国历史上曾出现的佛教中国化及其形成的精神成果,就已经体现了"中国特色"的独特创造,天台、华严、禅宗等已很少有印度渊源。

某种程度上也可以说,"第二个结合"造就了中华文化与马克思主义的"共赢"。马克思主义的真理性、科学性、人民性经由结合获得实现,中华优秀传统文化的复兴和新生经由结合得到展示,既体现中国特色又可升华为不同文化主体"众人拾柴火焰高"的新境界。这样的"共赢"理念显然意味着,要放弃意识形态片面对立的"冷战思维",走出导致"零和博弈"的两极困境,转而寻求理解、交流和合作,以此来增进人类的福祉。应该说,这样一种中国特色同样具有实现普遍共识的正当性和合理性。①

---

① 李德顺:《怎样看"普世价值"》,《哲学研究》2011年第1期。

第三辑　中国特色

"特色"释义

"中国特色"曾经被误解为一个根据时代需要而调整内涵的随意性、模糊性词汇,似乎凡是不能用西方的或经典原理加以阐释的地方,都可以以"中国特色"加以说明。最近一段时间以来,也有部分学者提议少讲中国特色。我们对中国特色和社会主义的理解除人文关怀之外,可能还需要一种科学思维。

中国特色,讲究的是"中学",是中国自己的学说,而"学分中西"是倡导中国特色的一个逻辑起点。"学"有"学科"与"学说"之分,这种区分是把握科学真理与价值观念(或意识形态)关系的前提。一般来说,科学的本质是追求真理,"学科"和"学说"都是科学的现实形态。"学科"是代表科学本质的公共形式,学科的根本特点就在于体现人类认识的公共性、知识和真理的普遍性。因此,广义的科学,无论自然科学还是社会科学,甚至哲学,它的"学科"都只有一个,没有第二个,不能因主体不同而作多元的划分。因此,正是在,也只有在科学和学科的意义上,"学无中西之分"才成立。

但在现实中,"学科"总要通过一个个具体的"学说"来实现自己的存在和发展。"学说"是对学科问题的一定形式的解答或反应系统,它们都是由现实的人在一定条件下创建的。现实的人在不同时代、不同地域和不同生活条件下,都有一定的权利和责任创立自己的学说,并使每种学说都不可避免地带有鲜明的主体性,包括时代特征、地域特征、民族特征、思维个性和价值取向等。这样一来,"学说"就成为一定知识与特定主体价值体系的综合体,既有学科的共性又有文化的个性,因此"学说"的多元化实属必然。不难发现,在全世界的哲学和人文社会科学领域,除有史以来各种各样的流派、"主义"之外,几乎没有地方寻找那个"纯正、唯一"的"学说"所在。可见,正是在,也只有在学说的意义上,"学有人我(中西)之分"又是成立的。

在科学及其学科的层面上,"学"本无中西之分,唯以"真为体,实为用";在学说层面上,中学西学乃人我之分,自当"以我为主,以人为鉴"。把握学科与学说的区分,对于理解什么是中国特色,思考如何优化中国特色,是十分必要的。因为这不仅意味着强调"中国特色"有了一个科学的逻辑前提,更意味着对中国特色的把握要有一种自觉的科学意识。

所谓自觉的科学意识,就是要以科学研究的精神对待"中国特色",首先不要把"中国特色"与"科学"相对立,相反,在倡导中国特色时,我们不能视之为权宜之计,更不能牵强附会,而要高举"科学"的旗帜,以彻底的实事求是的科学精神来分析和把握改革开放以来的历史和现实,不断提炼、丰富和深化对中国特色的认识和理解。"西学"≠"科学","中国特色"≠"非科学"。我们不能以任何方式制造或接受别人制造"中国特色就是超科学,或与科学发展无关"的谬言假象。

"中国特色"不应在珍重自己学说的"人文情怀"或"道德精神"等价值导向的时候,将其片面夸大,随意曲解科学精神的性质和功能,从而导致轻视科学、背离科学精神。事实上,科学和它的全部学科门类是人类共有的精神财富,其中从来就有并将继续有中国文化的贡献。在方法论的意义上,我们不能仅仅因为现代科学来自西方,就把它与"西学"混为一谈,拱手让人,放弃我们探究和深化人类各门科学及其精神成果的权利与责任。

当然,作为一个学说系统,"中国特色"更多强调我们中华民族自古以来不断传承的文化体系,强调在革命和建设时期逐步形成的新的文化特点,以及马克思主义中国化和传统文化现代化交融统一所达到的新境界。百多年来"中西""体用"之辩,讨论的多半是外来的科学技术与中国固有的人文价值之间的关系,所涉及的科学知识问题,远不如其中的价值判断和价值选择问题那么重要,所以才能深切地唤起人们强烈的民族情感和人文关怀。这就表明,强调人文价值,重视价值理念和价值导向,就是一种中国特色。即使如此,价值问题仍然不可以完全随自己所好、盲目自负地对待,很需要以理性化的科学态度和冷静清醒的眼光加以自我审视、分析、批判和超越,不断寻求更加合理、先进的理念和境界。何况"以人文价值关怀见长"也未必一定是合理而先进的,这里同样有科学与不科学之分。我们在强调自己文化优势的时候,不应忽视对科学方法、科学理论和科学精神的研究与指导。

要真正坚持和优化"中国特色",客观上也需要尊重和弘扬人类的科学精神,更加自觉地遵循和实践科学规范,保持和发扬科学批判的精神和方法,力求在实现现代化的进程中证明自己的优越性,增强"中国特色"的说服力。反之,如果借口"中国特色"而把过去一些非科学、反科学、愚昧落后、不思进取的东西重新当作了"国粹"和宝贝,那么中国特色社会主义文化的前进方向就会背道而驰。

"特色"与"共识"

党的二十大报告明确指出:"中国式现代化,是中国共产党领导的社会主义现代化,既有各国现代化的共同特征,更有基于自己国情的中国特色。"报告系统总结了中国式现代化的历史定位、主要特征、具体内容,又对未来推动构建人类命运共同体,创造人类文明新形态,弘扬全人类共同价值提出总体要求,我们要深刻把握"中国特色"与"全人类共同价值"的内在一致性。

无论是"中国特色"所强调的"特色",还是"全人类共同价值"所强调的"共识",都是对文化建构进行理性思考的重要视角。"特"就是有个性特点,"色"就是指这种个性的鲜明表现和独有风格。"特色"应该是任何一个主体独立地生存发展都会自然而然形成的一定面貌。强调"特色",未必是否定或摆脱"共识"的意思。因为"共识"本身,也是从各种个性特色中抽象出来的共同价值。

中国特色社会主义发展到今天,追求共同富裕和普遍繁荣,既坚持了社会主义共同理想,又探索出了社会主义与市场经济相结合的基本制度,当属"特色"与"共识"内在一致的范例。以为"中国特色"就是否定或逃避现代文明,逃避"共识"的借口,那是完全不必要的误解。改革开放初期,邓小平以"中国特色社会主义"作为实现现代化的鲜明旗帜,原本就是为了告别对社会主义的僵化理解,也为了避免把自己当作世界社会主义运动的"唯一代表",既坚持主体性原则,又对共识空间留有余地。除非执意要把自己的独断当成独一无二的"共识",否则这里的"中国特色"应该不难理解。

即使不否定"特色",也还存在如何理解特色的问题。有些人总喜欢把特色一一罗列出来,弄成一种低级文字游戏。这种罗列脱离"共识"和一般,很容易把"特色"变成一般之外的"东西",甚至变成拜物教,这是要不得的。也有学者认为,既然认定自己要走的路,难道非要提"特色"才表示很有特色吗?毕竟符合国情和时代趋势已是共识。其实,说不说它总是在的,但自己说自己的"特色"时,似乎更应有谦逊之意才好,如果我们把所有好的愿望和目标说成是好像已经实现了的"特色",就很不妥当了。

"特色"不是一个筐,理论和实际工作中切忌把什么东西都往里面装。"中国特色社会主义"首先肯定的是"社会主义"。就像马克思主义中国化时代化,首先得是马克思主义的;而各种马克思主义,又得首先是马克思的。正因为有马克思本人的思想理论作为根本依据,才能够判断各种以马克思主义为名的思想理论的成色究竟如何。1979年12月6日,邓小平在会见日本首相大平正芳时说:"我们的四个现代化的概念,不是像你们那样的现代化的概念,而是'小康之家'。"1984年3月25日,邓小平在会见日本首相中曾根康弘时说:"到本世纪末,在中国建立一个小康社会。这个小康社会,叫做中国式的现代化。"这里,中国历史文化传统的理想与社会主义的目标实现了具体的、内在的结合。"中国特色社会主义"就是在中国这块土地上,由中国人自己去探索、追求和实现的社会主义。一切从实际出发,实事求是,应该和能够搞成什么样,就是什么样,就体现"特色"。

目前,西方把"中国式现代化道路"肆意"提升"为两个文明之间的对垒,不断丑化、妖魔化"中国特色",是与西方一直自诩其发展方式为唯一选择的独断思维紧密相关的,"中国特色"成为他们面临的一个重大挑战。只要我们提"社会主义",哪怕有"共识",西方肯定也会认为是异类。即使中国完全按西方现代化模式走,他们也不容许中国超越美国,超越西方,所以会竭尽全力打压。日本、东欧剧变的前社会主义国家,解体后的苏联各加盟共和国,特别是俄罗斯等都是活生生的例子。理论层面廓清"特色"和"共识",不以特色抵制普遍,避免二元化很有必要,但认清美西方见"色差"就打压的两极思维也很有必要。

特色不是主观追求得来的,而是实践中形成的客观结果。强调特色,只有在重视本国具体现实条件的意义上才是合理正当的,在实现共同价值的具体表现形式和路径上强调特色,才合情合理。在"特色"与"共识"的关系上,有学者敏锐地指出:"反对魔鬼的,未必都是天使。"反对极端庸俗化的"特色主义"

时,如果用以为据并推出的是极端武断的"普遍主义"导向,恰恰也在为虎作伥。所有普遍性的东西或价值,无不是从各种具体的现实事物中抽象出来的,没有思维的抽象过程,也就没有"共识",没有"全人类共同价值"。而从"现实的人"出发,去理解人的本质和社会历史,正是马克思的突出贡献。

任何事物都是共性与个性、普遍性与特殊性的统一。很多思维方式上的偏差在于不是立足这种辩证统一关系,不是从历史发展、思维和观念形成的过程来考虑问题,而是一上来就从普遍的东西要求和责成现实具体的情况。所以,关键的不是是否说出并强调"共识",而在于如何达成抽象的普遍性,在具体的事物上如何谈论其共性的方面。

对普遍共识的理论预设常常不证自明地成为理论研究的路径依赖,全球化、现代化发展到今天,普遍共识的先验预设实际上遭遇了前所未有的挑战,这一挑战远不仅仅是理论层面上的,更是实际感受上的。现实已催生多元多层主体内生性、创新性的"特色"发展道路,事实也表明:只有在历史的、具体的情境中,先验抽象的普遍共识及其理论预设才可能有生命力。

"共识"预设的缺陷和局限被逐步揭示,实际上与多元主体的感性活动和理性自觉紧密相关。尽管如此,普遍共识并不因为预设的被不断挑战甚至被否定而失去存在的必要性,马克斯·韦伯关于"理想类型"的方法论正是在这个意义上受到重视和肯定。只是我们要对国际关系中多主体交流、协商、冲突、妥协中"共识"的具体生成有实现难度的充分估计,因为两极对立、单一主体霸权的思维还阴魂不散。

当然,满足于此恐怕还不够,还需要继续前进,确认人类作为最高最大主体所对应的共同价值及其标识性理念仍然可期。正是在这个意义上,一方面,推进并拓展中国式现代化道路,创造人类文明新形态,怎么强调其独特意义都不过分;另一方面,探索中国特色,研究中国式现代化的内生逻辑,包括在实践中不断探索具体经验和做法,并不意味着我们会成为普遍共识的边缘和例外,而应始终与总体意义上的人类文明同向同行。在现实层面上,还有一个中国式现代化所创立的人类文明新形态与其他多元多样的文明形态共生共荣的智慧和策略问题。

"中国特色社会主义"正是从具体现实出发理解和把握社会主义的话语表

达。马克思主义中国化时代化的进行时、完成时也就意味着马克思主义正在和已经"化"成了"中学",是中国自己的学说,当然体现"中国特色"。这个特色,以"真"为体,以"实"为用,自当"以我为主,以人为鉴"。在倡导中国特色时,我们要以实事求是的科学精神来分析和把握改革开放和进入新时代以来的历史和现实,汇通古今中西,不断提炼、丰富和深化对"中国特色"的认识和理解。"特色"不是否定"共识",更非"共识"的例外,而是我们中国人对实践中创立的文明新形态的标识。以冷静清醒的眼光审视、分析、优化"中国特色",不断寻求更加合理、更具价值共识的理念和境界,正是我们理解和把握"特色"与"共识"内在关系的基本方法。

迈步新征程,我们党已经把"必须坚持胸怀天下"作为新时代中国特色社会主义思想的世界观和方法论,要为人类谋进步、为世界谋大同,要洞察人类进步的潮流,要积极回应各国人民的普遍关切,要为解决人类面临的共同问题做出贡献,要以海纳百川的宽阔胸襟来借鉴吸收人类一切优秀的文明成果,来推动建设更加美好的社会主义。这些要求正是以"中国特色"求"全人类共同价值",以"全人类共同价值"照亮"中国特色"的高远立意,开辟了马克思主义中国化时代化新境界。

文化先进性

在中国特色社会主义文化的建设过程中,有一个理念需要进一步深入研究,那就是先进性。早在2004年,有学者就对先进文化发表过很有见地的文章。[①]

从先进性的角度去思考文化价值观,我们就会有新的认识和理解。在人类整个文明演进过程中,有六大价值被逐步认可,即自由、平等、博爱、真、善、美。就资本主义发展的历史进程来看,如果必须要从这些价值中选择一个作为核心价值观,应该是自由。自文艺复兴以来资本主义社会更加强调的是自由,最能说服人的是个人自由。博爱和平等相对于自由而言,在顺序上不具有优先性。因为核心价值是自由,更加主张自由竞争,所以从理论上分析,贫富差距、两极分化尽管也要避免,却不是完全不可接受的。

而社会主义社会无论在理论还是实践上都是反资本主义而生的社会形态,反对剥削、反对压迫,追求平等、追求共同富裕。最牵动中国人民神经的是公平正义,没有这一点,我们就不可能理直气壮地说我们是社会主义国家。实现公平正义,我们的制度和文化追求才比资本主义优越。马克思等经典作家提供的关于共产主义愿景的理想之所以在绝对的意义上值得追求,与这种优越性是紧密相关的。那么究竟如何来认识和阐释中国特色社会主义文化的先进性?换句话说,如何说明中国特色社会主义文化是先进文化?

文化的定义不下三百种,含义有很多方面,也可以从很多层次加以理解,

---

① 李德顺:《文化、先进文化及其前进方向》,《思想政治工作研究》2004年第4期。

但目前来说要讲清楚中国特色社会主义文化的先进性,特别需要注意把握作为过程和方式的文化以及作为主体权利和责任的文化。

作为过程和方式的文化

也许我们更容易理解的是文化产品、文化成果和文化机构,但容易忽视作为过程和方式意义上的文化。文化产品有其产生的过程和方式,文化活动本身包含一些潜在的反映人的思想方法、思想感情、价值取向的东西。整个人类历史的活动,从最根本的意义上说总离不开生产、生活、衣食住行,但是我们依然能非常清晰地感受到风格迥异的文化特色。差别究竟是如何造成的?无非同样的事情采取了不同的方式,进而产生了不同的文化。当然这个做法和方式不是偶尔为之,也是各种各样的自然历史因素造成的。所以文化的特征和差别,固然要通过做什么加以体现,通过机构和成果来落实,但更重要的在于怎么做,在于做的具体方式和过程。同样一件事情,可以做得非常经济,也可以做得非常有文化的味道。而明明是一项严肃正经的文化事业,也可以弄得非常没有文化品位。这里面就有一个方式和过程及其艺术化的问题。

作为主体权利和责任的文化

文化是人的生活和生存样式,文化的状态和文化发展的动因都来自人的生活实践本身。人的生存本身造就了文化,不但造就了文化,而且离不开文化。既然如此,我们在理解不同文化之间相互关系的过程中,应当强调:文化是主体生存发展的权利和责任之所在。一种文化是什么样子,应该是什么样子,不能忽视和回避文化的主体是谁。在多元文化历史背景下,考虑文化的交流融合,前提就是必须承认文化主体对自己文化的权利和责任。就中国特色社会主义文化来说,要说清楚它的内涵和特点,就要说清楚广大干部群众作为群体主体本身的内涵和特点。

关于多元文化背景下究竟如何看待先进文化的问题,国内外学术界长期以来一直有争议。有人认为,文化只有不同的样式,没有先进和落后之分,唐诗和宋词谁优谁劣几乎无法回答。一些从事所谓纯艺术的人甚至嘲笑先进文化的提法,认为这纯粹是一个假问题。中国人喜欢以龙凤作为中国文化的标志,但在西方文化中,龙却是凶恶和丑陋的东西。反过来我们也很难理解:驴为什么能成为一个政党的标志?确实,历史形成的文化,首先是这种文化的具体主体自身的权利和责任,是他们历史地积累起来的东西,就此而言,无法比较优劣。那么究竟如何理解文化的先进和落后?这里面实际上就涉及承认不承认社会历史进步原理的问题。

相对比较宽容和开放的文化,允许主体进行各种探索、创新、尝试和失败,这种文化就能够帮助这个主体,使这个社会更加有活力地向前发展;如果一种文化道德上比较僵化、比较腐朽、比较黑暗,任何离经叛道的东西都不能允许,都要扼杀,那么这个文化主体可能已走向僵化,最后受害的就是这个文化自身了。所以,理解文化先进性的时候,一定要有一个主体的尺度,先进和落后在它有统一方向的时候,互相才可以比较。

先进性的衡量标准

先进性不是抽象的、绝对不变的尺度。何谓先进、何谓落后,不应该脱离了文化的主体作抽象的判断。文化的先进和落后,本身是体现主体性的相对尺度。不同主体之间的文化涉及主体形成的生存方式和生活样式,都有各自的根据,简单直接的比较当然是不合适的。但我们可以通过一个新的环节——把一种文化和它本身的主体联系起来,看这种文化对主体的意义到底怎样。换句话说,一种文化如果是这个主体的生存样式,那么对这个主体的生存发展是否有利、是否合适,这里面就有先进与落后之分。云在青天水在瓶。该是夏天了,该穿短袖了,你偏偏穿着棉袄洗澡,这个棉袄所代表的文化就落伍了,就有可能导致主体生存状态的恶化。

简言之,衡量一种文化是否先进,这个先进性是指是否有利于主体的生存和发展、是否能够反映生产力的发展要求和人民群众的根本利益,是否能为社会进步、为人的解放和自由全面发展提供最大的资源,包括精神资源(道义资源、智力资源等)和制度资源(体制空间、机制活力等)等,这就是中国特色社会主义文化先进性的客观标准。对于一个国家或民族而言,能够反映它的社会生产力发展要求和人民的根本利益,并能够为这个国家或民族发展提供最大资源的文化,就是他们的先进文化,反之,则是落后的或腐朽的文化。

中国特色社会主义文化的主体是广大人民群众,中国特色社会主义文化要充分实现人民群众的文化权益,让文化成为人民生存发展富有活力的积极因素。这才是真正的以人为本。用动态的、具体的主体性的历史分析方式理解先进性,才能防止先进与落后问题上的简单化和抽象化。脱离了主体现实的条件和能力,拔得越高可能越不先进,因为它并不能为主体提供更大的资源、更强的道义空间和智力空间,反过来会束缚我们的手脚。要从我们的现实条件出发,寻找生长点,在生长点的前方就是我们的发展目标。归结到一点,就是在理解文化先进性上同样需要实事求是。

理论基础、价值体系和科学精神

中国特色社会主义文化先进性的一个标志是有一个先进的思想理论基础。马克思主义中国化三次历史性飞跃是马克思主义基本原理同中国具体实际、同中华优秀传统文化相结合的成果,它们不仅提供了科学的世界观和方法论,同时阐明了中国特色社会主义文化的根本导向。中国特色社会主义文化的主体是人民群众,中国特色社会主义文化将落实和充分实现人民群众的文化权益,让文化成为人民生存发展、富有活力的积极因素。这才是真正的以人为本。科学发展,共同实现中国梦,本身也是一种文化的选择,体现一种文化的方向。

先进文化的前进方向,不在我们现实的文化之外,不在天上和外面的某个地方,而就在我们现实的文化生长之中,在我们现实文化生长发展的趋势要求之中,不能离开这个主体的现实去谈论抽象的先进和落后,更不能离开这一点奢谈前进的方向。总之,在理解社会主义文化的先进性上同样需要实事求是的科学态度。

中国特色社会主义先进性的另一个标志是有一套合理先进的价值体系。社会主义文化在科学世界观和方法论指导下,正确把握世界大势、理性认识自己的国情、认识人类社会发展的规律,并从中国人民的实际需要出发,形成一套科学合理、切实可行、先进的人文价值目标和价值标准。社会主义文化以五千年中华文化和不断前进的人类文明为基础和资源,以改革开放四十多年的发展为现实活力,既非邯郸学步,更非刻舟求剑,而是在不断变化的生动实践和不断发展的群众智慧中告别"西化论"和"复古论",警惕各种形式的虚无主义,坚持中、西、马汇通融合,以我们当前社会主义事业的发展为根据,立足现实,着眼发展,以我为主,"古为今用,洋为中用""推陈出新",运用科学合理的价值目标凝聚、动员和激励人民为民族振兴和现代化建设事业而英勇奋斗,寻求21世纪中华传统文化走向复兴和繁荣的崭新形态。

中国特色社会主义文化先进性还有一个标志,就是有一种宝贵的科学精神得以发扬光大。毋庸讳言,科学理性、科学精神、科学态度的不足,曾是中国传统文化的一个弱点。近几十年虽有显著进步,但与世界文明的发展相比,我们仍有差距。因而在原有文化的基础上,大力倡导和弘扬科学精神,不能不成为我国社会主义文化现代化的重要课题。这里不仅指要大力发展科学事业,普及科学知识,更在于以科学的理性态度和方法去对待我们生活中的事物,让科学精神成为全社会的共同规范,克服各种旧的情感化、意志化等非理性传统的影响,使我们的文化达到现代文明的先进水平。

动态、历史、发展的观点

任何文化都不是孤立生存的,需要一定的环境,不同时代有不同文化特征的要求,别处已经出现的文化模式,可能会成为我们先进文化的一种参考,但是具体是什么形态,不可能照搬别人。中国特色社会主义文化作为先进文化,就是指对我们中华民族的生存和发展来讲,目前是最需要最合适的一种文化形态。比起过去已有的东西,应该也是更有益的文化形态。我们在实践中掌握文化先进性的标准和尺度,需要把握文化精神实质的一贯性与文化形式多样化的统一,防止文化观的教条主义和形式主义、绝对主义和相对主义等简单化倾向。

文化的先进性是一个动态的历史尺度。一种文化的先进性,不仅要表现为它的思想理论科学、群众基础广泛、资源配置合理,产品富有凝聚力、感召力和创造力等,而且要表现在这一文化体系本身具有扩展潜力和更新活力,表现为它的创新机制健全,富有开放包容精神,能够不断自我发展、自我完善、自我超越。文化先进性的来源有历史积累和现实活力两个方面。从历史基础看,五千年历史是中华文化自身的积累,不断前进的人类文明是世界性的历史积累,它们都是我们建设社会主义先进文化的基础和资源。没有历史积累的文化是"化而不文",没有现实活力的文化是"文而不化"。单纯向外看的"西化论"是邯郸学步,单纯向后看的"复古论"是刻舟求剑。我们要坚持"向前看"的发展论、创新论。

从现实活力来看,与时俱进的创新活力是先进文化的生命线。形成这种活力的内部机制在于文化从生产到消费各个环节的活力和它们之间的相互协调、良性循环。我们要着眼于文化体制的改革和社会的全面发展,从整体高度处理好文化建设各方面的深层关系。

和 谐 与 斗 争

以真理标准问题大讨论为契机,我国转入以经济建设为中心,开启改革开放新时期。党的十六大提出小康社会的奋斗目标,十六届四中全会倡导和谐社会的理想。这是对重在建设的中国特色社会主义文化特征的自主表达,是马克思主义发展史和共产主义运动史上具有重大意义的思考方式的改变,也是中国式现代化实现路径的合理调整。和谐在总体上代替斗争,成为思维方式上的整体导向。

党的十八大以来,习近平总书记在总体上强调和平发展仍然是时代主题的同时反复告诫全党,中华民族伟大复兴不是轻轻松松、敲锣打鼓就能实现的,必须勇于进行具有许多新的历史特点的伟大斗争,要应对可能的惊涛骇浪,历练斗争本领,准备付出更为艰苦的努力。由此可见,和谐总体上代替斗争,更多强调的是工作方式方法的转变,目的是更好地为人民服务,但并不意味着我们目前的现代化建设中就没有尖锐的矛盾和冲突,意识形态面临的风险和挑战更不容忽视。

和谐与斗争不是非此即彼的两极。从学理的角度分析,和谐实际上可以分为两种,一种是相容式的,呈现为"对立而又不对抗"的状态:一方面看到宇宙中各种不同事物和因素的异质性,另一方面又认定"一阴一阳之为道",相成相济;另一种是不相容式的。西方古代哲学家赫拉克里特在对和谐的理解上就提出了不同于毕达哥拉斯的看法,他说:"互相排斥的东西结合在一起,不同的音调造成最美的和谐,一切都是斗争所产生的。"对立—斗争—和谐,这才是赫拉克里特的公式,他的和谐是冲突的、动态的。着眼于对立又不对抗的和谐,会更注重协调和保存;着眼于对立面的斗争,会更注重否定和新生。

无论哪一种情况,我们都不难发现,和谐总是与达到和谐的手段和方式包括斗争联系在一起。党的十六届四中全会在倡导和谐理念的同时仍然注重国家安全和反腐败领域的对敌斗争,习近平总书记在和平发展的时代主题和战略机遇期的定位下强调进行具有新的历史特点的伟大斗争,都体现了对和谐与斗争关系的辩证认识。所以严格来说,和谐与斗争并非不相干的两种思考问题的方式,而是可以相得益彰的。

从纯粹手段的角度去分析,和谐与斗争都可以用来解决矛盾和冲突。究竟选择什么样的手段取决于矛盾的性质、时代的需要和主客观条件的限制。中国共产党从诞生、发展成熟到执政兴国,经历了各种各样复杂的历史处境,在不同的阶段采取了不同的解决矛盾的方式。如果说过去革命战争年代主要解决对抗性的敌我矛盾,特别要强调对立面的斗争的话,今天在和平建设的年代主要解决非对抗性的矛盾,包括大量的经济建设中的矛盾以及和世界各国建立正常关系中的矛盾,在这种条件下,和谐的方式、动态平衡的矛盾解决方法更显出其重要的意义。我们不能简单地以今天的选择否定昨天的取舍,更不能以今天的评价标准随意臧否当年的相对真理。是和风细雨还是急风暴雨,是和谐还是斗争,不能仅从方式本身去判断。

有时候主体解决矛盾的方式和手段的改变有一定的被动性,远不如人们想象的那样主观随意。过去我们往往把人类历史的发展过程看成一个阶级反对和推翻另一个阶级、一个社会代替另一个社会的对抗过程,也容易把急风暴雨式的斗争看成解决问题的主要方式。但是,在不同国家的经济相互渗透又相互竞争的全球化背景下,人类社会客观上有了新的发展特点,即多种文明和多种社会制度的竞争共存。这不是说没有斗争,而是斗争有了新的形式,即竞争和比较,必须通过取长补短、求同存异,通过长期共存来发展自己。这时候实际上是时代和环境逼着我们作出认识上的调整和工作方式上的变更,是不得不为之,积极应对当然理性而主动,但客观事实的力量恐怕更为巨大,用马斯洛的话来说就是"事实要求应该"。许多历史认识的逐步完善也许就是在这样的情况下完成的。必须承认对真理的认识有一个过程,事实的显现也有一个过程,而我们每个人都是时代之子。

从目的与手段关系的角度去分析,和谐是目的,斗争是手段。为了达到未来的和谐,有时不得不进行现时的斗争,为了实现和谐的理想,有时不得不暂时放弃这个理想,这就是理论和现实的辩证法。但是无论如何,对手段的评价和选择,要以目的为标准和依据,也就是让手段为目的服务,用目的来检验手段。抱有不正当目的的人,必定会采取不正当的手段;而抱有正当目的的人,即使有时采取激烈的手段,他自己也能适时加以改正和弥补,这就是目的对手段有决定性和约束力的表现。

  对此,美国实用主义哲学代表性人物杜威还有更进一步的思考,值得关注。他对目的证明手段的正当性、手段的批判性检验而非演绎的必要性以及对手段和目的相互依赖及连续性的强调,丰富拓展了我们对目的与手段关系的辩证认识,提出了具有反思意义的研究路径。① 一方面,怀有高尚目的的人一定不用卑鄙手段,即使某些时候出于种种原因使用了不适当的手段,最终也会被高尚的目的纠偏。所谓"善人用恶之法,恶之法亦善,恶人用善之法,善之法亦恶"。另一方面,目的的正确与否、崇高与否、合理与否,有时也需要依赖各种手段加以证明,不能想当然。相对而言,具体的阶段性行为或手段倒是可见的,其所产生的后果也是可见的,以"功"(实际效果)论"志"(目的)比较合理。以目的证明手段的正当固然重要,以手段确证目的高尚至少也不能忽视。基于苏联模式及其后果,总体来说,杜威更加倾向于以具体手段和行为的客观效果对最终目的进行批判性检验,对直接由不证自明的目的演绎而来的手段正当性保持高度警惕。杜威认为,无论是作为一种最终证明其为正当的目的(end),还是作为最终目的之手段的目的(ends),其正当性依赖于手段和行为的实际运用和客观效果。

  中国共产党在自身的发展中就一直有目的对手段的纠错机制。在带领中国人民进行社会主义现代化建设的探索过程中,难免有失误和曲折,有时在手段的使用上也会存在这样那样的偏差,甚至造成严重的后果。但是常常在历史的关键时刻,因为事业的正义性,我们党能够揭示自己的缺点和不足,正视自己的错误,并努力改正错误。正是这样一种自我认识和自我超越使我们党得到人民群众的肯定和拥护。反过来说,假如执政党的目的偏离"为人民服务"的宗旨,偏离和谐美好的社会理想,那么它采用的斗争方式就有可能损害

---

① 黄凯锋:《杜威实用主义价值理论的洞见与局限》,《价值论研究》2021年第2期。

人民利益。总之,手段是目的的镜子,在选择手段上出现的问题,归根到底要从目的上找差距。如何使和谐社会的目标更完整、全面、系统倒是今天更应关注的问题。过多地限制和挑剔手段(包括斗争这样一种不得已的手段),对不正当目的的行为来说,只能治标,不能治本;对于正当目的的行为来说,则会使人过于拘谨,束手束脚,思想僵化,无法开拓新局面。

只要我们党制定的和谐社会的大目标、大方向是明确的,那就要相信"血管里流的是血,水管里流的是水",敢于放开手脚,不拘一格,选取最优手段,建成最新最美的生活大厦。而斗争只不过是其中一种比较特殊的手段和方式。

从思维本身的辩证法出发,我们还应当走出和谐哲学与斗争哲学两极思维的误区。和谐与斗争是紧密联系在一起的两个范畴,非此即彼的思维方式要不得。不是"好得很"就一定是"糟得很"? 不是"健康"的就一定是"有害"的? 不是善就是恶? 不是美就是丑? 不是和谐就一定斗得你死我活? 其实,两极相通,这种思维方式把矛盾的解决方式看得过于简单化。在和谐与斗争这样两个范畴的中间地带,还存在着矛盾运动的具体样态。别人的不同意见,不同的处世方式,听得进去,看得下去,还能平等待之,尽量学会共处,这就是很不容易的做人处世方式。当然别人的意见和方式不一定对,但我尊重你的观点,尊重你对问题的探索,所以才可以"和"。"和"不等于"同","和"不等于没有自己的原则、立场和想法,而且我们可以发现真正能和为贵的人,其想法和做法很可能是与"同"者有别的,但他有容人的宽广胸怀,有和的气度,和而不同因此是很高的境界。在倡导和谐文化的过程中,最大限度团结中间力量,争取可以争取的各阶层支持,与教条主义、主观主义作斗争,尤为重要。

和谐是一团永恒的活火,必将把对立面斗争的具体方式包括进去,而斗争本身也有一个方式方法和艺术问题,所以我们对和谐与斗争及其关系的理解不能"一根筋"。和谐社会理想的实现离不开某些领域斗争方式的运用,而斗争手段真正要起作用,又必须以和谐美好的社会目标为基础。不能把和谐与斗争人为地割裂开来,更不能把它们当作事物或社会两种不相关的状态,而要以整体和辩证的思维将它们看作事物发展过程中的环节。只有这样,我们才能既避免失去理性的疯狂,又避免一潭死水式的单一生活。也只有坚持这样的辩证思维,我们党所倡导的和谐社会理想才能真正实现。

和谐与法治

中国特色社会主义文化所追求的和谐,除了精神文化系统的层面,还指渗透于社会各个领域的共同思想、组织和行为方式的和谐问题。也就是要我们在"做法"上下功夫,讲究"做法"艺术,提升社会和谐程度。这一层更具有普遍深远的意义。"做法"正是典型意义上的"文化",它比"做什么"更能代表一种文化的性质和面貌。所谓"做法"的社会表现,包括依据一定理念而形成和执行的一套制度、体制、机制,运行的方式、程序、方法,行为的规则和规范,以及相应的作风、习惯和风格等。我们构建和谐社会不仅要保持任务和目标的和谐与先进性,即"做什么"的和谐与先进性,还要有工作方式即"怎样做"的"做法"和谐与先进性。从这个层面上打造和谐文化,意味着我们在努力做好一切事情时,都要自觉地注意并以改革创新的精神去改善、提高"做法"的合理性、先进性、有效性,克服困难,解决矛盾,寻求富有成效的一套办法。

如果在解决问题的方式方法上没有更新,就有可能达不到和谐的境界。无论是哪个部门、哪个领域的事情,和谐追求的是工作方式上的调整。当前,国家发展了,人民的生活好了,改革开放进入更高阶段条件下为美好生活打拼的精神如何赋予更多的文化内涵、如何实现精神文化层面的再次飞跃?这里面就有一个方法调整和艺术提升的问题。打拼不是乱干、蛮干,而是要规则有序、合法、合理、有效、可持续,需要在社会主义法治体系的保障下,实现决策民主化、管理科学化,确保健康、合理、文明地打拼。[1] 只有这样,打拼才是文明

---

[1] 李德顺:《"中国梦想"的现实路径》,人民网,2009年11月25日。

的、和谐的。

"和谐"是一个相对的概念,它与失衡、混乱、危机、冲突和对抗等相区别,是指社会的内部结构均衡稳定、社会运行安全有序、社会管理(自我调节)有效顺畅、能够自主应对环境变化的一种整体状态,即一种高度有效的"自组织化"状态。一个社会是否和谐,并不在于有无内外差别、矛盾和冲突,而在于自身是否能够持续有效地解决矛盾、化解冲突和对抗。构建中国特色社会主义和谐社会,并不是要在"全面建设小康社会""建设富强、民主、文明的社会主义现代化强国"等目标之外再去构造一种不同的社会形态,也不应理解为解决现实突出问题而采取的一套权宜之计。而是高度重视营造和保持应有的张力和平衡,以形成良性的文化生态。[①]

作为中国特色社会主义文化主要特征的和谐,既有传统文化因素的继承,又与中国古人所追求的和谐有着本质上的区别。古代社会的和谐是建立在维持"君君、臣臣、父父、子子""长幼有序,尊卑有别"的等级制度基础之上,所以它更多的是依赖和表现为人们的道德文化面貌。而现代社会的和谐,则只能建立在民主和法治的基础之上。民主是以人民为主体的、平等的政治制度,法治则是民主的程序化及其规则的实现,民主和法治不可分离。我国的社会主义制度既然以人民民主为其主体根基,就意味着它必然也要以法治为其主导的政治形式。

以此为基础的社会和谐,就是更多地依赖社会制度、体制、机制、规范和程序来保证和实现。这样的和谐才是一种更加深层次的、持续的、稳定的和谐。所以,社会主义的和谐文化,应该还是一种新型的社会主义法治文化。[②] 对于社会和谐与和谐文化的理解和追求,不应仅仅着眼于人们的思想和行为,特别不应仅仅停留于道德方面的要求和期待,而应主要着眼于社会深层结构和秩序的调整与维护。要将我们关于构建社会主义和谐社会的一切良好愿望,逐步落实为制度化和程序化,即法治化的措施,健全法制并充分落实,在全社会形成真正依法办事的风气和习惯。只有我们的规则和程序体系本身是合理与和谐的,并且让人们都能够做到对规则信任,对程序放心,一个新型的现代和

---

① 参见黄凯锋、唐志龙:《建设社会主义核心价值体系》,上海人民出版社2008年版。
② 李德顺:《和谐文化应是一种新型的法制文化》,《理论参考》2007年第2期。

谐社会才能够构建起来。

在如何理解和贯彻法治原则的问题上，由于传统文化的影响，在我国还有如何看待"德治"的问题。在中国讲德治和法治，不能离开中国的文化背景。一方面必须看到，在古代中国和传统文化当中并没有现代法治的概念，古代的法治其实只是"刑治"，而古代的"德治"则有过三种形态：第一种叫"德政"，即统治者、当权者采取一些宽松的、惠民的政策。第二种叫"德教"。孔子强调在国家治理方面重在道德教化，统治者要"为政以德，示教于民"，从而提供了一条主要通过道德教化来治理社会的主导思路。第三种是"礼教"。宋明理学提出"存天理，灭人欲"，把仁义道德不仅作为文化思想来提倡，而且借助于行政权力进行强制和灌输。这种德治模式打着道德的旗帜，灌输一种僵化的封建等级纲常观念，是一种黑暗腐朽的意识形态。

德治主义，是一种模糊了道德主体界限，将国家社会的各种经济、政治、文化问题都这样或那样地归结为人们个人的道德修养，并认为社会的治理归根到底要靠"德治"的理念，造就了国人浓重的道德化情结和道德主义传统。它似乎不知道社会生活、国家治理还有别的甚至更为根本、更为重要的方面，也从不反思道德的本质和功能界限，只是一味地"泛道德化"和"道德至上"，不难感觉到那种欲"以德治天下"的狂热和自信。

儒家把和谐社会的理想建立在人的道德修养提高的基础上，修身不仅仅是为了修身本身，还是为了齐家、治国、平天下，所以修身乃经国之盛事，不朽之伟业；按照这种思考方式，治理社会要靠人来治理，究竟让谁来治理则要看这个人的道德修养。这个逻辑，如此这般，就把社会治理问题最终变成管理者个人的道德修养问题，视之以为当然。其实这里恰恰包含了常被忽视的诸多问题和误区。例如：为什么要建设和谐社会，就一定把主要目光对准人们的道德修养，而不是社会的经济制度、政治体制、法治体系呢？为什么人们的道德"修身"，不是为了使自己的人格更完善、精神更高尚，而一定要为了去"齐家""治国""平天下"，即做给别人和大家看呢？如果从这个角度提出问题，我们就不难发现，在国家社会治理的问题上，儒家的"道德修身主义"即是主张国家社会的"德治主义"，它总是与"人治"密切联系着的，它的社会理念，终究要以"人治"而不是以"法治"为基础、前提和归宿。这是它的根本弱点。

有鉴于此,在建设和谐社会的过程中,我们特别需要有一点自觉的现代法治意识。所谓自觉的现代法治意识,就是要首先在理论上划清"法治"与"人治"的界限,并依此来辨明传统道德主义和儒家"德治主义"理念的得失,进而充分认同并坚定不移地实现"依法治国,建设社会主义法治国家"的目标。

"法治"和"人治"绝不仅仅是政治上的两种方法或手段,而是国家政治体系的整体本质。不能因为社会终究要由人来管,就以为只能实行人治;也不能因为凡人必有伦理道德属性,就以为可以把政治变成道德之治。"法治"的本义,恰恰是说任何人都要"依法"而治。人治和法治的根本区别,并不在于国家社会是否由人来治理,也不在于是否建立了法治系统,而在于:一切法律法规和治国原则本身,最终究竟是体现着谁的利益和意志?由谁来掌握?凡属最终以统治者个人或少数人的利益、意志为转移并由少数个人掌握的,就属于人治;而最终取决于共同体、全体公民或者全体人民的共同利益和共同意志并以民主的方式来掌握的,才是法治。所谓共同体或公共意志的体现,在社会上叫作契约或者规则,也就是法治体系,其中也包含一定的公共道德内容。"依法治国"就是遵照全体人民的共同利益和意志,遵照共同认定的规则和程序来管理国家,任何个人和团体不得超越于法律之外或之上。在我国,这正是人民当家作主,即社会主义民主的必然要求和根本体现。

道德是人所特有的社会生命形式。做人就要讲道德,建设和谐社会也一定要有相应的道德支撑,这些本无可置疑。然而,一旦把道德建设提升为"德治",并且把它与"法治"相提并论,或者要求它们在同等层次上"相互结合",那么这种提法就意味着回到了人治主义的框架。我国古代的法治其实是刑治,那时就有"德主刑辅"的政治方略,算是"德治与法治相结合"了。然而"德主刑辅"的实质却是人治。因为这里的"德治"和"法治"都只是统治者的手段,人民群众只是其对象。这与现代的社会主义法治有着根本的区别,甚至是对立的。因为现代的社会主义法治,是要贯彻以人民群众为主体而不仅仅是对象的理念。不懂得这一点,就意味着尚未理解和接受真正的法治理念。至今如仍把"德治"当成可行的治国方略,就意味着仍然没有摆脱人治主义的情境。[①]

[①] 李德顺:《法治文化论纲》,《中国政法大学学报》2007年第1期。

社会的道德建设和个人的道德修养从来是重要的,但在不同的政治(人治或法治)框架下,它们却有不同的意义。例如,儒家重视人们的"修身",但从未理解和区分人不同的主体身份,而是主张"人人皆可为尧舜",无条件地要求人人都成为圣人,并且似乎只要个人修身好了,就有资格、有能力去"齐家、治国、平天下"。反之,如果家国天下出了乱子,那么自然也就应该主要追究个人的道德责任。这其实是一种原子主义与道德主义相混合的社会观。这种思路使它非但不能产生经济、政治、文化的制度化、法治化理论和实践,甚至在道德领域内也未能产生诸如"社会公德""职业道德"等这类分类的概念,而永远保持着一种不分层次的道德普遍主义姿态。因此,建设中国特色社会主义文化,把握其和谐特色,不能离开对德治和法治的辩证认识。

本土与国际

党的十九大报告明确指出,要坚持中国特色社会主义文化发展道路,激发全民族文化创新创造活力,建设社会主义文化强国。中国特色社会主义文化源自于中华民族五千多年文明历史所孕育的中华优秀传统文化,熔铸于党领导人民在革命、建设、改革中创造的革命文化和社会主义先进文化,植根于中国特色社会主义伟大实践。无论是五千年中华文明,还是革命文化、社会主义先进文化,聚焦的都是文化建设的本土特色。同时,在国际关系和对外文化传播中,党的十九大报告又倡导构建人类命运共同体,以文明交流超越文明隔阂、文明互鉴超越文明冲突、文明共存超越文明优越,体现了主动自觉的责任担当和话语表达的国际视野。既内外有别又内外融通,既坚持本土特色又善用国际话语,体现了新时代中国特色社会主义文化建设的长远发展战略。

新时代要求在理论上进行新拓展,使中国特色社会主义展现更加强大的生命力。由此,新时代中国特色社会主义文化建设应更加聚焦马克思主义中国化与中国传统文化现代化的互动融合,并在此过程中讲清楚文化的现代性。从这个角度出发,中华优秀传统文化的创造性转化和创新性发展才能够得到合理的归位与落实。新时代,依然要牢牢把握社会主义初级阶段这个基本国情和最大实际,通过深化改革和可持续发展解决前进中的问题。由此,新时代中国特色社会主义文化建设要有效应对市场经济的内在逻辑,切实发挥对社会主义市场经济的价值引领作用。新时代,我国社会主要矛盾已经转化为人民日益增长的美好生活需要和不平衡不充分的发展之间的矛盾。要坚持以人民为中心的发展思想,坚持新发展理念,促进人的全面发展。由此,新时代中国特色社会主义文化建设应融入人民群众的社会生活实践,体现价值判断和日常智慧的良性互动。新时代,要在对外开放和国际战略上更加积极作为,推动合作共赢,构建人类命运共同体。这体现了中华民族对历史责任的自觉担当,也是一种巨大勇气和智慧。由此,新时代中国特色社会主义文化建设有必要与构建人类命运共同体的倡议结合起来,在共同价值的基础上呈现中国特色及其现实形态。

在本土特色上做文章

其一,深度实现传统文化现代化与马克思主义中国化的互动融合。近代以来两次鸦片战争的赔款割地,标志着中国从"天朝上国"沦为任人宰割的落后国家。洋务运动、戊戌变法、辛亥革命没能帮助中国完成资产阶级革命、实现工业化的任务,而是不幸地陷入军阀混战割据格局。在世界经济第三轮长周期的危机和战争阶段,马克思主义思想得以进入中国,并催生了中国共产党的成立。其后近百年来,中国共产党领导中华民族站上了新的历史起点,承担起完成民族复兴、现代化和社会主义建设"三位一体"的历史使命。当刚开始现代化建设的尝试之时,我们对现代化本身的含义、现代化与民族文化的关系、现代化过程中政治动员的价值导向等曾存在肤浅和片面的认识,也走过弯路,有过经验教训。如果说在现代化启动阶段我们更加注重科学技术是第一生产力的经济发展,更加关注政治层面上的主动推进,而对中国传统文化的负面价值有较多批评,那么新时代中国式现代化需要并且有可能更多地从建设性角度关注传统文化的精神价值系统,通过创造性转化和创新性发展使之持续产生正面影响。

其二,有效回应和引领社会主义市场经济的健康发展。伴随马克思主义中国化的历史进程,中国的经济基础发生了深刻变化。从市场经济的伦理辩护与道德滑坡的争论、人文精神失落与"躲避崇高"的较量,到劳动价值论的正名、公平效率问题的位移等,我们一直试图解决社会主义价值理想和市场经济自身逻辑的矛盾。事实上,社会主义价值理想的实现离不开对市场和资本的利用。但市场经济在极大激发自主意识、竞争意识、效率意识、创新意识的同时,也存在把一切关系和价值包括道德情怀、职业追求和人际交往等都变成商品,甚至可以用金钱交换的趋势。由此,中国特色社会主义文化建设如何有效回应这种趋势,又如何成功引领市场经济的健康发展?特别是,在"仁义理想与有道德的市场经济""经世致用与富有人情味的契约意识、竞争意识""中庸之道与不断发展的社会主义"等关系处理上,需要下功夫进行深入研究。这是确立中国特色社会主义文化建设本土特色的一个重要环节。需要看到的是,党的十九大报告要求贯彻新发展理念、激发和保护企业家精神、弘扬劳模精神和工匠精神、营造劳动光荣的社会风尚和精益求精的敬业风气。这实质上从不同层面提出了社会主义市场经济对于文化价值和精神支撑的期待,为新时代中国特色社会主义文化具体融入市场经济提出了发展方向。文化价值观的本土建构,需要探寻有效回应、成功引领社会主义市场经济的路径和方法,应对市场和资本的广泛冲击和负面影响。

其三,融入人民群众的日常智慧和鲜活实践。真正适合新时代社会生活实践需要的价值观,应当是自上而下的倡导和自下而上的选择、认同相结合的产物。文化价值观建设融入人民的社会生活实践,一个重要的判断标准就是人民是否满意、是否认同。为此,要讲究"说法"和"做法"。很多事情仅仅"做得对"还不一定成功,只有"做得好、做得巧",才能做到人民心坎里。"做法"正是普遍意义上的文化。融入人民的社会生活实践,意味着要充分考虑主体多样性和差异性,尊重差异、包容多样。以人民满意为标准,要求我们眼睛向下,重视调查研究,了解人民日益增长的美好生活需要与发展不平衡不充分的关系。在此基础上,把握沟通艺术,及时反映和肯定人民的合理要求与日常智慧,有效促进精神生产和精神消费的良性互动。只有善于"植根大地",才能避免理论与实际、导向与群众相脱节,才能使整个社会的精神生产适应日益多样化、个性化的精神生活和精神需求。

告别文化霸权和价值独断

2013年12月30日,习近平总书记在十八届中央政治局第十二次集体学习时的讲话中旗帜鲜明地强调指出:由于西方长期掌握着文化霸权、进行宣传鼓动,当代中国价值观念存在太多被扭曲的解释、被屏蔽的真相、被颠倒的事实。同时,我们的阐释技巧、传播力度还不够,当代中国价值观念的国际知晓率和认同度还不高，有时处于有理没处说、说了也传不开的被动境地。对那些妖魔化、污名化中国和中国人民的言论，要及时予以揭露和驳斥。改革开放四十多年来中国取得了举世瞩目的成就，但西方对中国的了解与中国对西方的了解相比，还存在"时间差"，习近平总书记说：做好这项工作，要大音希声、大象无形，坚持不懈、久久为功。

习近平总书记还提出"四个形象"，即历史底蕴深厚、各民族多元一体、文化多样和谐的文明大国形象；政治清明、经济发展、文化繁荣、社会稳定、人民团结、山河秀美的东方大国形象；坚持和平发展、促进共同发展、维护国际公平正义、为人类做出贡献的负责任大国形象；对外更加开放、更加具有亲和力、充满希望、充满活力的社会主义大国形象。这"四个形象"把中华优秀传统文化、革命文化和社会主义先进文化看成统一的整体，体现了不忘本来、吸收外来、面向未来的宏观视野。

2014年10月23日，习近平总书记在《当前工作中需要注意的几个问题》的讲话中提出：我们现在有底气、也有必要讲好中国故事，这对激励广大干部群众继续沿着中国道路前进的信心和勇气、对加深国际社会对中国道路的认识至为重要。我们要在妖魔化、污名化中国形象的国际背景下，反对价值独断，通过长时间努力主动消除各种偏见和误解，展现全面、真实、立体的中国。

中国特色社会主义文化在国际关系秩序完善和中国形象对外传播过程中凝练为一个标识性概念——人类命运共同体。作为中国特色社会主义文化的国际化表达，人类命运共同体是一种具体的历史形态。它与其他不同层次的共同体之间是相互区别而非相互对抗的关系，是相互兼容而非相互替代的关系。这在一定意义上既超越了本土特色，充分尊重文明差异和文化多样性，求同存异、和而不同，又体现了中国特色社会主义的价值理想和国际视野。

2017年初，习近平总书记在联合国日内瓦总部发表了题为《共同构建人类命运共同体》的主旨演讲，倡导世界各国共商共筑人类命运共同体。这是我们党和国家在国际关系、文化发展战略上具有里程碑意义的标识性概念，是中华传统文化对世界问题提供的总体价值导向。除在学理上分析人类命运共同体的层次、结构、形态之外，我们还应清醒地认识到这个理念的倡导和践行旨在追求和平发展、共同繁荣的世界。

不消极、不缺席，唤醒朋友、共同构建，是中华民族的价值立场。人类命运共同体的价值基础是全人类的共同价值，体现了全人类的价值共识。全人类的共同价值并不是"中国价值"的输出和推广，而是世界各国人民价值交往和融合的产物，是多元价值共识的集中呈现，代表和维护着世界各国人民的价值选择与利益诉求。一定意义上可以说，人类命运共同体的深层理念不是国家主义而是世界主义，是利益共享、责任共担、命运与共。这不仅是全球价值观和共同体的变革，而且是全球经济结构与利益调整的客观要求。

人类正在走向一个相互依存、相互补充、祸福与共的时代。人类命运共同体作为多元主体的一个层面，倡导告别文化霸权主义和价值独断主义，追求在多元之间寻求和平、和睦、和谐，进而主张与追求一种和而不同的理想状态。这正是中国特色社会主义文化建设的题中应有之义，也与本土特色建构的目标和方向一致。

路径依赖

手段、路径是否正确合理,往往决定着正当的目的能否实现。当人们基于经验或其他原因对某一路径形成习惯性、专一化的依赖时,这条路径往往也容易成为束缚思想和眼界的障碍,造成"事与愿违"的后果。这就是被学界称为"路径依赖"的现象。我们在中国特色社会主义文化的建设上,也同样有路径依赖上的争论和价值导向上的取舍。

"向外看"的"西化论"

"西化论"的思考方式和求解价值观难题的逻辑重在"向外看",也就是强调我们要向现代化较早的西方发达国家看,主要看人家"有什么",特别是有什么"好"的东西;我们"缺什么",特别是缺什么"新"东西,然后取人之所有,补己之无。这样做的结果,也许就可以产生"中西合璧"的价值观。不难发现,这种思考方式是有问题的。每一个国家和社会真正的发展,都只能是国家民族的自我生长,不可能由别人来决定和代替。"向外看"忽视了国情和历史起点的不同。某一民族、某一地域特有的文化,都有其生长土壤、适用环境,形成自己独有的发展特点。起点不同,发展的形式和道路就会有差异,不加分析地迷信西方,盲目附和西方的各种潮流,近乎刻舟求剑。这种观点还将中国传统文化中那些陈旧、落后、糟粕的东西当成全部,认为这些东西对于现代化一无是处,一切都要靠"进口"来解决。而传统是民族之根,是活在人们现实中、头脑中的东西,并非先天注定,一成不变,它也在实践中不断更新、形成和演变。只要民族还存在,它的传统是割不断的,只能实现自我改造、更新,而不能被轻易抛弃。

看到人家有什么,就认为一定是我们也要有的,没有就是缺点;在人家那里是好的东西,对我们也是无条件的好,因此就该要。人家是怎么做的,我们也一定要怎样做,否则就得不到同样的效果。由此可见,"向外看"是一种"自我迷失"。

"向外看"与"大胆吸收人类文明的一切优秀成果"似乎相通,实质上却大相径庭。后者的目的和基点是:全面坚持"以我为主,依我选取,为我所用",体现一种高度自觉的主体性标准,而"向外看"则是要将别人的价值取向确定为我们的选择方向,等于放弃主体性原则。

"向后看"的"传统论"

"传统论"的思考方式和求解价值观难题的逻辑重在"向后看",认为中华古代文化是世界上最优越的文化,它已经包含了解决现代问题的智慧和出路,将引导人类的未来。我们民族的传统文化更是现代化的一个根基,只有牢牢立足于这样的根基,弘扬光大,才能为中华民族重振雄风提供正确的文化导向并保持民族精神的活力。这些年来各种"传统文化热""传统美德热"反映了这种导向。

这一思维方式,强调向我们自己过去的历史看,主要看古代的文化传统中有些什么,特别是有些什么"好"的东西,挖掘之,发扬之,重铸辉煌。这一思维方式体现了强烈的民族主体意识、自尊心和自信心,确是非常必要和宝贵的,也是它优于"向外看"的地方。但是其中也包含了相当明显的民族主义和文化保守主义成分。

在对中国特色社会主义文化的理解上,"向后看"的路径依赖往往带有浓厚的"复古主义""道德文章主义"色彩。而文化并不等于文章、文献、典籍。当"向后看"的路径依赖热衷于把"仁爱信义""己所不欲,勿施于人"等说成中华文化的全部代表时,似乎并不是从中国历史和现实的实践中发现和证明的,而是凭借文本。沿着这样的逻辑所描画出来的形象究竟能在多大程度上反映中华文化真实的面貌?对于确切地说明中国的历史和命运、指导今天和未来的建设,究竟有多大效力?

中外思想家经过认真严肃的考察,曾对"传统"的本质和特征做过各种力求科学的说明。这些说明大同小异,都认为传统是在人们生活中形成和世代相传的思想、道德、习俗等文化内容和形式。传统是把人的过去和现在联系、连接起来的那些社会因素和方式。就是说,构成"传统"有两大基本要素,一是在过去或历史上形成的;二是流传至今或仍存在于现今的东西。也就是说,传统是指走到"现在"的"过去",是"过去"在"现今"的存在和显现,而不是仅指过去曾实有或者人们赋予过去的东西。传统并不是先天注定、一成不变的,而是在实践中不断形成和发展着的。古已有之的东西,未必皆成为传统;古未有过的东西,也未必不能进入传统;说到底,在生活中已经死去的、在历史上湮灭了的东西,并不属于传统;只有在现实中仍然活着并起着作用的既往存在,才是真正的、有生命力的传统。传统,尤其是文化传统,是指历史上形成并得以延续、在当下仍然活着的东西,并不是指过去发生过、曾有过的一切,更不包括已经死亡、消失了的"过去"。因此,当我们今天来认识传统时,就要重在认识、反思、发现和批判自己的现实。不懂得这一点,就不能够发现和理解真实的传统。[①]

而传统论把"传统"的时间定位等同于"过去"甚至"古代",似乎传统的意义和标志,只在于"古""老""旧",越古、越老、越旧,似乎就越有资格代表传统。于是当我们今天来认识自己的传统时,就只能回到尽可能早的过去,而不应该着眼于自身的现实。按照这种思路,"向后看"能告诉我们的并不是现实中丰富多彩、日新月异发展着的多样化传统,而是一种简单的、平面的、单一的和僵化的传统模式。

"向后看"能带给我们的只能是将一切判断和选择的权力与标准都赋予古人,因此也将一切选择的后果和责任都推给前人的思路,这其实是一种无视当代中国人的现实权利和责任的态度。由此可见,"向后看"的文化取向在理论和实践上是站不住脚的。一味地向后看,看见的只能是古人和古文,它把主体的权利和责任都赋予前人和古人,把价值选择的方向和标准定位于过去,忘记和否定当代中国人自己的权利和责任,这何尝不是"自我迷失"?"向后看"或

[①] 李德顺:《传统文化与哲学批判》,《江海学刊》1996年第6期。

"向外看"的错误看似相反,实质相通,都看不起或者说不信任,也不打算依靠现在的中国人进行文化建设。

"向前看"的"创建论"

"向前看"是对重在建设的"创建论"的一种形象概括。无论是分析批判西方现代文化,还是总结鉴别中国传统文化,都有一个要立足于我们自己的实际、以科学的理论和方法为武器的问题;无论是向外看还是回头看,最终必须向前看才能走路;无论对待我们已有的还是缺少的东西,都不能盲目取用,而必须弄明白我们究竟要什么。所以,只有以我为主,立足于现实,向前看,才是积极有效的导向。

我们今天的现实,就是以往努力把马克思主义所代表的西方先进文明与本国具体实际(包括优良传统文化)相结合的结果,今后也只能朝着这个方向前进。马克思主义中国化理论创新,从文化取向的意义上去理解,实质是强调以我为主,立足于现实,向前看,通过实践去创造。这是我们唯一应该选择的文化定向,它是在总结历史经验教训基础上形成的一种健全、积极的文化导向。

"创建论"包含十分丰富的内容。"向前看"是以自己的现在为基点,而不是"向外看",以别人的情况为基点;"向前看"关注于、着眼于未来的发展,而不是"向下看",把一切已有的东西都当作固定不变的;"向前看"是要以前进的目标和心态去行动,而不是"向后看",把我们所要达到的目标仅仅定位于向前人看齐,恢复和达到先前某个时候的境界。总之,"向前看"就要走出以往落后观念的阴影,学会自己面对现实和未来进行创造性思考,把现在和过去达到的成果作为进一步发展的基础。这样一种精神体现了中华民族走向现代化所应有的积极心态。

以"向前看"的"创建论"为路径依赖,坚持人民群众是历史创造者的观点,发挥人民群众的首创精神,更加强调从生动鲜活的实践中汲取智慧、经受检验,又依靠人民群众付诸实践、取得实效。

第四辑　价值与价值观

主体与核心

从党的十六届六中全会对社会主义核心价值体系作了四个方面的概括以来,学术界和理论界针对价值体系建构展开了深入研讨,在进一步简明精练的概括方面作了不少有益探索。与此同时,全国各省市也根据地方发展的实际,积极投身于价值取向或城市精神的概括提炼工作。党的十八大报告对社会主义核心价值观进行的24字新概括,旗帜鲜明亮出中国共产党所倡导的最为根本的价值观,既是对学术界、理论界探讨的高度概括和系统总结,也是对地方实践的理论提升。具体而言,24字新概括强调了"三个倡导",即国家层面倡导富强、民主、文明、和谐;社会层面倡导自由、平等、公正、法治;个体层面倡导爱国、敬业、诚信、友善。笔者认为,总体上体现了多元和核心的统一,一方面肯定主体多元,另一方面又确定了不同层面主体的核心价值观。当然这样一个新的提炼和概括也还可以进一步深化研究,比如:对前期学术界研究成果的进一步吸纳、三个层面核心价值观优先顺序的排列以及形式和用语等。这里,笔者主要围绕三个值得进一步关注的方面和问题谈谈个人看法。

深化对主体、核心及其关系的认识

在社会主义核心价值体系的研究中,有两个范畴始终伴随着我们的思考,一个是价值体系的主体,另一个是体系内容的核心。如何体现社会主义价值体系的主体性?党的十八大报告非常明确,坚持人民主体论。作为社会主义制度的主体毫无疑问应该是全体人民。因此社会主义的价值体系,就应该是一切为了人民的价值体系。全体人民是社会主义核心价值体系的主体。那么,在一切为了人民的价值体系中,什么是最重要的、居于核心地位的价值和价值观念呢?这个问题要讨论的就是"价值体系的核心"。作为主体的人民,是由多个民族、阶级、阶层和政党等所构成的。其中,中国共产党是领导力量,是人民这个群体"主体的核心"。在这种情况下,中国特色社会主义核心价值观的提炼和概括就需要把谁的价值观和什么样的核心价值内容说清楚。也就是要回答党与人民的关系,回答"一切为了人民"的价值体系究竟包含哪些内容?结构如何?怎样显现其中的核心?按照我们上面所说明的核心和主体的关系,笔者认为,富强、民主、文明、和谐体现中国共产党代表人民,也为了人民所倡导的具有经济、政治、文化、社会等四个方面核心内容的价值观。内容明确,结构完整,彼此关联,优先顺序安排得当。

辩证认识社会主义与中国特色社会主义的关系

我们当前所说的社会主义核心价值观实际上是中国特色社会主义的核心价值观。所以,一方面,我们要认真客观地对待特色,既不能把自己在当前条件下的特殊理解和附加规定有意无意地当成了社会主义的普遍规则,进而导致对价值体系的把握出现错位,又要善于总结改革开放40多年来实践探索中已经形成的理论概括和分析,从而避免特色性的理念被淹没在含义相当宽泛的话语之中;另一方面,在讨论社会主义的价值体系及其核心时,如果撇开了从空想社会主义到科学社会主义再到现实社会主义的整个历史进程,撇开了其中一以贯之的价值诉求和历史经验,而仅仅局限于我们自己当下的认识和实践,甚至以一时感想和愿望为根据,那么这种表述就容易偏离社会主义的真实面貌,讲出来的东西多半与社会主义无关。如此,即使投入再多,挖空心思,也无济于事。从这样一个角度来看,我们还可以对24字新概括中把自由放在平等、公正之前,并作为社会群体主体的首要价值作进一步思考。因为在整个社会主义发展史上尤其是现实社会主义的实践中,社会主义与资本主义的最大区别首先应该是公平正义。

合理对待"核心价值"与"普遍共识"的关系

社会主义核心价值观的提炼和概括,当然首先要体现并保持其应有的个性，坚持走自己的正确道路；但另一方面，又非常需要将这种个性置于人类共同文明的背景之下，并自觉地追求与人类文明进步方向一致的先进性，这样才能体现这个个性的优越性，否则就会造成个性与共性之间的分离甚至对立，忽视甚至抹杀了中华民族对人类共同文明的权利、责任和贡献，容易走向自我另类化和边缘化。正因为如此，我们对自己核心价值的确立与表达，只要它是科学、合理、先进的，就不会与对普遍共识的认同和担当相冲突，而是可以揭示出两者之间的交叉之点和重合之处，自觉地将普遍共识包括在核心价值之内。

党的十八大报告从多个角度反复强调的"公平正义"价值理念，就不仅反映了中国特色社会主义和中华民族振兴事业的核心价值，也是当代世界面向未来的共同价值取向。以公平正义为核心，中国可以立足于自己的现实和历史文化资源，通过坚持"和而不同"的立场，追求"普遍共赢"的效果，自觉地为引领人类共同文明的进步发挥应有的积极作用。

总之，社会主义核心价值观，应该是指社会主义价值体系的核心观念，而不是一套可以自成体系的独立观念；要确保所说的是"社会主义"的观念，而不是社会上"时尚好词"的堆积；社会主义有多种样式，所谓核心，是依据马克思主义和中国历史文化形成的"中国特色社会主义"，而不是表达什么别的社会理想和原则的一般性话语。社会主义事业的主体是马克思主义者，所以，这个核心价值首先反映共产党人的观念体系，宗旨则是"为人民服务"和"人类解放"。共产党执政后，这个价值观念体系可以成为社会主义国家的价值观念，并希望得到全体人民的理解和接受。依据"社会主义"思想体系的历史和逻辑，可以认为"公平正义"是它始终一贯的核心价值追求和制度标志。

核心与外围

建设社会主义核心价值体系,不仅需要把握科学的内容,还必须掌握正确的方法,寻找有效的途径。合理处理核心与外围的关系就体现其中的方法艺术。

内核尚需进一步提炼

核心价值理念不是用来一般性地解决现实问题,而是涉及中国社会进行方向性思考的重大理论问题。核心价值理念既要能概括改革开放以来中国社会思想生活的主流,又要引导今后较长时段的发展,否则就难以主导中国思想文化生活建设。有学者认为,要说清楚这个核心,关键还是要准确提炼社会主义社会理想的价值目标。我们建设的是社会主义市场经济,不能简单地把社会主义当作形容词,而要在价值目标上突出强调社会主义的特色,在此基础上确定公民认同的道德观念。如果社会成员对社会理想不认同的话,道德认同就更困难。

为了做好内核提炼的工作,有必要认真梳理改革开放以来中国特色社会主义理想的主要内容,在新的历史条件下考虑这些内容的优先顺序;有必要整合各种文化和思想资源并探索更加符合中国人语言和民族特色的表达方式;有必要以中国人内心追求的真实的东西为逻辑起点,而不是在某些抽象的概念上兜圈子。

比如在提炼社会主义核心价值的时候,就必然遇到如何解释个人主义的现实问题。有学者认为,如果我们承认"经济人"的假设,承认"经济人"天经地义以实现个人利益最大化为宗旨,以自我为出发点,那么社会主义市场经济社会中人与人之间必然会发生冲突,所谓的和谐社会也就无法真正建立。退一步说,即使我们不承认或不完全承认"经济人"假设,但也不能回避资本逻辑与个人主义和功利主义的天然联系。而资本原则只能被限制而不可能完全消除。资本的竞争和增殖不可能靠崇高的道德楷模来实现。也就是说,在社会主义市场经济制度发生作用相当长的时间段,个人主义和功利主义将不同程度存在。一方面,希望公民有集体主义、社会主义的价值观念;另一方面,为了维护市场经济,发挥资本作用,又要合理对待个人利益。提炼核心价值,不能回避这个矛盾。

总之,进一步提炼的这个内核,一方面是我们党和政府集中广大人民群众(尤其是知识界、理论界)智慧而作的理论概括,另一方面又反映中国特色社会主义实践的客观需要,是"事实要求应该"(马斯洛)。对于这样一个真理观与价值观相统一的内核,它是既无须证明又不断需要论证的矛盾统一体。换句话说,这个内核既建立在科学真理的基础上,又依赖于信仰的力量,是真以为信,更是信以为真。它只有具体落实到某个实实在在的活动中,体现在社会主义政治、经济、文化、社会等领域的实际运作和相关政策中,才是真正强大而有效的。此外,我们也不难发现:和许多观念体系的建立一样,这个内核的基本前提是经验性的,是归纳的结果而不是推理之必然。所以,这个内核并非无法打开的封闭系统,而是向各种不同解释开放的有待进一步完善的结构。

外围需要用心经营

根据科学哲学家伊莫尔·拉卡托斯、费耶阿本德等人的观点,一个成熟理论包含核心保护层和外围保护层。在科学的发展过程中,当一个理论或所谓"科学研究纲领"遭遇新经验挑战时,科学家们通常并不像卡尔·波普尔的"证伪主义"所说的那样,简单地抛弃(即"证伪")这个理论、转向新的理论,而是通过对理论的外围或"保护带"的调整,来维护理论的"硬核"。外围的作用是保护理论内核不受干扰。正像不能因为非欧几何的出现,我们就简单地否定欧几里德几何的真理性,因为他们使用的条件不一样。要使社会主义价值体系的核心具有充分的说服力和可信度,也需要有一层密密的保护带。其实保护带的说法只是一个比喻，只是突出说明：内核需要更加具体有效的寄予、融入和防护。就像美的理念需要寄予在米开朗基罗的大卫雕像中一样，马克思主义的立场、观点、方法，时代精神和民族精神等也需要寄予在由文本、人物、标志、象征、仪式所构成的具体可感的形象和活动中，需要设计一定的载体和舞台。

保护带还应将内核融会贯通于中国特色社会主义实践，使富强与经济生活中的社会责任结合起来，使民主与政治生活中的多渠道沟通结合起来，使文明与文化生活中的多样精神追求结合起来，使和谐与社会生活中的公道结合起来。保护带还有一个重要功能：维护核心价值体系，使其免于非议、诋毁和攻击。

核心价值体系的形成、成熟、巩固和完善需要比较长的周期，不同时期都可能遇到怀疑、反对甚至公然诋毁，保护带的作用就是保护内核不受这些负面信息的干扰，保持相对稳定性。当然，这是比较消极的防护，更加重要的是追随实践的发展，自觉开发更为合理可信的解释和说明。对于社会主义核心价值体系来说，保护带中的关键一环是党和政府及其主要代表的人格示范，正是在这个意义上，我们要下大力气遏制"假道学"的不良风气，防止"习惯性伪善"。假道学的特征是言行背离，口是心非，表面说起来冠冕堂皇，骨子里却是对自己提倡的东西也不相信的价值观上的虚无主义者。如果我们党的队伍中总是有这样那样的"假道学"存在，核心价值体系就容易停留于表面文章。

坚守内核，放宽外围

外围保护带不是核心天然具备的防护设施，而要我们用心经营。有核心，就有非核心甚至反核心。非核心和反核心的东西积累到相当程度，而外围保护带又经营不善，核心的地位难免不保。马克思主义在中国占统治地位这么多年，今天依然是我们党的指导思想，在可以预见的将来仍会占据思想生活的重心，但如果我们不注意用心经营外围保护带，马克思主义理论的内核及其生命力就将面临严峻挑战。为此，我们要结合实际，实事求是地说明"阶级斗争是历史的动力""革命是历史前进的火车头"等观点的历史合理性和适用范围；说明阶级、阶层在矛盾斗争中的妥协、协调和合作的常态；把马克思当年没有更多研究的因素，包括企业如何维持运作，资本家及代理人维持企业运作所花费的时间、精力和风险纳入对《资本论》的研究;除了充分肯定劳动价值论的历史哲学和伦理学的意义,还要考虑可操作性、可计算性等。

在对待马克思主义的继承和发展问题上,我们也要根据当前意识形态工作的实际,适当区分马克思主义理论的核心部分和外围部分,结合新的历史实践坚持马克思主义的核心内容,鼓励对马克思主义外围部分的探索和创新。①

区分出马克思主义理论的"内核"和"外围",把"调整外围"与"坚守内核"结合起来,进而避免或者"思想僵化",或者"立场丧失"的两难选择,不仅更容易在干部群众中形成共识,也更便于在改革探索中调整认识。

马克思主义理论的核心内容表现为马克思主义对这样三个问题的回答:理论与实践的关系、理想与现实的关系、个人与社会的关系。马克思主义者都非常重视在理论上回答理论与实践的关系问题,在实践上重视马克思主义理论对社会实践的总结和指导作用。人类实践说到底是一个从现实获得理想,把理想转化为现实的过程,而马克思主义的内核就是对现实和理想的关系问题作了既唯物又辩证的回答。不仅整个马克思主义哲学,而且整个马克思主义理论,都把现实和理想的关系问题作为核心问题,对这个问题的回答构成了马克思主义理论的核心内容。马克思主义所论证的科学社会主义理想的核心概念是"社会",但这种"社会"并不排斥"个人",相反却是包容个人、成就个人、发展个人的。从马克思主义发展史和共产主义运动史的角度来看,包括从李大钊、毛泽东以来的中国马克思主义理论和中国共产主义运动实践的历史来看,这些核心内容称得上历经反复检验的马克思主义"一以贯之"之道,同时也有很高的社会认同度。

在坚守核心内容的同时,对马克思主义理论体系的其他内容,我们原则上仍要坚持,而不能轻言否定、轻言放弃。与对单纯的学术问题的公开表态相比,对马克思主义公认观点的表态要更加多几分慎重。但是,坚持马克思主义的"外围"内容的力度,与坚持马克思主义的"内核"部分,即上述核心内容的力度,必须有所区别。与马克思主义创始人相比,我们是在非常不同的时间、地点和历史阶段实践马克思主义理论,把理想付诸现实,开辟中国式现代化之

---

① 参见童世骏主编:《意识形态新论》,上海人民出版社 2006 年版。

路，所以对马克思主义理论体系的"外围内容"有一些修改和调整，是完全正常的。完全拒绝这些修改，既无法解释马克思主义中国化的卓有成效的理论探索，也无法解释中国特色社会主义事业的有目共睹的实践进步。

从意识形态工作的角度来说，拒绝对马克思主义理论的外围部分的适当调整，或只允许对极小部分外围内容进行调整，而把经典马克思主义的范围过大的内容当作它的内核，结果很可能并不是在人民中间，尤其是青年学生和知识分子当中维护马克思主义的权威，而是影响他们对整个马克思主义理论的接受，影响他们对马克思主义内核部分的信仰。实际上，马克思主义理论核心内容的说服力和感召力是很强的，用最核心的观点进行思想工作和政治宣传，本来是可以很有感召力的，用这些核心观点和要求来论证加强和改善共产党领导、坚持和改革社会主义制度，本来是可以很有说服力的。如果在这些内容之外把过多其他内容纳入核心范围，反倒有可能因为对这些外围部分不可避免的理解分歧而削弱意识形态工作的说服力，更不用说因为有时候不得不采取一些非学术手段来克服这种分歧及其消极后果，而增加被教育者甚至教育者自己的困惑、为难甚至反感。在大力加强马克思主义理论研究、宣传和教育的今天，尤其要引起特别关注。

作为一个马克思主义者，一个当代中国的马克思主义者，我们不能对马克思主义理论的内核和外围关系作僵硬的、简单的理解，也不能停留在对这种关系抽象的、一般的谈论上。中国的实践、中国的现实、中国的社会决定了当代中国马克思主义对理论与实践关系的理解，对现实与理想关系的理解，对个人与社会关系的理解，既具有鲜明的时代性，也具有鲜明的民族性。

稳定与流变

一年结一次果,就是树的最快节奏。一棵树听信传言,说一年可以结五次果子,这棵树就疯了。同样的道理,如果一个国家的核心价值理念频繁变动,叠床架屋,那么广大民众就会感到疑惑和费解,久而久之也就会对这种理论创新不感兴趣,进而产生厌倦情绪。城头变换大王旗,各领风骚三五天,容易造成"口号疲劳"。

谨防"口号疲劳"

事实上,社会主义核心价值体系从中央文件到理论宣传再到具体领域的贯彻落实,最后真正化为大众自身的"筋骨"和"血肉",需要较长时间。不考虑接受视野,不考虑效果评估,容易造成消化不良。以核心价值理念表现出来的价值目标应该是具有较强稳定性的范畴,不宜频繁变动。所以,我们在进一步提炼核心价值理念的时候要考虑稳定性,但可以根据需要在优先顺序上作出适当的安排和调整。比如改革开放之初,在发展是硬道理的引导下,我们提出效率优先、兼顾公平的原则,但到了世纪之交,公平公正的优先性就逐渐突出出来,所谓又好又快,其实就是优先顺序上的调整,这个核心价值理念的适应性调整可以支持党的十六大以来一系列战略调整的需要。

每一个价值判断的确立都有赖于家庭潜移默化的影响,有赖于学校循序渐进的专门教育,有赖于社会化过程中精神性价值的持久倡导。某种价值判断一旦得到充分强化,就会形成相对稳定的倾向,甚至有可能产生保守封闭的一面,以致对超出其内涵范围的其他价值视而不见。幸好,这种倾向不是铁板一块,生活本身的巨大变化会冲击个人已形成的价值判断并促成新的立场的形成。没有相对稳定性,价值立场就成了无根的浮萍,而没有变异性,没有适应性调整,任何一个价值判断也会失去张力。

一个民族的价值判断和兴趣偏好与个人的情况一样,都始终贯穿着稳定和变异的矛盾,这也是同化和调节的矛盾。当然,不同个体和民族对这两极的侧重是有所不同的。个体要在稳定性和变异性上获得适度平衡,一个重要的方面就是不断丰富自己的综合人文素养。一个人综合人文素养越丰富,价值判断上的保守性就越少。新的表达方式、新的时代气息,不断沉淀为稳定的成分。随着异质成分的不断增加,个体的价值判断越来越系统,视野也越来越开阔,富有弹性。反之,当价值判断中沉淀的内容越贫乏单一,变异的可能性越小,人就容易僵化,容易排斥新东西。

一己的价值判断能不能得到群体社会的承认和欣赏,群体社会能不能更多地容纳个性特色的价值偏好并逐步熔铸成共性的要求;一己的价值判断能不能与时俱进,群体的价值尺度能不能在变动中获得相对稳定的品格。一句话,如何在共性和个性、变异性和稳定性上获得适当的张力,成为社会主义核心价值体系建设中的"是非"。

共同理想的变与不变

今天,富强、民主、文明、和谐、美丽已经成为新时代中国特色社会主义共同理想的基本共识,朴实中见真理,平淡中有深情,相信是广大人民群众乐于接受的价值观。我们回过头来思考一下共同理想的形成过程和实现手段,可以更深地感受到其中的变与不变。

1978年以前,我们党倡导的共同理想是工业现代化、农业现代化、国防现代化和科技现代化,统称"四个现代化"。其实,当时的"四个现代化"更多的是政治发展目标,与社会民生的关系还不是很紧密。1979—2005年倡导的共同理想是"富强、民主、文明"。改革开放以来的理论和实践探索使我们认识到:中国的发展不应也不能仅限于四个现代化,在重视物质文明的同时,对精神文明也要高度重视。因此,党的十三大提出了建设"富强、民主、文明"的现代化目标，"富强"是经济方面，"民主"是政治方面，"文明"是文化方面。这样的目标，老百姓耳熟能详，看得见，摸得着，比较贴近现实。2005年以来，特别是党的十六届六中全会十分明确地把中国政府倡导的共同理想概括为"富强、民主、文明、和谐"。加上"和谐"，是充分考虑中国国情和社会需求的结果。党的十六大以来，我们认识到：新的社会矛盾要找到正确的途径加以解决。从理论上说，解决的思路有两条，一是回到过去的阶级斗争方式，一是和谐的方式。我们采取了和谐的方式，运用民主法治化解社会矛盾。增加了"和谐"这一社会维度，使经济、政治、文化和社会"四位一体"，更加科学而完整地表达了中国社会理想的当代特征。中国特色社会主义进入新时代以来，生态的修复性保护和跨越式发展提上日程，党的十九大报告把富强、民主、文明、和谐、美丽作为社会主义现代化强国目标，成为各族人民的共同理想，从"四位一体"发展为"五位一体"。

任何一个历史阶段的共同理想都不是拍脑袋、挖空心思想出来的，而是实践的产物，来自人民群众鲜活的实践。富强、民主、文明、和谐、美丽的奋斗目标说到底就是为了"喊响、讲透、落实"人民主体的价值观。今天的人们已越来越清楚地认识到：共同理想要从群众那里来，从实践中来，从真实的生活中提取。新加坡曾经颁布过官方共同价值观白皮书，即国家至上，社会为先；家庭为根，社会为本；关怀支持，同舟共济；求同存异，协商共识；宗族繁衍，宗教宽容。这个"共同"既是政府倡导的，又来自新加坡民众的具体生活，植根于民众多样合理的选择中。

为了实现这个共同理想，首先要勇于改变现实。从思想观念上的接受到现实生活中的贯彻需要制度建设作为支撑。当然，好的制度要真正化为实际的行动并产生良好的社会效果，还需要时间和意志的考验。富强、民主、文明、和谐、美丽的共同理想受到社会成员的普遍欢迎，但社会力量一时还难以转化成直接的政策执行力。如何做到整个中国社会逐利益，但是有度；有权利，但是知道畏惧；穷苦，但是有所依托；无力，但是得到安慰，还需要更长远的思考和对策。

总之，核心价值体系的流变，有时可能表现为原有理念的深化和丰富，有时表现为旧理念的根本性抛弃。变是形势和情况的要求，有所变化，有所调整是好现象。当然多变中并非毫无一贯、稳定的线索可循,变中的基础和核心仍然是实践活动和理论发展的客观需要。应该看到:反映长时段普遍要求和愿望的核心理念,虽然在侧重点上会有变化,在表现形式上会发生变异,但总的来说稳定性较强。

主 导 与 主 流

　　社会主义核心价值体系无论在理论上还是在广大民众的心目中都是我们党主导的价值观,还不完全是整个社会生活中的主流价值观。分清主流与主导,对我们认识问题,把握主导的艺术和方法,也是很有必要的。主导和主流是两个容易被混淆的概念。人们在使用主导这个概念时,总是将主流概念暗含其中,或者直接将主流概念等同于主导概念,例如在使用主流意识形态时就明显地反映了这个情况,但事实上我们认为主导与主流还是有区别的,弄清这个问题对于正确分析和判断整个社会的价值取向有很重要的意义。

　　所谓主导价值观,就是一个社会占主导或统治地位、对其他价值观的发展方向和基本走向具有引导和规范作用的价值观。主导价值观通常就是官方所倡导的价值观,它对凝聚社会各种价值观、维护思想稳定具有不可忽视的作用。而所谓主流价值观,则是指一个社会大多数民众所信奉,或者对社会大众具有较强影响力的价值观。人们也常常用价值导向和价值取向来描述社会的价值状况。如果不同时使用主导价值观和主流价值观这两个概念,那么就不能完整准确地反映一个社会价值状况的全貌。一般而言,价值观的存在及其作用是价值导向起作用的前提,即主导价值观就是具有导向作用的价值观。换句话说,价值导向就是由主导价值观所引领的;而主流价值观则是对价值取向既在数量上又在方向上的一种标示,即一个社会指向大致认同的方向并为这个社会大多数民众所信奉的价值观,或者说各种价值取向(包括主导价值观)的大体一致就是主流价值观的基本特征。①

　　主导价值观与主流价值观的关系,有一致、矛盾、对抗等多种形式,当一个社会的主导价值观与主流价值观处于一致状态的时候,这个社会就是和谐稳定的社会。反过来也可以说,一个社会和谐稳定的时候,主导价值观与主流价值观就是一致的。但事实上,不管一个社会多么稳定,主导价值观与主流价值观总是存在这样那样的差异,这种状况是常态,关键是把握好这种差异的"度"。一旦两者发生激烈的对抗和冲突,社会就可能失范,甚至存在崩溃的危险。还有一种情况需要特别指出,即主导价值观与主流价值观完全合一,或者说只有主导价值观而没有主流价值观,这种情形往往意味着社会处于异常情况,恰恰潜伏着极端不稳定的因素。

　　改革开放以前,中国社会的价值观是以一元价值观、整体价值观、理想价值观作为主导价值观的,而多元价值观、个体价值观和世俗价值观完全处于被排斥的地位,主导价值观和主流价值观处于绝对同一的状况,这就隐藏着社会危机的因素。改革开放四十多年来,中国社会价值观实现从一元向一元与多元互动的变化,从整体向整体与个体相融合的变化,从理想价值观向理想与世俗价值观共存的变化。即使如此,中国社会仍然坚持以一元价值、整体价值、理想价值为主导价值观,但是这并不意味着排斥各种合理、多元价值观的存在,而是与之处于互动、融合、共存和相济的关系。同时,多元价值观、个体价值观、世俗价值观对社会大众已经开始产生越来越广泛和深刻的影响。主导价值观和主流价值观不断由矛盾状态逐步走向趋近和一致。预防两者的冲突和对抗,正是构建和谐社会的重要目标。

　　具体来说,我们在消费观、财富观、幸福观等方面都有一个主流和主导关系的处理问题。

　　面对从众心理、攀比之风、奢侈之念,如何有组织、有计划地向消费者传授相关的知识和技能,培养科学、文明的消费观念,提高消费者的鉴别能力、选购能力、消费能力和评价能力,我们还有很多工作要做。

　　比如,倡导适度消费的观念:适度消费,并不是不要人们消费,更不是要

---

① 廖小平:《面向道德之思——论制度与德性》,湖南师范大学出版社2007年版,第64—67页。

求人们强行压缩必要的消费、人为降低生活质量,而是提倡人们自觉自主地控制自己的消费需求,保持合理和适度。这种观念反对对物质产品毫无必要的更新换代、大量占有和消耗各种能源和资源、随意抛弃仍然具有使用价值的产品、热衷于攀比和消遣等。适度消费着眼于资源的"最大效用"。

比如,形成可持续消费的理念:可持续消费是人类对不合理消费方式的修正,建立在尊重自然、敬畏生命、保护生态系统的基础之上,改变资源—产品—废弃物排放的线性经济,发展资源—产品—再生资源的环状反馈式循环经济。通过制度化、系统化、大众化的教育,使消费者建立可持续消费结构和多样的消费方式,为子孙后代的生存与发展留下空间。

比如,营造节约消费的氛围。节约消费提倡在经济承受能力范围内追求"物有所值",即在量入为出的前提下,追求物的价格与物所给予的物质满足与精神愉悦的对等化、合理化。提高全民节约意识,倡导节约文明的理念,提倡从细节和程序入手,抵制过度包装等间接浪费行为,把节能、节水、节材、垃圾分类等逐步变成公民的自觉行动,营造节约消费的社会氛围,让每个人、每个家庭都成为建设节约型社会的中坚力量。

比如,树立绿色消费的意识。提倡消费者使用菜篮子、米袋子;减少或不用污染环境的一次性用品;提倡消费绿色商品,以引导发展绿色工业;提倡消费绿色食品、有机食品,以引导生态农业的发展;提倡购买环保型家居,促进绿色环保建筑的发展;提倡在大城市乘坐公共交通,以减少能耗和温室气体排放;提倡绿色旅游,保护文化多样性和生物多样性,最终实现人与自然的和谐发展。

与消费观紧密相连的财富人生,同样需要用主导引领主流。

比如,积极倡导以诚实守信为核心,以善待财富、尊重财富和保护财富为理念的财富伦理,依法保障公民私有财产权。采取行之有效的方法缓解由于贫富分化所导致的社会矛盾,形成先富带后富,最后实现共同富裕的良好环境。

比如,重视无形财富积累。转变财富观念,更新致富思路,重视非物质无形资产的价值。随着文旅、体育、电竞等产业的兴起,要引导消费者更多投入非物质的精神消费中去,等等。

文化自信与核心价值观

党的十八大以来,对社会主义核心价值观的研究持续深化,培育和践行工作也在逐步制度化。在此过程中,总体方向、目标和基本层次结构得到明确,贯穿着三条大的线索:一是中华民族伟大复兴,二是世界现代化的进程,三是社会主义运动的历史和现实,进而集中体现中华优秀传统文化、马克思主义理论和西方文明的汇通融合。

今天,要真正推动实现科学社会主义诞生以来一直追求的公平正义,需要我们放眼全球,对中国特色社会主义的话语空间、实践空间有足够清楚的认识,把握内外两个大局,以问题为导向,立足现实,重在建设。要坚持中国特色、优化中国特色,真正使社会主义核心价值观既有理论上的说服力,又能指导今后较长时间的发展。也只有这样,才能真正筑牢文化自信的根基。

价值观、核心价值观和共同价值观

价值这个词,简单来说就是日常生活中常说的"好坏"。从广义上来看,"善恶""美丑""得失""利弊""祸福""荣辱""应该不应该""轻重缓急"等,这些说法最后都可以用"好坏"来概括。

价值的本质特征在于,它不是事物本身的某种属性,也不是主观一己的兴趣和感受,而是事物的客观存在对于主体的意义。鞋子是否合脚,穿鞋子的人最有发言权;别人的良药,也许是你的苦酒……这些都说明价值的主体性,即价值因主体而异、因人而异。

由于主体的社会存在不同,人们的需要和能力不同,也就导致价值关系、价值体系的多元化。在多元价值中,选定哪一种价值,追求哪一种价值,一定要从自己的实际出发。要知道自己是谁,知道自己需要什么、不需要什么,知道自己能做什么、不能做什么,由此来决定该做什么、不该做什么。放弃主体性,盲目地追随他人,反而对自己不利。

价值观是一个学术理论名称,就像物质观、运动观、时空观、历史观一样,有一套系统的学问。对一个国家和社会而言,需要树立和践行核心价值观,否则发展就没有灵魂,前进就会失去方向。现实社会的价值观是多元的,好比大街的十字路口,四个方向都有路,东西南北都有人走。你不可能限制人家,只准走一个方向。但涉及个人的时候,就不可能同时走多个方向。既想朝东,又想朝西,还要席卷南北,肯定行不通。每一个主体只能自己选定一个方向走下去,所有思想、感情、行动、规划等随之保持既定的方向,咬定青山不放松,如果没有选错,就一定能够开辟出新的道路,达到新的境界。

中国特色社会主义正是我们从自己的实际出发,按照广大人民群众的利益和需求做出的坚定不移的价值选择,我们一直保持这样的价值导向,走出了一条马克思主义理论与中国具体实际相结合、与中华优秀传统文化相结合的现代化道路。

而主流价值观是指一个社会中在话语空间和实践空间中都占有主流地位的价值观。在中国,主流价值观就是中国特色社会主义价值观,是马克思主义基本原理同中华优秀传统文化结合的产物。需要注意的是:人们通常对"主流价值观"的理解,往往只注意它在"话语空间"中的地位,即在政治口号和宣传教育中被规定的分量,而不大注意它在价值的"实践空间"中的切实意义,即它与人们现实利益、思想感情和行为方式的实际联系。从理论上说,一切价值和价值观念的根基,在于它的主体性,即它总是"谁的、为谁的"价值及其观念系统。社会上不同的个人、阶层、阶级、民族和国家等,必然都有自己的价值和价值观念体系。对于每一个主体来说,他的价值和价值观念如何,总是由他的社会存在、地位、利益、需要和能力等客观条件所决定的,是与他的生存发展相关的选择和追求所在。如果不懂得价值观与价值之间的区别和联系,有意无意将它们混为一谈,以为可以孤立地就价值观说价值观,就意识形态抓意识形态,甚至以为占领了话语空间、掌握了话语权,就是解决了价值导向问题,那么就可能造成"嘴上说的"与"心里想的、手上做的"相脱节。这是一种典型的价值观与价值相背离的状态。把握好"话语空间"和"实践空间"之间的平衡,是主流价值观建设的重要任务。

核心价值观是指在各种价值观念中最根本、灵魂性的、如种子般存在的价值观,社会主义核心价值观就是在社会主义价值体系中最根本的、占据核心地位的价值观。十多年来,从中央文件、习近平总书记的重要讲话到各地培育和践行活动来看,我们应该不难体会和理解,社会主义核心价值观首先是我们党倡导建设的价值观。社会主义是一个人民当家作主的社会,社会主义核心价值观一定是以人民为主体、以人民的利益为标准。

党以人民的利益作为一切纲领、行动的标准,中国共产党的宗旨是全心全意为人民服务,但是我们党不会直接把自己的主张原封不动地加给全体人民,也不会把对自己的要求与对广大人民群众的要求混为一谈,而是十分注意向人民学习,从人民群众的鲜活实践和日常智慧中把握他们的共同愿望,并用党的理论和方法加以总结概括,进而表达为全体人民的价值观。这就使社会主义核心价值观建设和实践步入"来自人民,回到人民"的逻辑和历史之中。

党的十八大阐述社会主义核心价值观二十四字理论表达,即"富强、民主、文明、和谐、自由、平等、公正、法治、爱国、敬业、诚信、友善",分别从国家、社会、个人三个层面提出要求,体现高度的理论自觉和文化自觉。社会主义核心价值观是体现整个社会主义价值体系的核心观念,这里所说的社会主义当然是"中国特色社会主义",而不是别的社会理想和原则,首先是共产党人的观念体系,核心和宗旨就是"为人民服务"。

社会主义核心价值观二十四字表达如果再聚焦,公平正义是其中的关键,这也是自空想社会主义以来的社会主义价值体系最核心的理念。科学社会主义创始人马克思通过揭示资本主义剥削和压迫(不平等)的秘密,指明了实现人类解放的根本途径和现实任务——在尊重和保障自由的基础上,进一步实现以平等、公平为特征的社会正义。追求和实现社会的公平正义,正是社会主义作为后于资本主义、高于资本主义的一个历史阶段所特有的主导价值观念。对于坚持马克思主义,以社会主义方式实现现代化的中国来说,公平正义是一个既有自己个性,又符合时代潮流的核心价值。

在思想理论上，社会主义的理想和原则中最重要同时也是最切实的目标和最大的承诺，就是如邓小平所说的，"解放和发展生产力，消灭剥削，消除两极分化，最终达到共同富裕"，即实现人类历史上尚未有过的新型公平正义。从实践中看，在我国历来讲究公平价值重于其他价值的传统文化氛围里，实现社会公平不仅有社会发展的历史意义，更具有迫切的现实意义。

一方面，我们要深刻理解和把握社会主义核心价值观，深入理解科学社会主义自诞生以来一直坚持的公平正义的价值理想，密切关注资本主义自身内部的一些反思资本主义弊病的声音。另一方面，我们在理解和阐述社会主义核心价值观的个性特征时，也要注意将这种个性置于人类共同文明的背景之下。

事实上，全人类的共同价值及其建构，是全世界人民共同的权利和责任。以实现民族振兴与人类进步为己任的中国人，当然也不该袖手旁观。习近平总书记多次倡导构建人类命运共同体，正是要求我们保持和而不同的立场，坚持个性和共性的统一，高举公平正义的旗帜，追求合作共赢的效果，为全人类共有的精神家园贡献中国智慧、中国方案。

目前，在处理个性和共性的关系上，还存在一些认识和思想方法上的误区。例如，干脆不承认共同价值，从而认为社会主义核心价值观与人类共同文明无关；又如，认为即便有共同价值，内容大体是美国的那一套，追求共同价值就意味着向西方政治模式看齐。

这些论调显然都没有认识到，共同价值观建设是全世界人民的权利与责任。我们不仅需要而且能够参与其中，并做出积极贡献。由此，我们对自己核心价值的确立与表达，就不会与当今世界的共同价值认同和担当发生冲突，而完全可以找到两者的交叉点、重合面，从而更加自觉地把共同价值包括在核心价值之内。

彰显文化之魂，坚持自信自立

了解和感受文化，不一定去雄伟的博物馆、华丽的音乐厅，没有学问、不识字的也会自然而然知道礼数，因为祖祖辈辈代代相传，因为家家户户耳濡目染，春风化雨使之然也。核心价值或基本理念在潜移默化中于焉而行，以潜在的灵魂感动知音。要使一个国家成为文化强国，使人民富有文化情怀，就要把握文化的本质,了解文化的形体和灵魂的统一性,深刻认识文化的主体性、历史性和实践性。文化自信是指个人或政党对本民族文化及价值的充分肯定与积极践行,并对其生命力和自我发展能力持有坚定信心。倡导社会主义核心价值观,实际上就是在彰显中华文化发展的灵魂。有了这个灵魂,我们就能坚定文化上的自我意识。习近平总书记强调:"文化自信,是更基础、更广泛、更深厚的自信。"这个文化自信,一定程度上和毛泽东当年讲的"民族信心"是一致的,是对中华优秀传统文化、革命文化和社会主义先进文化以及现代人文精神的信心。

当前有一些倾向值得关注,例如,仅仅把中国近代以来落后挨打的遭遇归咎于传统文化,却看不到一直寻求民族振兴的力量来自何处,以为中国传统文化将止步于现代化和全球化;又如,以现代性和全球化的困境为理由,力求反证中国传统道德和人治主义文化优越与完备,无视历史上的挫折和教训,一厢情愿地美化过去的东西;再如以急功近利为理由,认为优秀的传统文化终结于书本和理想,与现实并无关系,以为"远水不解近渴""成功不需要文化",只求满足一己一时之需,不惜以低俗为荣,消费至上,排斥理想,拒绝高尚,进而走向自我放逐,甘愿扮演人类文明寄生虫的角色等。[①]

无论是对中华优秀传统文化本身的不自信,还是对中国特色社会主义文化的不自信,实际上就是忽视或否定现在的自己,忽视现实的活着的中国人的权利和责任。而现在的中国,现在的中国人,就是在五千年中华文明的土壤上生长起来的,也是自1840年以来不断地吸收了西方文明成果而演变出来的。当下的中国文化实际上已经是一幅"中、西、马"融为一体、密不可分的画面了。在这幅图画上,无论是好是坏、澄明还是混浊、成功还是失败、光荣还是耻辱,都是我们一代又一代国人自己造就的,每一代活着的、实践着的中国人就是它的权利主体和责任主体。向古人或洋人看齐,实际上就是隔断历史,偏离现实,自信也就无从谈起。

对中华文化的不自信说到底是不承认中国近一个半世纪的历史,是不了解、不尊重中国人自己。对于古人,他们不懂得继承与照搬的区别;对于洋人,

---

[①] 李德顺:《怎样科学对待传统文化》,《求是》2014年11月16日。

他们不懂得借鉴与模仿的区别；以为继承就是原封不动地照搬照做，以为借鉴就是简单地追随模仿。这是一种很严重的文化偏执心态，它所能造就的，只是精神侏儒和文化掮客。而文化自信意味着现代中国人自己站立起来，独立面对世界的大气魄。这种文化主体性的觉醒、主体意识的形成，虽然已经开始，但尚未完成，还需要经过一些曲折，一些努力，一些反复的磨炼，可能也还会付出一定代价，才能达成。

文化自信需要文化主体的自觉担当，它并非盲目乐观，而是更加清醒地反省自己、定位自己、把握自己，并通过科学的发展来全面地实现自己的民族复兴。最重要的是在实践中去观察、思考和检验我们的文化，同时保持对文化理想与目标的把握和执着，不泥古，不崇洋，不迷权，不媚俗，不畏强，不凌弱，坚定不移做好自己的事，走好自己的路，在新的高度上实现新的文化自立和自强。[①]

为此，中国文化建设的主体要在精神上站起来，面对多元化，坚持主体性，要明确自己的权利和责任，敢于面对现实，实事求是、理直气顺地说自己的话。当年邓小平提出解放思想，恢复实事求是，走建设有中国特色的社会主义现代化道路，实际上唤起并代表了当代中国人在精神上的崛起。走有中国自己特色的社会主义现代化道路，这样的思想和意志，意味着我们中国人、中华民族在精神上的重新崛起。它所告诉世界的是：经历了曲折和磨难的中国人，重新成为自己事业的自觉的主体。

中国人就是中国人，中国人的事情就要中国人自己来办，办好办不好，不在别人，就在我们自己。我们中国人干自己的事业，不要那么多条条框框，该怎么干就怎么干，一切从实际出发，按照"三个有利于"标准，怎么有利于国家富强、人民幸福、社会和谐，就怎么做；实事求是，从实际出发做成什么样子就是什么样子。这是我们自己的权利，也是我们自己的责任。这就是一种中华民族共同体的主体意识，是一种自主、自立、自强的当代中国人的主体意识。正是在这样的自觉坚持中，我们在文化建设尤其是最核心的价值观建设上不断实现理论创新，形成"三个代表"重要思想、科学发展观，创立习近平新时代

---

① 李德顺：《什么是文化》，《光明日报》2012年3月26日。

中国特色社会主义思想,这些理论成果的产生和作用是我们有文化自信的依据。习近平总书记在庆祝建党百年的讲话中明确提出"两个结合",即马克思主义基本原理同中国具体实际相结合,同中华优秀传统文化相结合,把"中华优秀传统文化"和"中国具体实际"并列,标志着"中华优秀传统文化"主体性地位的确立。当然,中华文化更为主动的精神力量要真正发挥作用,离不开马克思主义的引领。

百年来,各种外来思想如潮水般来时汹涌,去时无痕。只有马克思主义,从原本的一种外来思想,逐渐融合中国的人心,由外在转内在,变为中国人立身处世的准则、判断善恶的根本依据,收拾人心、应对现实和发展问题的大道理。只有明确马克思主义激发、改造、熔铸传统文化的价值导向,才能避免"复古主义""工具主义""以儒化马",以中国马克思主义、中国文化内在一致性为目标,理性把握源头性、传承性、开放性和包容性兼具的中华民族强大精神力量。①

在坚定文化自信的问题上,不仅要反对文化虚无主义,增强对优秀传统文化的自信,更要反对历史虚无主义和新自由主义,增强对近代以来形成的革命文化、红色文化和中国特色社会主义先进文化的自信。强调对中华优秀传统文化、革命文化和中国特色社会主义先进文化充满自信,不是对不同历史时期的文化采取"拼盘式"甚至大杂烩的杂糅,而要具体情况具体分析,强调从历史和文化的意义上整体把握中华文化和中国文明的时代精华。而强调从整体意义上增强对中华民族优秀文化的自信,重要的是善于揭示和把握中华民族各个历史时期优秀文化所贯通的内在的价值观念和人文精神,需要处理好古今中外的关系,需要直面和解决时代之问。当然,坚定文化自信,归根到底是要从文化上坚定对中国特色社会主义道路的自信。

这里,有两点需要特别加以强调:

一是文化自信要体现中国文化的历史、现实和未来的整体性与一致性。

回顾历史,中华文化数千年来没有中断,始终做到自强不息、厚德载物、刚柔相济、和而不同,在历史和实践基础上汇合百家、与时俱进,逐步形成了复合

---

① 黄凯锋:《"两个结合"与习近平新时代中国特色社会主义思想的原创性贡献》,《社会科学》2022年第4期。

的、相对的、流动的文化传统。近代以来,在与西方外来文化一度发生冲突的过程中,逐步由被动走向主动,逐步实现马克思主义中国化、社会主义现代化与民族文化复兴三位一体发展的价值理想。

当前,在经济全球化和国际政治秩序重构的过程中,我们发挥中华民族和而不同的智慧,对内以中华优秀传统文化、革命文化和社会主义先进文化为资源建设社会主义核心价值观,对外倡导人类命运共同体,为推动共建人类美好精神家园贡献中国方案。同时,认真总结和反思自身文化的优势、特色和不足,不沾沾自喜、自我陶醉,也不回避现实、叶公好龙,而是冷静清醒地认识历史和现实,努力用好优势资源、扬长补短,努力再创辉煌。

源远流长、博大深邃的中华文化,是中华民族生命历程的凝聚;生长建设中的社会主义核心价值观,是当代中华文化的先进形态之一。这种先进性,来源于社会主义的一般本质特征,从而具有世界历史性和时代性内涵,也体现当代中国人的实践方式和成长历程,从而显示中华文化特有的底蕴和力量。

因此,强调文化自信,我们既不能以弘扬革命文化、先进文化为名否定中华优秀传统文化,也不能以弘扬传统文化为名,轻视革命文化和社会主义先进文化。

二是文化自信归根到底要对中国特色社会主义道路充满信心。

文化自信同时意味着保持对文化理想和目标的矢志不移,既不泥古也不崇洋,立足现实向前看,立足当代中国人的权利和责任。怎么有利于国家富强、人民幸福、社会和谐就怎么做。正是这样一种主体意识的坚持,我们才能不断实现理论创新,不执着于某种特定的文化形态,而是与时俱进成功推进中国式现代化道路,并不断丰富和完善表达方式。

孝道与核心价值观

自从二十四字社会主义核心价值观的表达公布以来,各地结合实际情况在培育和践行上作了大量有益探索,理论界也在积极思考并进一步聚焦核心价值观的落深、落细、落小。弘扬中华优秀传统文化,合理处理好继承和发展的关系,实现中华优秀传统文化的创造性转化和创新性发展,是深化社会主义核心价值观研究的内在要求。有学者认为,孝文化是中国传统文化的重要组成部分,大力弘扬包括孝文化合理价值在内的优秀传统文化,是培育和践行社会主义核心价值观、提升我国文化软实力的途径之一,[①]但培育和践行的途径还不等于直接将孝道纳入社会主义核心价值观,尤其不宜把孝道、孝敬等作为社会主义核心价值观的标识性概念。对此应作谨慎、负责任的可行性分析。

合理肯定孝文化的价值与当代传承的必要性

孝道是中华民族传统美德的基础,也是中华文化多元融合体系的基础。我国现存最早的汉字文献资料甲骨卜辞之中已有"孝"字。许慎的《说文解字》解释了篆体的"孝"字:"善事父母者。从老省,从子,子承老也。"《诗经·蓼莪》云:"父兮生我,母兮鞠我,拊我畜我,长我育我,顾我复我,出入腹我。欲报之德,昊天罔极。"父母厚爱,子女难报深恩。《尔雅》在《释训》中更明确了"善事父母为孝,善兄弟为友"。孔子认为父子之道乃天性。居则致其敬,养则致其乐,病则致其忧,丧则致其哀,祭则致其严。只有这五个方面全部做到才能称

[①] 《在传承和创新孝文化中弘扬核心价值观》,《光明日报》2014年12月4日,唐湘岳整理。

得上是孝子。南宋哲学家朱熹在继承传统儒家思想的基础上吸收了佛道,提出孝、悌、忠、信、礼、仪、廉、耻,以孝为先。

20世纪初,孙中山先生提出忠孝、仁爱、信义、和平等道德规范,也把孝道文化放在首要位置。毛泽东在战争年代也提出过忠孝问题,他认为提倡忠孝不是忠于一个人,而是为国家尽忠,为民族尽孝,不独亲其亲,老吾老。中华人民共和国成立后,我们进一步发扬了孝敬父母的传统美德,把孝道文化与爱国主义和社会主义紧密结合。《中华人民共和国宪法》不仅将赡养父母作为儿女应尽的义务,而且也在公共福利中发展社会主义敬老事业,努力形成良好的社会道德氛围。

毋庸置疑,孝道在今天仍然具有不可忽视的重要价值。个别学者提出将孝道直接纳入社会主义核心价值观的表达中去,也是一种试图遏制孝道文化滑坡的善意和努力。家庭是公民道德养成的基本场所,强调孝道,进一步生发开去,由对父母及祖辈的孝顺发展出对他人的同情、关心与照顾,乃至于承担对人群、国家的责任,具有积极意义和社会价值。孟子在描述他的理想社会时,说过:"老吾老,以及人之老;幼吾幼,以及人之幼。"这与孔子对大同之世的理解("故,人不独亲其亲、不独子其子,使老有所终、壮有所用、幼有所长、矜寡孤独废疾者皆有所养")是一脉相承的。用现代的话语来说,就是通过家庭范围内的倡导孝道,由个人私德的彰显扩展到社会公德的提升,从而达成"亲亲而仁民"的和谐氛围,有利于提高整个社会的道德水平。

当前,民间建宗祠、修家谱的风气很盛,从儒家文化的角度说,祖先崇拜虽有上古神话和巫术的渊源,但经过先秦儒家的改造后,所谓"慎终追远",主要是为了求得一己心灵的安慰和情感的满足,以达到"民德归厚"的社会教化目的,其中凸显的是理性精神。如能因势利导,将其纳入正规的政府扶持和监管范围,并加强儒家传统的理性主义教育与引导,既可顺应民心所向,又可以借此制衡各种迷信现象的无序扩散与蔓延。

全球华人都乐于寻根问祖,祭祀祖先。提倡孝道,注重华人各姓氏的宗祠建设和家谱修订事业,推行家风家教,改善社会风气,有利于增强全球华人的凝聚力,尤其对促进港、澳、台地区同胞对大陆的向心力,有着重要而积极的战略意义。

孝道纳入核心价值观可能存在的弊端和问题

如果一厢情愿地将传统的孝道纳入社会主义核心价值观的话语表达可能存在如下问题：

其一，适用范围。社会主义核心价值观，是我们党倡导的中国特色社会主义文化的灵魂。它确实需要立足中华五千年的文明成果，借鉴吸收优秀革命文化成果和社会主义现代化建设的理论成果，同时结合新的社会形势与时代要求予以创造性的发展和凝练概括。孝道，是中华民族的传统美德，无疑需要坚持与发扬，但其主要还是限于家庭层面，属于私德，不能通过推己及人上升到社会主义核心价值观的标识性范畴。家庭是社会的细胞，但家庭不是社会，犹如个人与人民的关系，个人是人民中的一分子，但个人不等于人民。

其二，社会结构。家国同构，曾经是封建社会儒家道德推己及人的社会基础。现代社会的结构与古代传统家族制的社会结构已有天壤之别，谁都能理解，家庭与国家的关系，在今天根本不是一个小家庭与大家庭的关系，其中的问题不是简单地推而广之就可以解决的。而社会主义核心价值观需要培育和践行的是超越血缘关系和家庭伦理的具有灵魂意义的价值观，具体落实中也包括建立于公平正义基础上的规则意识，远不仅仅局限于私德。现行的核心价值观中属于公民个人层面的有"爱国、敬业、诚信、友善"四项，即是这种精神的体现。其中"爱国""敬业"的对象是国家和事业，暂且不论。"诚信""友善"的对象是他人或某个群体主体。现代社会道德行为的表现特征是交互性的，亦即"诚信"和"友善"都不是针对某个个人的单向要求，而是个体与个体之间，或个体与群体之间必须共同遵守的伦理准则，即互相之间都能以"诚信"和"友善"相待。像孝道这样仅限于规范子女对父母或祖辈的家庭道德肯定是不够的。产生于古代家族制度并服务于这种制度的孝道很难完全适用于现代社会。如果一厢情愿地将孝道纳入社会主义核心价值观的表达，无异于以"私德"代替"公德"，延续的仍然是中国古代"以孝治天下"的老路，与现代社会的治理制度有所违背，既不合适，也不明智。

其三，行仁之始终。从儒家核心思想的本意来看，也是以仁义治天下，而非单提孝道。在孔子那里，通常情况下，往往是"孝"与"悌"连用，以规范家庭伦理，《论语》所强调的"孝悌也者，其为人之本欤"正是此意。"孝悌"的含义，应包括父慈子孝、兄友弟恭在内。但历史上"父慈""兄友"常常被忽略，因而不乏如舜对父亲瞽叟、弟弟象愚孝愚悌的情况出现。而且孝悌本身并不是人的根本德性，人的根本德性是"仁"，这是孔子思想的核心。因为爱人之心，莫大于父母，所以孝悌是行仁之始。但孝悌并不必然趋向仁者，孝悌也并非仁之核心或根本，仁才是孝悌的根本，仁者是大孝。孝悌仅是仁的表现之一，更重要的是，孝悌之人并非一定是仁者，有些贪官即是孝子，也关心家人，就是明证。因此，从社会德性教化的意义上说，与其提倡"孝道"，不如推行"忠恕"之道。1993年，在美国芝加哥举行第二届世界宗教大会，在没有儒家代表或相应机构参会的情况下，100多位宗教领袖在会上通过的《全球伦理宣言》中，将孔子"忠恕之道"里的"己所不欲，勿施于人"列为伦理"金律"（the golden rule），抛开思维方式，其影响力不可低估。显而易见，"忠恕之道"较之于"孝道"，对于当代中国社会没有家谱或家训的一般公民来说，在德性培育与国家社会伦理的建设上也许有着更大的普遍意义。

延伸思考

尽管孝道不适合纳入社会主义核心价值观的话语表达，不足以凝神聚气，最大限度地引领全国人民为实现中华民族伟大复兴的中国梦而奋斗，但并不意味着它不重要，更不是可有可无，而是事关亿万家庭和谐、生活幸福。需要审慎思考的是如何推行更为有效？例如，对于古代"二十四孝"这一类故事，应该"去粗取精，去伪存真"，结合时代的要求，作出新的解释，并加以推行（如《新二十四孝》），而不是像个别人那样，还在为"父母在，不远游""不孝有三，无后为大""子为父隐"等早已与社会现实相脱节的陈腐观念百般辩护，或动辄就立法，以为法律万能，可以代替或解决社会伦理道德方面存在的深层问题，从而彰显"依法治国"的精神。

以"常回家看看"入法为例，立法的初衷，无疑是出于善意。但是，立法不同于政策和一般性的管理办法，政府可能首先要作出基本保证子女践行孝道的政策安排，如允许法定节日外一定时间的探亲假、父母子女购房就近的优惠措施等，否则仓促出台，就容易流于形式，得不到具体落实，模糊了社会伦理与法律的边界,法律本身的严肃性与权威性也会受到一定程度的影响。

有鉴于此,推行孝道要综合考虑教育引导、政策支持、法治保障等一系列具体环节,行长远之道,不可能毕其功于一役。笔者有如下延伸思考:

第一,以承担赡养义务为底线,无须把孝道提升到社会主义核心价值观的表达给予特别关注。

孝道,是基于家庭内部的亲情之爱,应以情感为基础。父母亲与子女并非朋友,更不是生活中的陌生人,不同于社会的公共伦理,而是私人领域,承担赡养义务是底线。缘于亲子血缘关系的孝道,固然需要培育,家风家教,应当保留。但不同年龄段子女与父母的感情是不同的,幼年时,依赖父母;青少年时,独立意识强,叛逆心生,与父母疏远;成家立业之后,逐渐回归。古话说:"子欲养而亲不待",很能说明问题。随着年龄的增长,尤其是孩子有了下一代之后,绝大多数人能体会到父母的不易,感同身受,自会靠近双亲,尽己所能尽孝,社会上也有不少这方面的真实故事。所以,无须专门作为核心价值观的表达而予以特别关注。

当然,传统孝道在"形而上"义理层面中的正面价值应予以肯定,并逐步提升境界,比如从"善事父母"到"以孝养亲"。因为父母是自己命之所系,身之所出,孝敬父母,既是天伦,也是人伦。要在"能养之孝"的基础上,更倡导"敬亲之孝",化"亲爱"为"博爱"。又如,从"弗辱"、不累父母到合理谏诤,争取父子人格平等。同时,要对"移孝作忠""君为臣纲"的封建主张,"君臣、父子"的等级观念,主张"后喻"、一味守成的保守文化,予以剥离。从而创造建立一种从传统孝道"父慈子孝"出发,亲代施恩尽责,子代感恩回报,青老两代人格平等、尊重双方自由的平等孝道;一种从传统孝道"亲亲仁民爱物"出发,博施广爱,民胞物与,建立"民为德恤"、尊重生民的人本孝道;一种从传统孝道"事父母几谏"出发,既重亲情,更重道义,建立持节尽孝、不逾道义的民主孝道;一种从传统孝道"继志述事",报亲扬名出发,积极入世,践行责任,建立忠于祖国、孝于人民的新型忠孝观。[①]

第二,以重阳节等传统节日为载体,提倡尊老敬老,公开宣传、鼓励、支持

---

① 《在传承和创新孝文化中弘扬核心价值观》,《光明日报》2014 年 12 月 4 日,唐湘岳整理。

孝顺父母的善行,并作为现代文明社会的一个标志与象征,但以柔性、变通的方式为妥。

对于政府与社会来说,重要节庆仪式是弘扬中华优秀传统文化的生动载体。但就孝道而言,更应面对现实,取柔性培育、在多元多样中求融通的方式为妥,也符合当代社会的接受心理。强制性的做法并不可取,效果也不佳。汉代一直为后人诟病的就是在发现和培养官吏预备人选时使用"举孝廉",规定每二十万户中每年要推举孝廉一人,由朝廷任命官职。被举之学子,除博学多才外,更须孝顺父母,行为清廉。在汉代,"孝廉"还作为选拔官员的一项科目,没有"孝廉"品德者不能为官。[①] 这个制度最终以失败告终。东汉末年有民谣讽刺"举孝廉":举秀才,不知书;举孝廉,父别居。寒素清白浊如泥,高弟良将怯如鸡。这方面的历史教训值得记取。

随着经济的发展,国家实力的增强,更应从理念、制度与技术层面(比如,推行智能化养老服务方式等)逐步保障老年人(尤其是农村老人)的生活质量和尊严,为子女尽孝提供必要的便利与机会,这才是应着力尽责之处。同时,对于社会上出现的遗弃老人的恶性事件,有关部门必须予以严厉查处,坚决打击,以维护老年人的正当权益与正常的社会伦理秩序。

第三,孝道,源于感恩。感恩教育不可或缺,也是推行孝道的有效方式。

感恩,狭义上是感激父母,广义上就是感激社会,感激祖国,感激所有帮助过自己的人,孝道可以成为感恩教育的基础。与时俱进开展感恩教育是孝道文化的最好传承。感恩教育身教重于言教。所谓"寒门出孝子"的古训,说明贫寒人家的孩子更早地参与社会生活,了解父母工作的艰辛,在情感上理解双亲的难处,因而从小就懂得感激父母,愿意为之分担生活的重担。现代社会环境变了,抚养孩子的方式亦不同于以往,富养是潮流。因此,倡导父母之爱是付出之爱,同时在爱子女的过程中得到了回报,这种爱本身就是幸福的。也让孩子在爱的教育中养成对父母的爱。这样的教育也许更符合现代社会当下的现实。

总的说来,要遵循青年学生的认知规律,将感恩教育融入学校课堂教学、

---

① 陈杰:《理想的教育》,《新课程研究》(下旬刊)2011年10月25日。

实践教育和校园文化之中;要用他们看得懂、听得进、学得会的具体形式,将感恩的思想观念和行为融入社会化教育的过程中,像空气和水一样时刻滋润着青少年的心灵。

第四,当今社会与其提倡单向性的"孝道",不如倡导"慈孝"更为合适。

父慈子孝,其乐融融,才是传统儒学的本意,较之于单向性道德要求的"孝道","慈孝"并举更容易为现代的年轻人所接受。自古流传的"二十四孝"的故事,除"郭巨埋儿""卧冰求鲤""闻雷泣墓"等少数几个不近人情外,其余的还是值得效法的,如"望云思亲""上书救父""笼负母归""亲尝汤药"等,不要因为鲁迅批判过,就全盘否定。何况鲁迅批判的也只是那过分的几个,并非全部。相关部门或机构,包括各种社会团体和组织,都可以吸取"二十四孝"中的部分合理内容,同时精选古今中外父母教子有方、子女孝顺双亲的故事,编写一本图文并茂的《新二十四慈孝故事》,作为既适合孩子阅读,大人也爱看的读本,向社会推广,也是一件功德无量的事情。

值得注意的是,《孝经》《论语》中也有对"谏诤"的论述,当父亲要做不义的事情时,儿子不可以不站出来劝阻;当君王要做不义的事情的时候,臣子不可以不站出来劝阻。《女二十四孝》中也有不少表现劝谏的故事,如《劝父改业》《劝母勿溺》《直言谏父》等。父慈子孝,家庭和谐,社会和谐就有了基础和保证。

第五,帮助老年人运用互联网技术和共享经济的优势,消除寂寞,强身健体,提升生活质量。

子女应该耐心协助年老的父母学会利用智能手段丰富精神生活,包括微信聊天、网上购物、网络课程等,密切与子女、老友和社会的信息沟通,满足心灵和情感等方面的需求。尤其对城市空巢老人,可以通过休闲度假之静养、农业体验之动养、文化熏陶之"和"养等方式,和国家相关养老政策实现有效对接,真正丰富优化老人的精神生活。

人类命运共同体价值论

习近平总书记在党的十九大报告中提出,坚持和平发展道路,推动构建人类命运共同体,推动建设相互尊重、公平正义、合作共赢的新型国际关系。呼吁坚决摒弃冷战思维和强权政治,走对话而不对抗、结伴而不结盟的国与国交往新路。坚持以对话解决争端、以协商化解分歧。尊重世界文明多样性,以文明交流超越文明隔阂、文明互鉴超越文明冲突、文明共存超越文明优越。他表示,中国秉持共商共建共享的全球治理观,倡导国际关系民主化,坚持国家不分大小、强弱、贫富,一律平等,支持联合国发挥积极作用,支持扩大发展中国家在国际事务中的代表性和发言权。中国将继续发挥负责任大国作用,积极参与全球治理体系改革和建设,不断贡献中国智慧和力量。习近平同志还指出,世界命运握在各国人民手中,人类前途系于各国人民的抉择。中国人民愿同各国人民一道,推动人类命运共同体建设,共同创造人类的美好未来。

"人类命运共同体"是对人类社会发展理念的新探索,也是对人类社会总体发展规律的宏观认识与整体把握,更是应对与解答世界问题的中国方案。党的十八大以来,习近平同志先后多次提出并倡导构建人类命运共同体。人类命运共同体理念反映了国际社会的共识,得到了世界范围内的普遍认同,2017年初,习近平主席在联合国日内瓦总部发表了题为《共同构建人类命运共同体》的主旨演讲,倡导世界各国共商共筑人类命运共同体,被载入联合国安理会决议。

"人类命运共同体"开创了新的全球治理体系,内在超越了"普世价值"的推广与输出,走向了全人类共同价值的价值认同、追求与共识;超越了国家主体的片面、不均衡、不可持续的发展,走向了全球共主体的全面、均衡、可持续发展;超越了国家主义的利益冲突、对抗与零和博弈,走向了世界主义的利益共享、责任共担、命运与共,具有丰富的理论内涵与时代意义。

人类的主体形态多层多元。从纵向上看,我们每一个个人都可以是一个主体,个人以上的某些小共同体,比如家庭、行业单位、阶级阶层、民族国家、区域性的国际组织等都可成为一个单独的主体。从横向上看,除人类是唯一的以外,其他层次上的主体是多元的。国家并不是就一个,民族也不是就一个,个人更不止一个。但要真正理解主体的多元多层,对"价值独断主义"者和"冷战思维"者而言,还存在着一定的困难。他们以为多元总有好坏之分、先进和落后之分,先进的应该引领落后的,好的就一定灭掉坏的,把主体在多元中分裂成彼此对立、对抗、有你无我的关系。总之,不从多元主体如何和谐共处、如何形成新的共同体思考问题。而习近平总书记提出构建人类命运共同体,旨在面对主体多元多层,在最高层次上提出寻求和而不同的价值目标。在构建人类命运共同体这个问题上,我们一定要从多元主体和而不同的角度予以充分理解和把握。

为了更好地理解人类命运共同体,我们还需要坚持历史唯物主义,从资本主义走向社会主义的历史进程中把握客观趋势和主体建构的合理辩证法。从社会形态的演进而言,资本主义社会是历史长河中的过渡社会,在战争与革命中诞生的社会主义国家,是符合民族国家在资本主义工业国包围下取得独立自主、迈向现代化的历史选择。历史并不会终结于资本主义"三权分立"的现代民主制度安排,也不会终结于早熟社会主义阶段的国家所有制安排。社会主义和资本主义的差异甚至对立不是"人类共同价值"的冲突,而是价值实现方式与道路选择的不同。300多年的资本主义并没有给世界带来太多和平。当今世界格局体系仍然是以霸权主义和个体主义为主导,又共同面临环境、资源、核战等危机,人类共同价值的实现必须找到新的实现方式。作为社会主义国家,习近平总书记提出打造人类命运共同体的倡议,超越单个国家的利益,符合社会主义理想和实践所追求的价值目标。正如习近平同志在党的十九大报告中所强调的那样,我们要通过倡导主权平等、对话协商、合作共赢、共享共建、可持续发展,以及"一带一路""亚投行"等开启新时代的征程。

全人类共同价值：尊重、包容与共识

"一花独放不是春,百花齐放春满园。"人类的价值理念与追求是多样的,美国人有美国人的自由、民主理念与追求,中国人也有中国人的自由、民主理念与追求,不同的国家与民族不可能有永恒性与普世性的价值,但是,并不能因此否认人类拥有共同的价值。人类命运共同体的价值基础是全人类共同价值,体现了全人类的价值共识。人类命运共同体是世界各国在国际交往中逐渐形成的价值共识的集中表达,是全人类价值追求与价值认同的一种成果。习近平主席在联合国大会发言中提出:"和平、发展、公平、正义、民主、自由,是全人类的共同价值,也是联合国的崇高目标。目标远未完成,我们仍须努力。当今世界,各国相互依存、休戚与共。我们要继承和弘扬联合国宪章的宗旨和原则,构建以合作共赢为核心的新型国际关系,打造人类命运共同体。"[1]不难理解,全人类共同价值的内容涵盖了不同的国家、地区,不同的种族、性别与阶级,甚至包容了不同的文化传统、价值观念、宗教信仰,最大限度地容纳一切国际社会群体,与此同时寻找价值共同点和交叉面,进而形成为大多数人认可的理念和取向。因而,全人类的共同价值能够成为人类命运共同体建设的基础。

必须强调的是,这里的全人类共同价值完全不同于普世价值。长期以来,西方国家在全球治理中秉持与倡导一种看似中立的以"自由、民主、人权"为代表的普世价值观,宣扬跨越社会群体身份与不同地域文化差异,放之四海而皆准,力图呈现去政治化、去意识形态化、去国家化的特征,夸大其适用性、普遍性、优先性和主导性。而事实并非如此,正如马克思、恩格斯所言,"为了达到自己的目的,就不得不把自己的利益说成是社会全体成员的共同利益,抽象地讲,就是赋予自己的思想以普遍性的形式,把它们描绘成唯一合理的、有普遍意义的思想"。[2] 经过精心包装的普世价值正是有目的、有倾向的价值输出与推广,借助普世价值,把"西方精神""西方价值""西方文化"塑造成为价值合法性与合理性的内在尺度与标准,强制和霸权的意味再清楚不过。从本质上讲,

---

[1] 习近平:《共担时代责任 共促全球发展》,《人民日报》2016年1月18日。
[2] 《马克思恩格斯选集》(第1卷),人民出版社1972年版,第53页。

普世价值就是西方国家推行和平演变的重要策略和手段,是一种价值殖民与侵略。

与此相反,全人类共同价值仅仅表达了世界各国人民共同的价值观和需要,并不是强制性、普世性的价值。所以,全人类共同价值也并不是中国价值的输出与推广,而是世界各国人民价值交往与融合的产物,是多元价值共识的集中呈现,适应了全球化时代背景下世界各国人民的价值归宿与需求,代表与维护着世界各国人民的价值选择与利益诉求。在全球化与多元文化的背景下,交往形式与内容的多样化带来多元价值的交流与碰撞,价值追求的多样性不断增加。全人类共同价值的意义与功能归根到底体现在尊重世界各国人民的多元价值,引领价值选择与价值诉求,形成全人类价值的多元共识,进而塑造人类命运共同体。

全球共主体:依存、合作与共赢

殖民主义时代,世界各国弱肉强食,谁的实力强、拳头大,谁就主导世界,剥削与压迫弱小国家与民族。与此相适应,西方国家主导下的全球治理体系所塑造的全球共同体只能是一种西方国家主体。也就是说,只是从西方国家的利益与需要出发,在全球交往中不断扩张,谋求霸权与垄断,这只能是一种"虚幻的全球共同体"。

人类命运共同体的提出与构建也是全球共同体发展的必然产物。但是,人类命运共同体所构建与追求的全球共同体不是一般性的国家主体,而是一种全球共主体。当今时代,世界各国命运与共、休戚相关,"世界好,中国才能好;中国好,世界才更好"。[1] 所以,各个国家之间"不能这边搭台、那边拆台,而应该相互补台、好戏连台"。[2] 因此,全球化交往背景下,人类社会日益形成一个相互依存的全球共同体。"国家不分大小、强弱、贫富,都是国际社会平等成员,理应平等参与决策、享受权利、履行义务。"[3]因而,国与国之间都是全球共同发展的主体,都应该共同分享全球发展成果,"大国对小国要平等相待,不

---

[1] 习近平:《共同构建人类命运共同体》,《人民日报》2017年1月20日。
[2] 习近平:《共同创造亚洲和世界的美好未来》,《人民日报》2013年4月8日。
[3] 习近平:《共担时代责任 共促全球发展》,《人民日报》2016年1月18日。

搞唯我独尊、强买强卖的霸道",①这也正是人类命运共同体与西方国家所提出与主张的全球共同体的根本区别所在。

当然,全球共主体并不是否定、超越了国家主体,而是在国家主体的基础上寻求更高程度的合作与共赢。全球共主体内在确立与肯定了世界各国的多元主体地位。从共时态来看,人类命运共同体不仅包括西方发达国家、发达地区,还包括广大发展中国家与地区。人类命运共同体力求实现每一个国家与地区的共同发展,强调各发展主体均有发展的权利。从历时态来看,人类命运共同体不仅包括当下生活的人类,也包括未来的人类,是当代人与后代人之间的可持续发展,不仅强调当代人的发展机会,而且特别关注后代人的发展机会。当代人的发展不能挤压后代人生存和发展的空间,不能以损害后代人的发展为代价。所以,人类命运共同体不仅要实现当代人的生存和发展,而且要实现后代人持续的生存和发展。可以说,人类命运共同体是一种全球多元主体的共同发展。

人类命运共同体是全面均衡发展的多元共主体。所谓全面发展的多元主体就是针对、防止和克服片面、失衡发展而言的,即每一个国家与地区的发展都必须得到保障,发展的权利与机会都不能被剥夺。但是,传统全球治理体系下,大部分发展中国家与地区的发展权利却被剥夺,导致不同国家、地区之间的发展差距不断扩大。"全球最富有的1%人口拥有的财富量超过其余99%人口财富的总和,收入分配不平等、发展空间不平衡令人担忧。全球仍然有7亿多人口生活在极端贫困之中",②世界不断走向两极分化。在美国学者大卫·哈维看来,资本主义发展"永远都会对实现平衡的倾向造成破坏",资本主义的不平衡发展进一步拉大了世界各国差距,最终的结果就是:一边是资本主义国家的财富在急剧增长,一边是发展中国家的穷人越来越穷。从深层来看,不平衡发展是资本主义全球治理体系下全球共同体发展的必然结果。

人类命运共同体是全体共同体发展模式与发展理念的深刻变革,推进世

---

① 习近平:《共同构建人类命运共同体》,《人民日报》2017年1月20日。
② 习近平:《共担时代责任 共促全球发展》,《人民日报》2016年1月18日。

界多元主体发展模式的转换与提升,力求实现多元主体的全面均衡发展。"面对世界经济的复杂形势和全球性问题,任何国家都不可能独善其身、一枝独秀,这就要求各国同舟共济、和衷共济,在追求本国利益时兼顾他国合理关切,在谋求本国发展中促进各国共同发展,建立更加平等均衡的新型全球发展伙伴关系,增进人类共同利益,共同建设一个更加美好的地球家园。"[1]因此,只有通过世界平衡增长才能逐步缩小世界各国发展中形成的差距,共同分享发展成果,实现世界大同,真正走向人类命运共同体。否则,即使缩小了世界差距也会被新的不平衡发展所打破,人类命运共同体更是奢望。所以,人类命运共同体内在需求世界各国的利益融合与平衡增长,它们之间是互为条件、相互促进的。"利益融合,是世界经济平衡增长的需要。平衡增长不是转移增长的零和游戏,而是各国福祉共享的增长。"[2]当然,这里所谓的平衡增长就是要实现动态的平衡,联动发展。正因为如此,习近平总书记也多次强调:"中国的发展是世界的机遇,中国是经济全球化的受益者,更是贡献者。中国经济快速增长,为全球经济稳定和增长提供了持续强大的推动。中国同一大批国家的联动发展,使全球经济发展更加平衡。中国减贫事业的巨大成就,使全球经济增长更加包容。"[3]正是从这个意义而言,习近平总书记提出构建"人类命运共同体"的目的就是要创造更加广阔的发展空间,保障互利共赢,让世界各国分享中国发展的机遇,实现共同发展。

人类命运共同体也是可持续发展的多元共主体。可持续发展的多元共主体就是针对、防止和克服不可持续的发展及其代价而提出来的。以牺牲发展中国家与地区为代价来实现发达国家与地区的发展,目的与手段冲突。以牺牲下一代人的发展空间、生态环境为代价来满足当代人的发展,眼前与长远相矛盾。人类命运共同体就是要尊重全球多元共主体的发展权利,让世界各国共同分享全球发展的机遇与成果,满足每一个国家与地区的发展需要,激发全人类的主体性,彻底消除全球贫困与两极分化,实现全人类的共同发展与进步。总之,人类命运共同体的全球共主体发展能够克服传统全球共同体的不

---

[1] 习近平:《中国决不称霸扩张》,《人民日报(海外版)》2012年12月6日。
[2] 习近平:《共同维护和发展开放型世界经济》,《人民日报》2013年9月6日。
[3] 习近平:《共担时代责任 共促全球发展》,《人民日报》2016年1月18日。

均衡、不可持续发展的代价,推进世界各国的互利共赢和可持续发展。进而,必将进一步塑造新型的国家与国家、地区与地区之间的发展关系,只有这样,建设更加美好的地球家园才具有了光明前景与未来方向。

世界主义:利益、责任与命运

"欲穷千里目,更上一层楼。"当今世界的快速发展,"世界多极化、经济全球化、社会信息化深入推进,各种挑战层出不穷,各国利益紧密相连。零和博弈、冲突对抗早已不合时宜,同舟共济、合作共赢成为时代要求"。[1] 全球性问题的解答必须跨越国家主义的局限,扩大各国的利益交汇点,推动形成以合作共赢为核心的人类命运共同体。因此,人类命运共同体的深层理念不是国家主义而是世界主义。传统的全球治理体系以国家主义为根基,各个国家和地区都在谋求自身利益的最大化,不去兼顾其他国家与地区的利益,世界因此无法实现和平与发展,反而还引发了各个国家、地区利益的冲突与对抗。人类命运共同体的提出推进了人类社会发展理念的重大变革,是对人类社会整体发展规律的认识与把握,走向了以世界主义为根基的全球治理体系。

人类命运共同体回应了新的时代需求。"今天,人类生活在同一个地球村,各国相互联系、相互依存、相互合作、相互促进的程度空前加深。"[2]世界各个国家与地区之间的发展联系日益紧密,利益相互融合。同时,世界各国与地区又都处于全球风险社会之中,共同遭遇了世界性的问题与挑战。全球的气候变化、生态环境恶化、恐怖主义、自然灾害、核危机、难民潮等一系列问题成为世界各国与地区共同面临的全球性挑战,任何一个国家与地区都无力独自承担,需要全人类共同应对。

人类命运共同体适应了当今时代的重大变化,内在超越了冷战思维与阵营对抗,是以世界主义为根基的全球治理理念。习近平总书记指出,"要跟上时代前进步伐,就不能身体已进入 21 世纪,而脑袋还停留在过去,停留在殖民扩张的旧时代里,停留在冷战思维、零和博弈的老框框内",[3]合作共赢是当代

---

[1] 习近平:《为构建中美新型大国关系而不懈努力》,《人民日报》2016 年 6 月 7 日。
[2] 习近平:《顺应时代前进潮流 促进世界和平发展》,《人民日报》2013 年 3 月 24 日。
[3] 习近平:《顺应时代前进潮流 促进世界和平发展》,《人民日报》2013 年 3 月 24 日。

的大势所趋。人类命运共同体要求"每个国家都有发展权利,同时都应该在更加广阔的层面考虑自身利益,不能以损害其他国家利益为代价"。① 当然,人类命运共同体的构建并不是否定各个国家自身的利益,而是要求各国坚持正确的义利观。"世界各国联系紧密、利益交融,要互通有无、优势互补,在追求本国利益时兼顾他国合理关切,在谋求自身发展中促进各国共同发展,不断扩大共同利益汇合点,"②以此寻求利益最大的公约数,以实现利益融合与共同发展。

在全球化时代,虽然各个国家与地区之间存在着利益诉求上的差别与对立,各国利益也呈现出多元化的特征。但是,在全球交往与生存条件下,同一个星球上的各个国家与地区之间内在地具有共同的发展目标和利益追求,客观地存在着根本利益的一致性。在此基础上,能够形成共同的利益取向,达成广泛的利益共识,使利益共同体成为命运共同体的坚实基础、责任共同体的基本依据。因而,人类命运共同体不仅仅是世界各国价值共识与多元主体的问题,也是利益与责任的问题。人类命运共同体内在要求世界各国利益的共同分享、责任的共同担当。人类命运共同体与利益共同体、责任共同体是统一的整体,或者说利益共同体、责任共同体是人类命运共同体的内在规定性。"大国要尊重彼此核心利益和重大关切,管控矛盾分歧,努力构建不冲突不对抗、相互尊重、合作共赢的新型关系。"③

人类命运共同体内在要求利益共享、责任共担、命运与共,这不仅仅是全球价值观与共同体的变革,也是全球经济结构与利益分配调整的问题。但是,如何推进全球经济结构的重构是现实中的一大难题。应该说,"一带一路"建设的提出与实施对于全球与区域经济结构的重构从可能走向了现实,也为人类命运共同体的实现创造了新的条件。人类命运共同体背景下"一带一路"的建设具有重要的世界意义与功能,不仅走向了重新调整全球资源配置与规则,而且还指向了全球产业结构与利益分配格局的重塑。"一带一路"建设完全不同于西方资本主义国家的全球与区域不平衡经济结构关系的构筑。"一带一

---

① 习近平:《共担时代责任 共促全球发展》,《人民日报》2016年1月18日。
② 习近平:《共同创造亚洲和世界的美好未来》,《人民日报》2013年4月8日。
③ 习近平:《共同构建人类命运共同体》,《人民日报》2017年1月20日。

路"建设坚持的原则是共商、共建、共享,目标是最终实现分享发展机会,分享发展资源,分享发展成果。因此,"一带一路"超越了资本全球化所塑造的全球各个国家、区域之间剥削与被剥削、压迫与被压迫的关系,既具有全球化的一般规律,也具有深刻的中国特质,展示了区域发展模式与合作理念的变革,为重塑世界格局指明了方向,提供了现实的道路,有助于推动更加民主、公正、共享的国际秩序的建立。从深层来讲,中国"一带一路"引领和建构新型区域合作机制与格局,承担着开启全球化新的征程的历史重任。为此,我们要从全球化发展趋势的现实出发理解中国"一带一路"建设对全球构架、区域结构的现实影响,把握中国对于推进全球化改造的贡献。可以说,中国"一带一路"建设的提出与实施,本着共商、共建、共享精神,促进政策沟通、设施联通、贸易畅通、资金融通、民心相通,其目的就是要创造更加广阔的发展空间,实现共同发展。正是"一带一路"建设为人类命运共同体的构建创造了新的条件,打造了新的平台,提供了新的示范。

当然,推进构建人类命运共同体的过程不断不尽。人类共主体作为最高层次的主体形态,其存在、显现和逐渐到位也是一个较长的过程。人类命运共同体下各不同层次主体间的关系如何做到区别而不对抗、兼容而不替代需要世界上各个国家和组织的协作和努力。走出单一主体的概念误区,摒弃两极对抗,实现和而不同的价值理想更非一蹴而就。但无论怎样,人类命运共同体的倡导和构建,既是中国面对世界的责任担当,也是一种积极参与的权利。中国积极发展全球伙伴关系,扩大同各国的利益交汇点,推进大国协调和合作,构建总体稳定、均衡发展的大国关系框架,按照亲诚惠容理念和与邻为善、以邻为伴周边外交方针深化同周边国家关系,秉持正确义利观和真实亲诚理念加强同发展中国家团结合作。

总之,正如习近平总书记所言:"中国共产党人和中国人民完全有信心为人类对更好社会制度的探索提供中国方案。"[①]人类命运共同体是在世界深刻变化的新背景下寻求公正合理的国际秩序和开放共赢的增长模式而提出的中国方案。这个方案体现的是,正视冷战思维、阵营对抗给世界人民带来的冲

---

① 习近平:《在庆祝中国共产党成立95周年大会上的讲话》,《人民日报》2016年7月2日。

突、矛盾、战乱、人祸，洞察世界人民渴望和平、稳定、发展和幸福的根本需求，运用差异中求同一性、多元中求共同点、分歧中求公约数的哲学思辨，发扬求大同、存小异的中国智慧，以开放、包容、联动增长的全球经济新发展为基础，向着构建人类命运共同体的目标不断迈进！

宗教伦理与精神文明

宗教是一种对超自然物的信仰,既是一种精神追求,又是一种行为实践,其中就包含信仰者的伦理道德实践。在高级宗教中,追求对超自然力量的崇拜和道德完善在实质上是二而一的,失去任何一方都不能达到目的。所以高级宗教的一个重要社会功能就是以伦理道德来净化人的灵魂,从而保障社会秩序和文明的进步。宗教伦理是社会意识形态中的特殊领域,它把宗教和伦理道德结合起来,并将后者神圣化,使道德的推行带有"强迫"的性质。

宗教伦理观就其内容来说,有三个层面。最高层,即所谓"宗教性伦理",为人们提供一种终极性的道德理想和目标,建立一套被普遍认同的具有绝对意义的价值体系。这就是佛教的"大慈大悲""忍辱无诤",道教的"人为仁义,自当至诚",伊斯兰教的"当亲爱近邻、远邻和伴侣",犹太教和基督教的"爱人如己"。作为最高伦理,这些内容带有引导性,对最高伦理的解释和论证,在事实上和逻辑上都带有宗教性质,正如巴哈教所说的那样:"每个人都看见上帝的华美反映在彼此的心灵中,发现了这共同点后,彼此会在爱的领域里惺惺相惜。"最高伦理的表达方式都与关于终极者的观念(佛、道、天、真主、上帝)相连并作为最终依据。最高伦理的道德义务不依靠理论论证,只能依凭宗教性感悟。但它在实践中并不与各种世俗理论相冲突,反而以更高的境界照亮了世俗伦理,并说明人的发展在于走出自身走向他人的过程中,最高伦理形容了这个过程可能达到的不可思议的高度,但又不把自身强加于人。因为宗教性伦理是自己的选择,剔除其世界观上的问题,剔除其具体宗教教义存在的消极内容,我们认为最高伦理是人性发展必要又充分的条件,是从起码的人到高尚的人、从人的生存到人的圣化的条件。从这个角度去看宗教伦理观的最高层次，对树立社会主义社会的崇高理想应当有所启发。

宗教伦理观的第二个层次是根据最高伦理而展开的具体的道德规范和准则。最高伦理是根本的，起指导作用，处于核心地位，相对比较抽象。根据最高伦理，宗教还制定了一套加强信徒品德修养的道德说教和规范信徒日常行为的道德准则。这些准则和规范是很具体的。它规定信徒应当做什么、不应当做什么，既是指导行为的指南，又是判断行为的标准，是最高伦理得以实现的决定性环节，各宗教对此都给予高度重视。

具体来说，这个层次上的宗教伦理包括三个方面的内容：一是对所信仰的神必须保持敬畏和崇拜态度，如基督教十诫中的前三诫；二是必须持守的宗教礼仪和教规，诸如佛教的不吃荤、不结婚等；三是大量的世俗社会公共道德内容。这在各宗教中基本相同，如不杀人、不奸淫、不说谎等。在此，宗教把社会公共道德纳入其神圣领域，把人伦平凡的准则变成超凡的神的感召，使道德成为神的命令或直接的因果报应，从而具有绝对的价值。第二个层次上的宗教伦理对社会主义精神文明建设也有积极的意义。例如在人与人的关系上，要求人们待人以和，提倡朴实、宽恕、尊重、礼貌、团结和睦、敬老爱幼、扶困济贫；反对抢劫、偷盗、奸淫、杀人越货、欺男霸女、恣意妄为、吹牛扯谎、诽谤诬陷、搬弄是非等行为；在人与社会的关系上，要求人们遵守法度、完纳税款、尽职尽责、孝敬父母、慈爱子女、夫妻互爱、兄弟相亲、友爱邻里；在人与自然的关系上，要求人们摸索自然规律，合理开发自然，不挥霍不浪费，不破坏安宁和谐的人类生存环境。这些严于律己、福利社会、利益人民、爱护生灵的道德规范，除去其神秘的宗教外衣，与社会主义精神文明建设提倡的有理想、有道德、有文化、有纪律和爱祖国、爱人民、爱社会主义的道德规范是相协调一致的，对信教民族有极大的道德教育和约束作用。在社会主义初级阶段，这些宗教道德规范用得其所，可以成为调整社会秩序、维护社会稳定、促进社会进步的推动力。

宗教伦理观第三个层次的内容是与最高伦理相对的最低伦理。实际上它是从第二个层次中的世俗公共道德内容里逐步剥离出来的。它有两种典型的表达方式，一种是："你们愿意别人怎样对待你们，你们也要怎样待人。"另一种是:"己所不欲,勿施于人。"两种表达的区别只是形式意义上的,本质都在阐明维系人类生存所必需的最基本的伦理条件。它为许多具体的规则提供依据,比如:"你不应偷盗""你不应杀人"。在这个层面上,宗教伦理直接和世俗伦理接通,它追溯到了道德的起点。由经验出发,以理性为工具,可以说明最低伦理的可行性。这个层面上的宗教伦理启示精神文明建设中底线的重要性。

宗教伦理这三个层次内容的实现是以信仰为基础的,信仰成了道德的内在动力,是道德的保证和支柱。从方法上来看,宗教禁忌也是不可缺少的重要手段。禁忌一般分为两类。一是对神圣崇高事物的禁忌;二是对危险、不洁之物的禁忌。"禁忌"权威性地肯定了信仰的价值,肯定了道德原则的神圣性,从而最终肯定了宗教徒的信仰追求和价值选择;禁忌还具有对宗教实体内部进行整合的功能,维系了宗教内部的严肃性、清净性和纯洁性;禁忌以一种强而有力的方式,一次次宣说生命的永恒、人间的至善,为教徒心理世界的平衡和情感空间的拓展提供了切实有力的支持。社会主义精神文明建设当然不能依靠宗教信仰和禁忌手段来取得时效,但是在寻找可操作性的途径上,我们还是会有所收获的。

培育价值观与植树造林

每个思想成熟的人都会有自己相对稳定的价值观。即便如此,真假美丑、荣辱苦乐、得失利弊的选择和判断,还是因人而异,就像鞋子是否好穿,必然因脚而异一样。现实生活中价值和价值观念都表现出多元的特性,因主体不同而不同。智者乐水,周流无滞;仁者乐山,厚重不迁。有人偏好琴棋书画诗酒花,有人喜欢柴米油盐酱醋茶,标准不一,尺度不同。主体的多元决定了价值观念的多元。

但是一个社会要健康有序稳定发展,又必须有一个相对来说能够共同认可的价值观。多元之间要共处,需要达成共识:我不同意你的立场和判断,你也可以保持你的特殊性,但我们可以共同寻找并确认一个公认的前提进行讨论。没有共识,鸡对鸭说,只能是一笔糊涂账;有了共识,才谈得上讲规则,守诚信,明事理。

社会主义是一个人民当家作主的社会,那么它为大家所公认的价值观就要以人民为主体,以人民的利益为标准,进而形成一套带有共识性的价值观念体系。否则,要么不是社会主义的,要么就成不了共同价值观。如果说共识是处理多元价值观矛盾冲突的基础和前提的话,那么核心价值观就是引领社会前进的航标。

目前来说,认真处理好多元、共识和核心的关系也许比单纯地强调核心价值观更有现实意义。不可否认,今天的中国正面临价值观矛盾和冲突比较显著的转型期,"万般皆下品,唯有权钱高"的感叹、"不愿为执行规则所累,宁愿为适应潜规则受罪"的评价、"信仰失落、腐败堕落"的指责时有耳闻。且不论信息的偏激和依据,其背后和侧面不同程度地反映出价值观建设中的失范现象。中国传统的价值观、西方近现代价值观、传统社会主义价值观究竟如何在多元中凝聚价值共识,进而为社会主义核心价值观提供有益养分,是一个需要我们共同回答的问题。

对老祖宗留下来的价值思想和精神财富,我们似乎不应该仅仅停留在"少儿读经""美丽中文"的阶段。君子人格的示范、礼仪习俗的熏陶、天地人关系的处理、崇高精神境界的追求等,依然可以成为今天中国社会的价值共识,并转化为维系世道人心的入世情怀。当然要警惕封建宗法价值观在新的形式和外衣下死灰复燃,也要逐步扬弃信仰生活中"临时抱佛脚""见好就收"的实用功利倾向。对近代以来西方社会从文艺复兴、宗教改革、启蒙运动、工业革命一路走来形成的价值观,我们也应有更加明晰的立场和清醒的认识。

近代西方文明发展为现代西方文明,其间虽然也有变迁,但基本精神一脉相承。真正对中国产生冲击的西方文化,也许不是古希腊罗马文化,也不是欧洲中世纪文化,而是欧美现代文化。这种文化在全球取得支配地位,至今仍属强势,我们不能满足于表态和站队,而要像马克思当年那样,弄清楚其中的机理,避免资本和市场的野蛮,吸收其中的文明成果。

从多元走向共识,由共识形成核心,需要耐心细致的植树造林功夫。寻求共识不是心急火燎地到处摘果子,核心价值观更要经得起岁月的沉淀和现实的严峻挑战。一切在历史和实践中得到的东西,如果视之为当然,如果不懂得珍惜,不善于坚持,也可能在历史和实践中再次失去。改革开放和现代化建设中积累起来的经验和智慧,要继续跟上新实践的步伐,有效回应现实社会价值体系的冲突和矛盾,继续引领社会思潮,并为解决问题提供有说服力的思想和智慧。这需要一个过程,急于求成往往适得其反。

共同价值与主体性思维

2022年6月19—21日，全球化智库（CCG）举办"中国全球化三十人圆桌"会议，围绕"21世纪的中国与全球化"进行深入研讨。有学者在发言中坦陈对全球化的价值困惑。根据线上发言视频，我们大致整理了当时提出的四个方面的问题，具体如下：

问题一：全球化，包括经济全球化，是否需要以共同价值观为基础？这个基础是什么？我们经常提中美两国相向而行，也强调中欧相向而行，这个"向"只是利益吗？是否也包括价值观上的最大公约数？

问题二：我们党提出构建人类命运共同体的终极目标，曾经也提过利益共同体，区别是什么？只是利益的共同，能不能发展成命运共同体？

问题三：我们经常批判揭露西方价值观的虚伪性，评价他们是"双标"，这当然是事实，但是这个"双标"有没有体现他们自己真实的标准？虚伪性的背后有没有真实的价值观念？一两百年来逐步形成的全部价值观念都是虚伪的吗？

问题四：习近平总书记十多年前就在联合国总部提出"文明互鉴"的概念，后来在多个国际场合重申了这个概念，这就意味着所有文明都应该互相借鉴，都存在值得借鉴学习的地方。我们有没有认真研究过西方文明、美国文明？有哪些方面值得学习和借鉴？

党的十九大以来，习近平总书记在一系列重要场合提出"全人类共同价值""人类命运共同体""文明互鉴"等标识性概念，体现"两个大局"中的高远立意和明确主张。我们认为，要更好理解全人类共同价值，必须告别两极对立的独断论,承认多元化,坚持主体性。我们不妨从"多元主体与价值共建""全人类共同价值与中国立场""互鉴与共建及其可行性"三个方面讨论上述四个问题及其困惑。

多元主体与价值共建

全球化本身是一个多元参与、体现各国主体意识的过程。有学者说得好,全球化"是基于对一种客观的历史进程及其条件的认识和觉悟,而不是要人先认同才能'入伙'"。一开始积极且有能量推动全球化的是少数国家,但随着全球化的深入,实际进展已远远越出原先主动—被动、带领—跟随、中国—西方、资本主义—社会主义二元化的旧框架,多元利益诉求及可能达成的价值共识实际上的难度在不断增加。承认多元多层多样主体的客观存在,承认全球化、现代化进程中各个不同主体在利益纷争和价值观冲突上的差异,并不需要太高深的道理,关键是如何在思维方式上真正告别那种一国、一人、一极"摆平"纷争和冲突、一锤定音的"老大"预期和独断论。全球化、现代化毫无疑问需要基于共同的价值观念,但真正的共同价值观念,不能仅仅当作"最大公约数",还可能而且应该是各方利益和追求的"最小公倍数",如此才能具有凝聚和激励的作用。

利益博弈无处不在,"本是一家"弄不好会"互不相认",关键是如何区分、取舍、平衡眼前的狭隘利益和长远的共同利益。在国际关系格局中我们强调中美、中欧要相向而行,这种"相向而行"的可能性并非取决于各方主观选择,而是出自各方主体的实际考虑。这是由人类在普遍生存、发展问题上命运与共的客观性质和现实环境所决定的。因此,并不是要先认同某种"共同价值观念"后才能"相向"。再者,各国政治家们对"国家利益"的眼光和胸襟也天差地别,共同利益在现实政治中的实现也面临各种考验。只有符合人类客观需要和追求的发展方向才是坚持主体性、实现价值共建的题中应有之义。

全人类共同价值与中国立场

中国特色社会主义事业是我们中国人自己的选择,也是世界现代化进程不可缺少的重要组成部分,习近平总书记在一系列重要讲话中强调指出,"走出中国式现代化道路,开创人类文明新形态""构建人类命运共同体成为引领时代潮流鲜明旗帜""为弘扬全人类共同价值提供理念指引""坚持共商共建共享的全球治理观,做全球治理变革进程的参与者、推动者、引领者"。这些提法和观点相对于党的十九大报告中的相关内容,有的是全新的表达,如中国式现代化、人类文明新形态、全人类共同价值等,有的是原有表达的强化,体现"以我为主"的精神力量和世界眼光,引起国内外极大关注。这既是中国价值立场的明确表示,更符合"全人类"这个最大最高主体发展的总体方向。

从国别上升到"全人类",是形势和问题的全球性博弈与积累决定的。人类命运共同体也不是靠喊出来的,而是历史生成和思想建构统一的产物。隔岸观火,置身事外,坐收渔利,更是"前人类"之事。中国倡导全人类共同价值,不是"替天行道"的外交辞令,也不是有些人担心的"新天下主义",而是充分体现"大家是个共同体"的自觉意识。西方所谓"价值观战略",对设定全人类共同价值的规范"孜孜以求",争夺话语权,正是思维误区的反映。还习惯于按照那套"人权、民主、自由"的价值观念百般挑剔中国,时不时给中国扣上"修正主义""实用主义"等莫须有的帽子,从侧面也说明建立在限定主体利益基础上的价值理论和方法已经落伍。

文明互鉴与主体性思维

2019年5月1日,《求是》杂志发表习近平总书记的重要文章《文明交流互鉴是推动人类文明进步和世界和平发展的重要动力》,阐述文明交流互鉴对于维护世界和平与发展、推动人类文明进步的重要意义。"文明互鉴"与费孝通先生的"各美其美,美人之美,美美与共,天下大同"相通,与乐黛云教授在跨文化交流中所说的"同情之理解"相近。但从国家层面提出超越两极思维的多元、理性交往原则,立意更高。"互鉴"是为了"共建",共建依然首先需要做好自己的事情。"认识多元化、坚持主体性"作为价值理论及其思维方式突破的意义日益彰显,但要让它真正产生切实效果,又是一个重大而艰难的过程。

"全人类"的眼光和境界谈何容易,其困难总与"二元对立,非此即彼"的习惯思维相关,不懂或不愿接受"主体"多元与多层的观念,也无法想象作为其中之一的"类主体"的现实形态。因此,简单地要求列举哪个有几百年历史的文明有哪些方面值得借鉴,恐怕与"互鉴"和"共建"有所违和,因为"互鉴"本身是必然双向的,而且是实践了多年的现实,恐怕不存在从头开始,梳理一个"正确价值观念"的清单。对全人类共同价值的一些误解和困惑,比较集中反映出传统价值观念影响下理论和方法面临的困境,也正考验着理论界对价值观的理解和使用。如何能够上升到"价值思维反省"的高度,具体分析多元多样的价值观,与所有国家和人民直面共同的生存发展条件,构建人类命运共同体,是马克思主义理论工作者当仁不让的职责所在。

价值渗透与历史客观性

中国特色社会主义进入新时代以来,我们党审时度势,与时俱进,因势利导,旗帜鲜明地与各种错误思潮作斗争,取得显著成效。但"历史虚无主义""新自由主义"等借一些重要时间节点"露头"的动向和风险依然值得警惕。"历史虚无主义"歪曲否定党的历史发展的主题主线、主流本质,不信正史信野史,将党史庸俗化娱乐化;"宪政民主"宣扬所谓"多党竞选""司法独立",炒作"自由宪政""普选民主",诋毁我国民主政治制度;"新自由主义"宣扬"市场万能""自由放任",曲解反垄断、反不正当竞争,把充分发挥市场在资源配置中的决定性作用与更好发挥政府作用对立起来。我们要深刻认识这些错误思潮的根源以及对思想文化领域带来的负面影响,坚持科学历史观,深刻领会新时代中国特色社会主义思想的世界观和方法论。

历史虚无主义具体反映在碎片史观、新历史主义等错误思潮中。影视剧中"戏说"热也折射出虚无主义史观。凡此种种引发我们思考以下一些重要的理论问题:历史的客观性与历史评价活动的主体性能不能统一?有没有一个堪称客观公正的价值尺度?历史编撰者的价值偏好会在多大程度上影响史实的陈述?这些理论难题不解决,"戏说"的思想土壤是随时准备好的。而只要这个土壤存在,我们关于马克思主义唯物史观的教育和宣传就缺乏说服力。

"戏说"等现象客观上要求我们特别关注价值选择和价值渗透在历史认识上的重要作用,关注历史评价问题。因为这一现象正是以价值取舍的方式"裁剪"历史的:东取一点,西抓一点,拼凑一个媚俗的形象。这就要求我们从深层次上搞清楚:对历史的价值选择是不是随意的?有没有限度?如果有的话,这个限度是什么?对某个历史事件或历史人物的认识,确实时时伴随评价活动。现实利益、社会需要也确实对对象的选取起着十分重要的作用。每一个人都是时代之子,编导者也不例外。作为现实的人,他们生命的一部分生活在今生今世,前人无法感受到的变革时代的种种复杂因素环绕左右,但作为职业和饭碗,又有具体的要求和限制,尤其是帝王剧的编导,他们生命的另一部分又必须生活在过去,当面临现实与职业的微妙却并非微不足道的对立时,他们在拍摄对象的再创造上常常依靠在现实中逐步形成的价值评价系统,带有十分强烈的主观色彩。这种主观性和自主性在帝王剧中就表现为面向大众、迎合大众的潜在愿望。在历史教科书中,帝王将相与大众的距离是相当遥远的,没有所谓的"圈外消费"(非学院式消费)。只有在市场经济对知识传播和学术事业影响日甚一日的今天,编导们才能比以往更为强烈地感受到与大众交流的重要性和迫切性,才能更加自觉主动地去理解、把握"圈外人"的消费偏好(评价标准),进而大幅度调整自己的叙述对象和叙述方式。这种对象取舍上的选择某种程度上使他们获得一个广泛而鲜活的现实文化基点。这是一个客观事实,也体现了历史评价活动的主体性。只要编导们的这种自主选择是以历史责任感为基础的,而不是在片面的躁动声中跟着感觉走,那么他们的这种选择就不至于瓦解历史本身。

制播帝王剧的目的除可观的经济利益外,恐怕也不能排斥所谓"鉴往知来"。以古证今者有之,以古鉴今者有之,以古喻今者有之,以古启今者有之,以古讽今者有之。历史知识成为获取现实之果的大网,往昔的成败是今日成败的直接参照。其实这是一条中国古代史学传统中被加重加粗的基本脉络,没有帝王剧编导们的添枝加叶,这条脉络也清晰可辨。需要反思的倒是:他们"鉴"的究竟是什么"往"?"知"的是什么"来"?如果"往"就是剪刀加糨糊,"来"就是"官道"加阴谋术,那就成问题了。况且,鉴往知来本身也是值得进一步思考其局限的。简单地依赖于"往",也许结果反而是心智弱化而非"知来"。为了深入认识今天,必须认真直面过去,必须对人类以往辗转曲折的足迹进行扫描探测。这个过程不是简单地把思考的重点放在既往得失上,把历史实践与现实生活的一些外部现象加以简单化比附。生活在今天的编导们,需要摈除的是简单化的借鉴意识,需要培养的是深沉的历史感。

与"直笔"和"实录"的史家风格相比,在选择、加工、解释某些历史事实和现象上,帝王剧的编导们似乎有着更多的自由空间。与含蓄地表达自己价值意识的史学家不同,编导们更直接显露他们的主观想象。因为编导毕竟不是历史活动的研究者和专家,在艺术加工过程中允许一定范围的虚构。但自由到随意的地步,直接到舍弃基本史实的程度,至少是非历史的,也不能称作历史剧。镜头底下的波澜中是否凝聚着家园之爱?对人类的正义之感?对人民的热情歌唱?通过对人民生命活动的一次又一次感受,一次又一次提炼,一次又一次升华,展示历史所具有的人性力量?这也许是主体性的一个限度吧?!

　　谈到限度问题,说到底就是带有强烈主观色彩的历史评价如何拥有客观性和普遍性。换句话说,价值评价的主观性会不会影响历史认识的客观性?而要从根本上说清这个问题,又必须对历史认识客观性的实质有一个正确而合理的认识。中外学者对历史认识的客观性问题看法各式各样,有的认为,历史就是一个任人打扮的小姑娘,根本不存在客观性,这种观点暗中支持帝王剧的制作。既然根本就没有什么客观真实的历史,胡编乱造与严肃制造又有什么区别?有的则认为历史是有客观性的,不过这个客观性是在我们之外、永远达不到的"本体",因为历史事件和活动一去不复返。这样的客观性在笔者看来,即使有也无助于问题的解决。还有一些学者是折中论者,随时都可能滑向主观论或客观属性论,犹豫中的左右摇摆本身就表明理论的不彻底性。

　　我们认为,要解决好历史认识的客观性问题,必须先解决两个前提:第一,必须承认人类历史是客观的。假如根本不承认人类历史的客观性,那就根本谈不上历史认识的客观性。皮之不存,毛将焉附?第二,必须较为准确地把握历史认识的本性,而不是简单套用一般认识论原则作穿凿附会的解释。

　　承认人类历史的客观性存在似乎没有什么理论上的困难,人类历史的物质性、人类物质现象和精神现象的客观性、人类整体运动过程有其客观规律性等已成为中学历史通识教育的内容。但作为历史认识的对象,情况又有些不同,虽然它也是客观存在的,但绝大部分都是已经过去的客观存在,人的认识不能直接作用于这个已经过去了的客观历史存在本身。在许多情况下,历史认识主体和历史认识客体无法形成现实的主客观关系,简单地套用一般认识论的反映概念是行不通的。如此说来,是不是反映论原则不适用了?不是这样,而是说必须考虑到历史认识对象的特殊性。

虽然许多历史认识对象已一次性发生,无法真实再现,但它们毕竟或者以遗迹文物的形式,或者以历史资料的形式,或者以两者兼而有之的形式存在于历史认识主体面前,主体是通过上述种种中介形式把握历史认识客体,通过中介,历史认识主体可以间接认识历史对象。总体说来,历史认识作为反映的一种形式是间接性的,在这种情况下,历史认识的客观性就表现为对客观历史的正确的间接反映。无论新发掘了多少遗迹、多少材料,这些遗迹和材料总不可能包括过去历史的所有丰富内容,所以一般历史认识只能做到大致的正确反映。尽管如此,历史认识本质上还是一种反映,历史认识的客观性还是指对客观历史的大致正确反映。

但是历史认识的客观性也有自己的辩证法。首先,这种客观性作为历史认识追求的目标并不能一次性完成,而是要经过主客体的多次往复才能完成。其次,历史认识的客观性主要关注的是对人类历史现象整体性、全局性乃至本质性的大致正确的反映,而不在于一味追逐细节上的正确,强调必然和偶然相互作用而形成的整体景象。再次,历史认识的客观性是历史认识与客观历史的具体的历史的统一,是相对和绝对的统一。最后,历史认识的客观性不仅是认识与客观历史的符合,而且还是能动的符合,也就是说历史认识的主体性与客观性不是互相排斥的关系,而是对立统一的关系,客观性中就包含主体性。对于历史认识主体来说,不发挥主体性,历史认识根本不可能产生,也就不存在历史认识的客观性问题;发挥得不当,反过来也会阻碍历史认识客观性的获得。帝王剧的编导们选择的"戏说"方式就是主体性发挥不当的典型例子。

帝王剧的编导们通过艺术二度创作来反映历史、认识历史,他们的主体性体现在设定研究对象(历代帝王)、接纳和整理历史文本与历史遗迹所提供的信息,理解和解释这些信息。要描述在具体时间、空间条件下活动着的历史人物、事件及过程,编导们必须运用形象思维,而在描述历史人物的心理活动、性格结构、社会习俗、社会心理以及历史过程的细节时,这种形象思维显得尤为重要。它可以抓住帝王们的典型特征予以描绘,省略掉那些无关紧要的细节;可以求助于合理的想象和猜测去弥补材料之不足,以填补历史连贯链条中的空白环节;可以以头脑中原有的其他具体的历史形象与所要描述的对象相类比,增强说服力和感染力。但是无论编导形象思维的作用如何能动发挥,他们所描绘的画面还是要力求真实可信,必须在时空中有明确定位;必须与历史大体一致;必须用历史证据加以证实。历史认识的主体性发挥因而还是有限度的,超过这个限度,就会把历史认识变成滑稽剧,变成完全的想象和虚构。

除形象思维外,帝王剧的编导们在编撰故事情节时或多或少还要运用概念、判断、推理等逻辑思维能力和已储存的相关理论知识。编导本身的理论储备如何有时直接决定着历史认识客观性的程度,这是因为:如果编导们既没有系统的历史观点,又没有基本的历史常识,还缺乏与史学相关的各门学科的知识,那么他所描绘的一幅历史图画必定只是经验性的认识,而所达到的客观性程度必定是表层和肤浅的;如果既具备基本的历史学知识,同时又有与史学相关的各门学科的知识,但他缺乏系统的历史观,那么所描绘的历史图像虽然可以解释许多东西,对历史的认识还是不能达到整体上的客观性;如果他们既具备基本的历史学知识,又有系统的历史观,但缺乏相关自然科学如天文学、地理学、考古学等与社会科学如经济学、政治学、教育学、人类学等基本知识,那么尽管他可以在整体性上达到客观认识,但在细节处理上还会存在很大的经验直观性;如果他们具备一切必需的历史学、自然科学、社会科学知识,又具有系统的历史观,那么他就可以较好地解释历史现象,较好地把握历史剧的价值取向,并达到对历史的客观性认识。[①]

当然,这种客观性仍然具有历史性和相对性。运用各种知识和理论框架进行解释的过程也就是编导们发挥主观能动性的过程,但这种主体性的发挥是有限度的,它必须尊重客体,把从客体所获得的信息作为解释的对象,而不能把历史信息当作工具和任意处理的对象。此外,主体能动性也有个如何发挥的问题,发挥得不当,就会出现错误的概括和解释,从而遮蔽客观历史的本来面目。而且编导们主体逻辑思维图式本身也有一个正确和错误之分,错误的理论知识框架有可能影响对历史认识客观性的把握。

认识和评价紧密联系在一起,价值评价的主观性会不会影响历史认识的客观性?认识中的对与错就是评价中的应当与不应当,对历史本性的认识同

---

① 参见黄凯锋《价值论及其部类研究》第七章,学林出版社2005年版。

时意味着评价,这是一件事情的两个方面。历史发展的规律其实就是人民群众创造历史的规律,它内在地包含对人民群众根本利益的肯定,而社会历史的发展规律同时符合并有利于促进人民群众的根本利益的实现。因此,原则上看,价值评价的主观性与历史认识的客观性是对立统一的。

一般来说,真理和价值之间是彼此存在差异和对立的。真理不是价值,价值也不是真理,真理不一定对任何人都有用,对人有用也不一定符合真理。但站在人类历史进步发展的高度,以人类历史的创造者和推动者——人民群众为主体,符合人民群众利益,满足人民群众需要为价值标准,那么这种价值就与社会历史发展的客观真理之间有着内在的不可否认的高度一致性。正是在这个意义上,刘少奇同志才会说:好在历史是人民写的。社会历史的客观真理,作为社会存在发展的本质和规律的显示及其反映,归根到底,是社会历史主体及其活动的本质和规律的真理,它必然存在于、表现于社会历史主体——人民群众自身存在、活动及其条件和过程的深处,必然同人民群众的根本利益及其条件的变化互为表里。社会历史的客观真理就是人类和人民的存在、利益、活动及其条件运动变化的逻辑;人类和人民的生产和生活方式发展变化所遵循、所体现的逻辑就是社会历史的客观真理。真理与价值内在统一的原理说明:如果想获得对客观历史本性的正确认识,就需要树立正确合理的价值观和人生观,要站在促进社会进步的价值观高度,站在人民主体的高度进行探索。

正确合理的价值观会有助于编导们获得历史认识的客观性,积极的价值评价与客观性之间是手段与目的关系;与此同时,由于历史的客观性之中有评价的因素,历史认识的客观性与价值评价的主体性之间又是整体与部分的辩证关系。

消极的价值观往往妨碍人们获得对历史事实的客观性认识。有两种情况值得关注:一种是编导们有时候明明知道历史的真相,却碍于市场取向和迎合观众的需要,故意歪曲历史真相。正如马克思所说:"资产阶级在法国和英国夺得了政权。从那时起,阶级斗争在实践方面和理论方面采取了日益鲜明的和带有威胁性的形式。它敲响了科学的资产阶级经济学的丧钟。现在问题不再是这个或那个原理是否正确,而是它对资本有利还是有害,方便还是不方便,违背警章还是不违背警章。不偏不倚的研究让位于豢养的文丐的争斗,公正无私的科学探讨让位于辩护士的坏心恶意。"[1]虽然这里说的是经济学的情况,但其中的道理也适用于帝王剧。另一种是由于狭隘的价值观的限制,使得编导们不太可能获得历史真相。那些英雄史观的标榜者怎么可能获得关于人类历史本性的客观认识?

---

[1] 《马克思恩格斯选集》(第2卷),人民出版社1995年版,第107页。

标识性概念与国际传播

讲好中国故事是有效传播中国形象、增强国际话语影响力的重要途径。习近平总书记善于用具体而生动、通俗而深刻的故事传达深意,产生很强的感染力,也体现出鲜明的领导风格。在谈到合作共赢时,他说,东南亚朋友讲水涨荷花高,非洲朋友讲独行快,众行远,欧洲朋友讲一棵树挡不住寒风,中国人讲大河有水小河满,小河有水大河满。这些说的都是一个道理:只有合作共赢才能办大事、办好事、办长久之事。这正是巧妙引用不同地域文化的相同感受而拉近了距离,产生情感共鸣。提升中国话语的国际影响力,我们要以习近平讲好中国故事为典范,深入浅出,把抽象的理论通俗化,真正讲清楚中国历史文化之道、改革发展之道、大国外交之道。

精准提炼融通中外的标识性概念

文化的标识性概念是一个民族或国家的文化在历史和发展中经过沉淀、总结和升华的结晶,能够体现该文化的本质和特征,反映该文化中最深层次价值观念的概念范畴。习近平总书记多次提出"着力打造融通中外的新概念新范畴新表述,"[1] "提炼标识性概念,打造易于为国际社会所理解和接受的新概念、新范畴、新表述"[2] 的要求。提升中华文化国际影响力的首要任务就是深入挖掘中国文化的精神实质,精准提炼出能够准确表达、描述融通中外的标识

---

[1] 蔡名照:《讲好中国故事,传播好中国声音——深入学习贯彻习近平同志在全国宣传思想工作会议上的重要讲话精神》,人民网,2012年10月10日。
[2] 习近平:《在哲学社会科学工作座谈会上的讲话》,新华网,2016年5月18日。

性概念。做好这项理论工作,既要防止被标新立异的"炒概念"所吸引,也要防止被胡乱套用的"伪概念"所诱惑,更要防止被一味迎合西方的"洋概念"所误导。这些标识性概念的凝练要以马克思主义的立场、观点、方法为指导,传承中华优秀传统文化底蕴和基因,服务新时代中国特色社会主义现代化实践,塑造负责任的大国形象,符合文化的国际传播规律,真正做到融通中外,并获得广泛共识,进而体现中华文化的连续性、创新性、统一性、包容性、和平性。

和而不同

中华文明源远流长,博大精深,其文化根脉与基因蕴含了"和而不同"的价值取向。正如费孝通先生指出,可以用"'和而不同'来概括我国文化传统中人文价值的基本态度"。①

"和而不同"凝练了中华传统文化的精髓和理念,首先体现了身体与心灵之间关系和谐的思想。儒家把"修身"作为"齐家、治国、平天下"的前提,身心合一的和谐是个体实现安身立命和自我发展的基础。其次,还体现了人与人之间关系和谐的思想。中国传统社会主张从"和而不同"出发来建构社会生活与礼仪交往的原则与规范,"和而不同"成为儒家倡导的人与人之间相互尊重、和睦相处的道德规范。再次,体现了人与自然之间关系和谐的思想。中国传统道家主张人与自然之间是相互影响、相互作用、相互统一的整体,认为人与自然和谐相处的最高境界就是"天人合一",重顺应自然的和谐相处之道。最后,体现了天下为公、世界大同的和谐思想。《论语·颜渊》中提出,"四海之内皆兄弟也",《礼记·礼运》中也指出,"大道之行也,天下为公"。"和而不同"上升到国家治理层面,就形成了世界各国求同存异、携手奋进的"大同"思想。"天下为公、世界大同"继承与发扬了"和而不同"的价值理念,成为当代中国参与全球治理的重要主张。

"和而不同"也反映了中国的历史传统与文化积淀。从世界观看,早在《国语·郑书》中就指出,"夫和实生物,同则不继"。《中庸·天命》中也指出,"和也者,天下之达道也"。可见,"和而不同"是事物自身存在、持续发展和繁荣壮

---

① 费孝通:《费孝通文集》(第15卷),群言出版社2001年版,第409—410页。

大的根本规律。从方法论来看,"和而不同"具有很强的包容性,主张尊重差异与兼容并包,包含着"海纳百川,有容乃大"的精神气质和"天和、地和、人和"的普遍追求,形成了"以和为贵"的方法论思想。正因为如此,中国传统文化极为推崇"以和为贵",和谐成为文化积淀的化身,代表了传统社会普遍的价值追求,也成为中国传统文化中最具吸引力与向心力之处。

习近平总书记指出,贵和尚中、善解能容、厚德载物、和而不同'的宽容品格,是我们民族所追求的一种文化理念。① 自然与社会的和谐,个体与群体的和谐,我们民族的理想正在于此,我们民族的凝聚力、创造力也正基于此,甚至还可以毫不夸张地说,我们中华民族传统文化的精神也正是在于这种伟大的和谐思想。

和而不同既是中国传统文化的精髓与核心价值,也贯穿于当代中国社会发展的整个过程,凝结着全体中国人民共同的价值追求。和而不同更是中国传统文化对世界文明的重要贡献,承认多元化,坚持主体性,有利于解决全球文明的冲突。和而不同的价值理念已充分融入中国的国际交往之中,展示了热爱和平、维护世界和平、实现共同发展的中国形象,为实现全球治理提供了中国智慧和中国方案。我们要立足当代世界,充分认识与挖掘和而不同对世界格局、文明理念的可能影响,继续发扬和而不同对于世界和平发展与和谐世界构建的价值。

从国际传播的现实要求看,中国所具有的"和而不同"的文化基因和历史发展实践充分肯定文明多样、主体多元的自主发展之道,也展示了热爱和平、维护世界和平、实现共同发展的中国形象。

公平正义

习近平总书记指出,"核心价值观是文化软实力的灵魂、文化软实力建设的重点。这是决定文化性质和方向的最深层次要素"。② 社会主义核心价值观内涵丰富,涵盖了国家层面、社会层面和个人层面的价值要求。其中的公正——公平正义,可以作为中国特色社会主义对外传播的标识性概念。

---

① 参见习近平:《之江新语》,浙江人民出版社2007年版。
② 于子茹、金佳绪编:《"平语"近人——习近平谈社会主义核心价值观》,新华网,2016年12月8日。

公正的思想首先根植于中华传统文化之中。从孔子在《论语·季氏》中提出的"均无贫,和无寡",到孙中山的"三民主义",再到当代中国社会主义核心价值体系的确立,公平正义不仅是中国特色社会主义制度的首要价值和核心优势,还是党的十九大报告对新型国际关系的定位。

公平正义是社会主义的本质与内在要求。从空想社会主义的扬弃到科学社会主义在当代中国的最新实践充分表明,实现公平正义是社会主义从诞生起就做出的庄严承诺,是迈入新时代的中国建设社会主义现代化强国的价值理想,更是马克思所描述的人类自由而全面解放的共产主义社会的本质要求,也是国际社会普遍认同和追求的价值目标。考察古希腊城邦对公平正义的道德至善的追求、近代欧美主张的公平正义观以及公平正义在当代西方世界的发展,可以发现,包括中华文明在内的世界文明发展至今,从未停止过对公平正义的追求。公平正义既是中国特色社会主义的核心价值,也是当代世界的共同追求。公平正义的理念能够成为融通政治多极化、经济全球化与文化多元化的又一标识性概念。

人类命运共同体

习近平主席在出席第七十届联合国大会时曾指出:"当今世界,各国相互依存、休戚与共。我们要继承和弘扬联合国宪章的宗旨和原则,构建以合作共赢为核心的新型国际关系,打造人类命运共同体。"[1]

人类命运共同体是全球化时代东西方文明相互作用、相互吸收、相互交融而形成的又一标识性概念。这一概念充分吸收了人类文明的最新发展成果,既是对多元文明相互尊重的理性表达,超越了"普世价值"的推广和输出,也是融通中西文明的典范,有效应对全球多元文明的冲突,为实现全球治理提供了中国的精神追求与价值取向。人类命运共同体内在要求"尊重世界文明多样性,以文明交流超越文明隔阂,文明互鉴超越文明冲突,文明共存超越文明优越",这就从人类文明整体的高度,推进了人类多元价值、多元主体、多元利益和责任的相互融合,本质上也在塑造人类文明共同体,引领和建构新的人类文

---

[1] 习近平:《携手构建合作共赢新伙伴,同心打造人类命运共同体》,人民网,2015年9月29日。

明形态,承担着开启人类新的文明征程的历史重任,因而也成为融通中西文明的标识性概念。

中国倡导构建人类命运共同体,不是要让全世界臣服在我们脚下,而是人类历史发展到今天迫切需要呼唤的一种状态。中国不是为了称霸而倡导人类命运共同体,而是为了追求人类的和平发展,为了建设好地球这个全人类共同的美好家园。倡导构建人类命运共同体,是对发展理念的新探索,体现对人类社会总体发展规律的宏观认识与整体把握,已被载入联合国安理会决议。人类内部的各个国家、各个民族、各个地区的价值观存在多样性、多元化,有些价值观不仅是个性的,而且相互对立冲突,所以不能简单地对待,只能寻找共同点,回到人类命运共同体的整体立场,在更高的层次上提升主体,消解这些对立和冲突。

许多事情的解决要依赖于各层次共同体的自我限定和对人类命运共同体的认同和维护。全球气候变化、生态环境恶化、恐怖主义、自然灾害、核危机、难民潮等一系列问题成为世界各国与地区共同面临的全球性挑战,任何一个国家与地区都无力独自承担,彼此命运与共、休戚相关。人类命运共同体因此就成为价值思维变革的一个层次、一种导向。所以,习近平总书记强调各个国家之间"不能这边搭台、那边拆台,而应该相互补台、好戏连台",而"大国对小国要平等相待,不搞唯我独尊、强买强卖的霸道"。

总之,人类命运共同体跨越了各种文明纷争的局限,扩大了各国文明的交汇点,推动形成以融通中西文明为根基、以合作共赢为核心的真正的人类文明共同体。

用好用足已有主渠道,以优质内容实现有效传播

党的十八大以来,习近平总书记就中华文化走出去战略发表了一系列重要讲话,从国际背景和战略任务、传播能力和表达方式、交流内容和目标导向等方面做出了一系列富有远见、面向世界的判断和分析,明确提出"四个讲清楚"[①]

[①] 习近平:《胸怀大局把握大势着眼大事,努力把宣传思想工作做得更好》,光明网,2013年8月21日。

"五个讲好",①重点展示"四个形象"。② 与此同时又对新时代增强中国特色社会主义思想的国际影响力、深入推进中华文化走出去提出新要求,明确"五位一体"总体布局、"四个全面"战略布局、五大发展理念、经济发展新常态,加大正确义利观、命运共同体、新型大国关系、共建"一带一路"等重大理念的传播力度。"要把内容建设放在第一位,突出思想内涵、彰显价值观念",③而文化交流和传播平台则是"推进国际传播能力建设"和推动中华文化走出去的重要载体。

孔子学院、海外中国文化中心、文化"走出去"工程、世界中国学论坛等已经成为讲好中国故事的主渠道。有的着重语言文字的教学培训与交流,有的注重艺术表达的生动传神,有的关注学术交流的平台打造,有的重视文化产品与媒体的良性互动,虽还需要进一步完善和深化,但集中力量办好事,行政集约性优势显著是不争的事实,可以有效确保标准的一致、政策的连贯以及经费支持的稳定性,有利于主动、文明、系统地讲好中国故事。我们在实事求是分析这些平台和渠道尚待改进的问题时,一定要充分用足用好它们,促成其在方式和途径上的联合融通,实现比较合理的结构平衡,在此基础上努力实现多渠道的互补和互动。

在适合专业性学术交流的地方尽量避免政治宣传,在适合艺术表达的情境避免掉书袋和学究气,在适合展示象形文字言有尽而意无穷的场合避免蜻蜓点水、浅尝辄止。总之,要用好主渠道,理直气壮又润物无声地说自己的话,把传播中国文化的责任和权利真正落实到位,关键要强化中国人的自我意识,确立文化自信。把思考和表达适当分开,并寻找和培养理想的"转换插头"和"超级联系人"。

孔子学院:语言教学为基础,文化传播为提升

习近平总书记曾指出,语言是了解一个国家最好的钥匙,孔子学院是世界认识中国的一个重要平台。一方面,语言和教育是文化传播的最有效方式之一。一个民族国家的语言在国际上越普及、越通用,则其承载的历史文化更容

---

① 《提高国家文化软实力,讲好中国故事》,人民网,2019年1月7日。
② 习近平:《建设社会主义文化强国,着力提高国家文化软实力》,人民网,2014年1月1日。
③ 刘奇葆:《大力推动中华文化走向世界》,《光明日报》2014年5月22日。

易被理解、传播和认同。另一方面,丰富多彩的文化是语言教学中取之不尽的素材宝库,以文化作为组织语法和词句学习的支撑内容,既能使语言教学更加鲜活、生动和有效,也使特定的文化和价值观在语言学习中得到传播和认同。随着中国经济的发展和国际交往的日益广泛,世界各国对汉语学习的需求急剧增长。为推动汉语和中华文化更好地走向世界,从 2004 年开始,我国在借鉴英、法、德、西等国推广本民族语言经验的基础上,建立了由教育部直属事业单位——国家对外汉语教学领导小组办公室(国家汉办)负责的、致力于在海外以推广汉语和传播中国文化为宗旨的非营利性文化公益机构——孔子学院。孔子学院制定了国际汉语教师标准、学习标准、课程大纲、考试大纲和教材编写指南,首次建立了国际汉语教学质量评估体系。各地孔子学院充分利用自身优势,开展丰富多彩的教学和文化活动,逐步形成了各具特色的办学模式,成为各国学习汉语言文化、了解当代中国的重要场所,已成为世界上最大的语言文化推广机构之一。

  孔子学院在经历了自 2012 年至今的快速发展之后,也需要着力解决自身瓶颈问题,实施转型发展。在面对西方一些发展了数十年甚至上百年的语言教育和文化传播机构的激烈竞争,特别是面对西方一些国家基于意识形态偏见和污名化中国的抵制和打压时,要秉持"语言教学为基础,文化传播为提升,内外有别、策略施为"的工作定位和推广战略。"语言教学为基础",指把高质量地抓好语言教学作为孔子学院的首要和基础性工作。通过积极实施"孔子新汉学计划",吸引更多的国际化人才从事汉语言教学和研究工作,加快国际汉语教师培养体系和专业化、本土化师资队伍的建设;根据不同地区和不同文化背景的汉语学习者的特点和需求,分层分类编写适合不同地区和人群学习的汉语教材和教学资源库;由单向度的课堂讲授、聚众面授和以纸笔为媒介的传统教学手段转向网络化、多媒体和移动传媒背景下的实体教育与虚拟教育相融合的新型教学模式,从而不断提升汉语教学质量。"文化传播为提升",指的是把中华文化传播看作汉语推广的必经之路和必然结果,避免文化的强势推广引起受众的疑虑和误解。以传承孔子和儒学思想为品牌导向,突出中华文化"和而不同"的价值观,以中华美食、武术、中医、旅游、商务等文化产业为载体,着重介绍和推广能够凸显多元文化共性和包容性的中华优秀传统文化,以及反映新时代中国人民追求美好生活的当代文化,做到雅俗共赏。同时,围绕培养跨文化传播交流人才的目标,重点培养多语种翻译人才、汉学研究人才、智库人才,以及具备跨文化思维与交流能力的专业技术人才和经贸人才,以更好服务国家战略。"内外有别、策略施为",指的是对内,要旗帜鲜明地实施"以我为主"的战略,将孔子学院作为提升中国文化软实力、扩大国际影响力、培养知华、友华、亲华人士的重要载体和基地来规划各项工作。对外,则采取润物无声的柔性传播方式,要考虑到所在国家和地区的政治环境及社会风俗的实际情况,不去刻意强调和采用国内政治宣传和文化传播语境中常常使用的一些"中国特色"的概念和方式,淡化意识形态色彩和政治主张差异,形成融通中外的话语体系,循序渐进地提升中华文化在孔子学院所在地的影响力。

中国文化中心:文化交流的公众外交平台

通过在驻在国家和地区常设文化机构,长期开展文化交流活动,潜移默化地推动双方在意识形态、思想文化和价值观方面的认同和趋同,是国际流行的做法。在海外设立的中国文化中心以讲好中国故事、传播好中国声音、阐释好中国价值理念为宗旨使命,是我国对外传播中华文化、开展文化外交的重要窗口,是增进中外理解互信、开展国际交流合作的桥梁和平台。自 1988 年起至今,在海外开办中国文化中心已有 30 多年。中心的成长先后经历了探索期(1988—2002 年)和起飞期(2002—2012 年),目前已进入高速发展时期。根据规划,到 2020 年,海外中国文化中心总数将达到 50 个以上。自 2000 年以来,各海外中心举办文化、艺术类活动年均超过 100 场,直接参与中心活动的总人数达到 1 000 余万人次,几十个国家的元首和政府首脑出席了中心活动,部长级官员出席了近 600 场中心举办的活动。[1] 海外中国文化中心"打破了以往在国外开展文化宣介工作缺乏自主平台、多为短期交流的传统局面",[2]建立了"部省合作""中外合作"等有效机制,广泛开展大型文化庆典和品牌活动、高密

---

[1] 王莹:《文化部:到 2020 年海外中国文化中心将达 50 个以上》,http://www.xinhuanet.com/politics/2016-12/16/c_129406350.htm。

[2] 《让海外中国文化中心讲好中国故事》,https://www.gov.cn/xinwen/2014-07/25/content_2724421.htm。

度的文化活动推广以及丰富多彩的中国文化项目培训,形成文化推广的"中国模式",同时通过积极融入、扎根所在地社会各界,参与文化艺术节、合作举办研讨会和文化周等方式,推动了中华文化的传播和中外文化的双向交流,成为中华文化走出去的重要平台。

与孔子学院的飞速发展及其引起的广泛关注和丰富研究相比,对中国文化中心的关注相对较少,研究较为欠缺。海外中国文化中心与孔子学院的发展具有类似之处,例如,从组建模式来看,都是官方主导;从业务模式看,都具有特定的教育培训和中国传统文化的交流展示职能。但两者之间的文化交流和具体传播方式也不尽相同。例如孔子学院汉语教学的职能更为专业和基础,注重中国古代先贤智慧和传统文化的展示与体验;而海外中国文化中心则更注重中国现当代的文艺和娱乐文化的培训及文化表演,也重视发掘中国传统文化的当代价值。有鉴于近年来孔子学院快速发展引起所在国家和地区的一些负面印象和消极反应,中国文化中心更应将自身定位于公众外交式的文化传播平台,以"亦官亦民"的身份特征和行为方式[1]开展文化交流和传播。海外中国文化中心在经历了建设初期的行政主导和"政府买单"的发展模式后,应尽量淡化政治色彩,充分利用官方和民间的各种资源,尽快完成从"政府主导型"到"政府和多元社会力量协同合作型"的转变。由于西方民众常有怀疑政府、反对政府干预的自由主义倾向,他们更乐意接受民间的和市场的文化交流行为。与此同时,近年来国内众多文化类民营企业和非营利性组织在中国文化的海外传播中越来越显示出"市场嗅觉灵敏,品牌意识强,运营机制灵活,传播力和渗透性强"[2]的独特优势,日益成为传播和推广中华文化的新生力量。因此,考虑到西方受众的特点以及市场化行为在中华文化传播中日益被广泛接受和应用的实际情况,借鉴近年来一些发展较快的国际性语言教学和文化推广机构接受政府资助而独立运作的发展经验,海外中国文化中心也应在与社会力量和民间文化机构加强合作的基础上,与时俱进地探索借力非政府组织形式、通过市场化经营的方式持续发展的可能性,最终形成政府引

---

[1] 郭镇之、张小玲、王珏:《用文化的力量影响世界:试论中国文化中心的海外传播》,《新闻与传播研究》2016年第2期。
[2] 于运全:《创新中华优秀传统文化对外传播方式》,《光明日报》2017年3月30日。

导、政策支持和资金资助,运用市场营销和商业策略,社会各界共同参与、适度盈利的发展模式。

世界中国学论坛:文化交流的学术外宣平台

习近平总书记在2023年11月24日致世界中国学大会·上海论坛贺信中指出:"中国学是历史中国之学,也是当代中国之学。中华文明源远流长,在同世界其他文明的交流互鉴中丰富发展,赋予中国式现代化以深厚底蕴。溯历史的源头才能理解现实的世界,循文化的根基才能辨识当今的中国,有文明的互鉴才能实现共同的进步。"世界中国学也可称为海外汉学,其内容是国外学者对中国的文化和历史,也包括当代政治、经济、社会发展等一系列问题所进行的研究。在研究中国文化的过程中,各国的思想家和学者"从中国文化的丰富内涵和悠久的历史中得到启示"。[1]特别是改革开放40多年来,中国取得了举世瞩目的伟大成就,也引发了海内外学者对中国道路、中国问题的强烈关注和对中国文化的认真探究。在国际社会,"中国学"开始从边缘走向中心,成为一门显学。中国学的兴盛推动了中国与世界的相互感知和联通,也推动了中国文化与世界各国思想文化的深度交融。然而,海外对中国的关注和研究"既有'中国奇迹''中国模式'等论述,也有'中国威胁论''中国责任论'等声音",[2]特别是伴随中国迅速发展而来的,是陷入"硬实力的显著增长并未带来软实力的同步提升,软实力甚至制约硬实力发展"[3]的困境,这促使中国学者必须深入思考解答国际传播弱势、舆论话语"失声"、软硬实力发展不相匹配等一系列难题。而学者在跨文化认知方面具有权威性和引领性,学术话语对于跨文化语境中的信息传递沟通、知识传播分享和凝聚价值共识具有先导作用。中国学者在各类国际高端学术研究活动中积极表达观点,在各类长短期学术交流和培训项目中积极组织参与,能够很好地推动思想文化和价值观层面的交流碰撞。凡此种种都将切实推动中华文化跨领域、跨学科地传播和交流,从

---

[1] 张西平:《树立文化自觉,推进海外汉学(中国学)的研究》,《学术研究》2007年第5期。
[2] 张焮:《凝聚国际共识,传播中国声音——世界中国学论坛和中国理念的国际传播》,《对外传播》2017年第2期。
[3] 徐庆超:《"学术外宣"与中国对外话语体系建设——关于"世界中国学论坛"的案例研究》,《中共中央党校学报》2015年第2期。

而有效提升中国的国家形象和影响力。

在此背景下,世界中国学论坛自 2004 年起应运而生。论坛着眼于服务国家文化发展战略和上海建设国际文化大都市的目标,立足于构建覆盖海内外以中国为研究对象的理论体系与实际问题的中国学的学科体系,从而为"海内外中国学研究界提供对话渠道和交流平台,为国际社会深入认识中国、了解中国创造条件"。[①] 与此同时也起到了帮助中国认识自身、认识世界,为中国的现代化建设提供国际经验和理论借鉴的重要作用。世界中国学论坛最初采用上海市人民政府主办、上海社会科学院承办的"院部共办"模式,自 2010 年以后采用国务院新闻办公室与上海市人民政府共同主办、上海社会科学院和上海市新闻办公室联合承办的"部市合作"模式。经过近 20 年的建设,2023 年的世界中国学大会·上海论坛已被打造为国家级的国际学术交流和外宣平台。自 2004 年创办以来,世界中国学论坛已经连续成功举办 13 次论坛和 5 次研修班。在议题设置上,前四届论坛弘扬中国文化传统精神,将中国文化理念与当代中国现代化进程紧密结合,有效促进了国际社会对中国和平发展理念的认识和理解。自第五届起,论坛更加突出地探究当代中国发展的世界意义等重大议题,更加注重将中国发展道路的经验向世界传播,为全球发展贡献中国智慧。论坛已经和 80 多个国家和地区的学者建立了较为牢固的联系,初步形成了覆盖全球主要国家和地区的中国学学术网络。

在世界中国学论坛已经形成了较为成熟的运作机制的基础上,今后还应进一步注重把握坚持以学术研究为中心与坚持正确的意识形态导向之间的平衡。对具体议题的设置,则可以通过多层次、多学科以及多轮次专家论证等机制以确保其价值性、科学性、前瞻性和开放性。在未来,论坛还应进一步把握世界中国学的发展趋势,促使世界中国学的研究重心由过去把中国作为西方主流理论检视的对象转向把中国道路的成功经验作为一种新的发展理论创设的领域。应抓住出生于 20 世纪 60—70 年代,对中国的正反两方面认知都更全面、更深刻的新生代学者正在成为中国学中坚力量的有利时机,加强与西方新生代学者以及正在迅速成长中的发展中国家、第三世界国家的"中国通"的

---

① 张焮:《凝聚国际共识,传播中国声音——世界中国学论坛和中国理念的国际传播》,《对外传播》2017 年第 2 期。

交流和互动,培养新一代知华、亲华、友华的学术文化力量。还要推动海外中国学和本土中国学的进一步融合,使"中国学"成长为一门透过中国经验探索人类发展道路的新学问,为世界文明的多元化发展和中国特色社会主义事业贡献智慧。

今天强调中国文化软实力、重视"好的中国故事"和"中国好故事"的传播效应,说到底,目的并不是要让中国人都讲外语,而是要在西方强势文化(包括语言)背景下重塑中国人的自我意识,增强文化自信。仅就国际学术交流来说,首先引起关注的恐怕还是学术水准和研究能力。官有官道,学有学路,有没有水平,同行之间欺瞒不过。所以,扎实的功底是必须的。其次才是不同语言之间的翻译,需要找到母语向别人能听懂的语言转换的那个插头。这个转换插头可能是学者自己,也完全可以是中青年汉学家、在多个国家生活工作过的"跨界人士"或者"超级联系人"。讲好中国故事,提升国际话语影响力,把思考和表达进行适当区分也许是一个很重要的方法。笔杆子、嘴皮子不一定集于一人一身,学者和翻译者可适当分工,官员和游说高手也可以适当分工。培养一批高质量、坚固耐用的游说者、翻译者和"超级联系人",可能是解决交流障碍的有效途径之一。

值得关注的是,"走出去"要更加注重内容和形式的精细化,"请进来"要更加注重对象的多元多层和活动的体验性。中国文化走出国门,首先需要向精细化方向转变,在继续用足用好主渠道的基础上,还需要更多地借助国外已有的专业性、标志性、特色性平台,减少受众不必要的排斥和戒备心理。日本曾在美国一些著名的大学设立日本文化研究中心,通过竞争性聘用的方式选取全世界的专家担任讲师,在这一过程中实现有效传播,值得我们学习借鉴。

"一带一路"也是一个"走出去"的重要平台,可以通过企业和企业家走出去带动中国文化的传播。与此同时,还需要协调好国内多头邀约海外专家可能存在的同一对象多次重复的问题,实现多元多层的"请进来",并高度重视"请进来"的对象参与各类经济文化社会活动或项目研究的体验性。误解的消除、观念的改变不仅需要说理,还需要本土的感受和体验。"请进来"和"走出去"相结合,通过文化出口和文化进口的互动实现中国文化的传播,也是讲好中国故事,提升中国话语国际影响力的重要途径。

第五辑　文化时评

真 相 可 告

世上的事情到底有没有真相？法庭根据事实真相裁定被告是否有罪，历史学家依靠细节的真实臧否人物，学校录取学生也要根据真实的分数排名。问题是：真相存在于哪里？法院要弄清事情的原委，但律师往往为了得到委托方的巨额好处费可能掩盖真相；史学家要还历史以本来面目，可历史已逝，任何一份资料或口述都只是挂一漏万；真实的成绩里有多少临时抱佛脚的水分？

只要一件事情有两个或两个以上的人参与，就可能永远没有真相大白的机会？由于人与人之间不是直接沟通，理解和对话都是间接进行的，没有人可以知道另一个人的真正思想，子非鱼，安知鱼之乐？所以某种程度上必然有虚假成分，即使大家都认为已经袒腹相向，但那摊出来的仍不免抽象，捉摸不透，也就无法在根本上证实纯真度是百分之百。大到人类历史，小到私人日记，中间总有几分隐瞒，所谓的真相是：人人都未肯全抛一片心？

如果扪心自问，就会知道：你展示的，是几分。所以，李碧华说，最好不要那么诚恳地知道人家的真相，别人也无谓知道你的真相。

笔者并不认同。重重迷雾下的真相毕竟是很多人的向往、依靠甚至信仰。就个人的经历而言，我们几乎每天都在经历历史，有的浅近，有的深奥，有的复杂，有的简易，有的理解，有的费解。"9·11"恐怖事件、巴以冲突、阿根廷政局动荡、中国申奥、全球经济滑坡等。过程和细节都有长长的系列，我们所谓的经历其实是从媒体、书面报告和别人的经历中间接得到的，并非全是亲历，也不可能。有些我们相信其为真，有些则持怀疑态度。但不管相信与否，这个所谓"真"与历史事件全部细节和过程系列构成的"真"或"文本"之间是有距离的,也正因此才会有最近的报道或照片来不断覆盖原来的叙述。如果历史就是如此这般展开自己命运的,那么何谓真实的历史?一时被隐藏或因某种局限无法展现的片段算不算真实历史的一部分?所谓的真相大白有没有终极的一天?这些问题看起来杞人忧天,实际上却关系到我们对历史认识的方法,关系到我们对现实和未来的价值判断。

"历史"一方面当然是指人类经历和创造的一切,指人类的全部过去。这个意义上的历史往往使人产生浩大洪荒、包罗万象的感觉。它在具体现实的人之外存在着,是一个巨大的现实。另一方面,历史也指人类对过去的回忆和思考。这个意义上的解释使人感到历史不可捉摸。维系于人的认识,受制于书写和传播,主观臆断难免,谁能保证它是客观可靠、真实可信的?"真实"就是实在、实存。但印象的真实、认识的真实、亲历的真实该如何理解?不同历史学家对同一时段历史有完全不同的理解,究竟哪一个视野中的历史是真实的?一个历史事件可以用来说明或佐证不同的哲学理论,究竟哪一种理论符合了真实历史事件本身所表达的逻辑?人类对历史的认识究竟能不能穷尽绝对、唯一的历史事实?

按照刘昶在《人心中的历史》的分析,历史认识中常常会出现这样一种情形:当我们从一种理论和哲学出发来解释历史时,往往很容易自圆其说,而当我们严格从一个具体历史事件出发去体现和表达某种哲理时,常会感到论证无力。结果,历史似乎能为任何一种理论提供依据,却无法证明自己本身是合乎逻辑的。也就是说,我们几乎能够从任何理论出发,演绎出头头是道的历史来,却无法从具体的历史出发,合乎逻辑地体现和表达某种哲理。对于历史学家来说,历史认识的最高境界就是克服这个逻辑上的困难。

20世纪现实的具体要求给这个逻辑困难的解答提供了契机:它所要求于历史的不是提供个别道德或政治范例来佐证今天的清明公道,也不是去说明和论证所谓的进步和发展,而是解释现实整体的巨大而深刻的变动。这就要求历史学家拓宽视野,深化认识,从整体的角度而不是某个具体的历史细节来回答时代提出的问题。汤因比和斯宾格勒的历史哲学正是回应了这种时代的需要,他们或者把历史看作人类不可避免的命运(斯宾格勒),或者把历史看作人类生存斗争的记录(汤因比),都不约而同地把历史认识的视野扩大到文明、文化或人类社会总体。通过拓宽历史含义的范围来坚持从历史本身说明历史,不再为历史寻找外在的原因和目的。而这一切离不开哲学的眼光和理论指导。历史和哲学的逻辑困难在他们那里得到具体的弥合。

认识真实历史、了解真相是可能的,但需要做些解释。西方分析和批判的历史哲学一再启示我们:对于人类来说,我们当下所知道的历史,只能是我们所达到的历史认识,而不是那个外在于我们的物体。为了保证这种意义上的真实,多少年来历史学家和关心历史的人们都在不断对人类怎样认识历史进行自我反思和批判。这种反思和批判一方面标示着人的认识的可能和限度,另一方面也影响着真实历史可能性的强度。自觉意识到人的认识的局限,并在自我批判和反思的基础上更清醒、更努力地认识外部世界和人本身,这样一种态度就是可取的。

历史需要回答同时代人的难题,回答他们的困惑、焦虑和渴望,人们之所以要不断努力认识历史,并非要穷尽所有历史的细节,而是力图去追随、去认识不断变化着的现实。这种努力一直存在,无休无止,除非现实不再发生变化。

我们的现实来自历史,而历史本身又恰是现实的不断累积,现实的不断变化把历史总体的各个方面、各个层次,把历史对现实的各种制约和影响逐渐显示出来。变化着的现实之所以要求人们不断重新认识历史,原因概在于此。只要历史没有中断,只要现实仍在变化和发展,只要未来还在召唤我们,那么一代又一代人对历史的认识就合乎逻辑地表现为一个逐步丰富和深化的过程(不排除重复和曲折),而这个类似数学上积分的过程实际上反映了人类历史活动本身不断深化的真实。每一代人对历史的认识相对于他们的时代来说是真实的,对每一个特定的时代来说,历史就存在于它所达到的历史认识中。换句话说,历史认识和历史本身在每一时代的现实中达到相对暂时的统一。

伴随着人类自我认识和自我反思水平的不断提高,一部真实丰富的人的活动的历史也会逐渐展现在我们面前。当然,这个过程永无止境。

"五缘文化"

文化因素往往被当作一个"剩余的变项"来搪塞,我们过去讨论文化动向大多只在文化本身打转转,不接触经济层面,最后就会回到把中国出路问题归结为文化发展的思路上来。为避免这种泛泛议论,笔者认为,探讨文化问题的重点应放在文化因素对经济增长与社会发展的关系这个时代课题上来,即注重分析文化发生作用的时机和条件。一般来说,经济因素是自变量,是社会发展的原动机,它在社会生活中的作用越来越大。文化因素则是因变量,它提供的价值观影响着人们的意识,为经济生活和社会进步提供思想和精神力量。文化对经济和社会的作用始终受制于一定的政治经济条件和国际环境,忽略这一点就容易把真实的历史颠倒过来,容易夸大文化因素的作用乃至走向"文化决定论"。这是我们在强调文化自信时不应忽视的基本道理。

儒家因素对东亚现代化工业的发展确实起了作用,但必须看到这些国家所接受的中华文化不但在吸收过程中早已本土化,更重要的是这些国家和地区大都长期处于外国殖民地的统治下,原有的中华文化早已被改造过,现代西方文化价值和制度等因素早已渗透进来。除此之外,经济发展的社会条件也发生重大变化。战后东亚是处在美国的直接经济、政治和军事影响之下,这一新的全球性政治经济背景对东亚的变革产生了巨大的影响。中国的情况也一样,今天中国的国际国内环境已发生根本性变化,今天中国社会依然活着的文化传统较之一个世纪前所包含的因素及其所可能发挥的功能已大不相同。只有全面透视发展所需要的各种主客观条件,才能解释为什么这些东亚文明存在了千百年之久,而东亚的现代经济增长只是最近数十年的事。

"五缘文化"与海外投资

"五缘文化"是林其锬先生首先提出来的概念。他认为,中华文化的基本特征是以群体为本位,以家庭为中心,人际关系重伦理,心理风习重情谊。与这一文化特征相适应的社会结构,是以家庭为中心,由小及大,由近及远,由亲及疏,拓展形成整个人际网络。林其锬将这个网络的背景文化称为五缘文化,即亲缘——宗族亲戚关系、地缘——邻里乡党关系、神缘——宗教信仰关系、业缘——同业同学关系、物缘——以物(土、特、名、优)为媒介的人际关系。此五缘,在海外华人中可以穿越各种壁垒的限制,成为沟通华人世界的纽带和桥梁。我们可以充分利用这一无形资产,抓住机遇谋发展,使经济驱动力和文化内聚力产生交互作用。

善于利用天然的"五缘文化"网络,采取各种方式进行不同层次的经济合作,经济发展要求与文化凝聚力一同发生作用,华人之间的合作将更加深化。全世界华人都是中华民族的一部分,同祖同根,共同的五缘文化网络是根深蒂固的。这样两股力量的合流使世界华人间的横向联系已打破过去狭隘的帮派观念,世界性宗乡组织纷纷成立,华人社团不仅数量激增,而且性质已经向一体化迈进。这既是一笔宝贵的经济财富,也是一笔珍贵的文化宝藏。

当然,从经营者的角度来说,海外华人投资也是出于生产和市场的需要,否则不会轻易超越政治制度上的分歧和潜在风险进行跨地区和跨国合作。只要我们的改革开放政策不变,措施得当,基于共同五缘文化背景的华人之间的合作就会有好的前景。

发展经济、提高效益,建设社会主义现代化强国,就既要改善内部投资环境,又要善于沟通外部世界,让世界了解中国。由于文化信息具有传播快、接受面广和交换率高的特点,它在经济内外接轨的场合就有了用武之地。它能够先声夺人,跑在经济前面为其搭桥牵线,垒台搭梯。例如:福建莆田的一尊妈祖,使眉州湾蜚声海外,使莆田成了台胞的集中投资地。经济与文化的关系处理得好,目的和手段的关系协调到位,一个企业和一个地区经济发展的潜力和动力就大。如何充分发挥五缘文化的桥梁作用,切实改善内部投资环境,扩大并强调同海外华人的社会联系,通过他们引进资金、技术、人才和经营管理经验，建立起互惠、互补、互助的合作关系，促进本地区经济的发展，求得世界炎黄子孙的共同繁荣，依然是一个富有实际意义的课题。

此外，值得重视的是海外华人在五缘文化影响下形成的精神品格，这种精神正是我们可以学习借鉴的，包括敢于冒险、勇于开拓、勤俭奋斗、坚韧不拔的创业精神；履信守义、热心公益、守望相助、同舟共济的"隆帮"精神；遵纪守法、廉洁奉公、赏罚严明、高效有序的法治精神。创业精神是中华民族"勤劳勇敢"精神的发扬光大，它使海外华人能够作"在现有资源之外追求机会"的努力，敢于面对现实，接受挑战，既不怨天尤人，也不限于陈规陋习，而是在奋斗中追寻机会，在忍耐中积聚力量，不屈不挠，任劳任怨，克勤克俭，不怕挫折，坚定不移地为实现自己的目标拼搏，直到自己事业的成功。"隆帮"精神就是中华民族群体本位、着重人伦、有情有义、义务精神的发扬光大。这种精神使得海外华人在远离祖国、孤立无援的异域他乡，能够凭借自身的团结，守望相助，同舟共济，求得共同生存和发展。法治精神是现代海外华人随着生产规模的扩大与向现代管理的转变，吸收西方文明的典型。遵纪守法、廉洁奉公、赏罚分明、高效有序，是现代化企业生存和发展的需要，也是实现经营世界化的必要条件。海外华人为适应世界发展潮流，主动吸取西方文明，融入外来文化，丰富自己，发展自己。

实践将证明：文化和经济之间没有不可逾越的鸿沟，在一定条件下两者可以相互转化。五缘文化可以发挥重要作用，关键在于结合各地区的实际情况，把企业文化、地区文化和海外文化交流三者结合起来，使文化凝聚力与经济推动力产生倍增效应。

家族管理创新

家族文化在农村现代化中的变迁值得关注。农村家族文化变迁既是一个历史过程，也是一个当代问题。特别是广大的民营企业发展壮大起来以后，家族文化与现代管理制度的结合是建设好中国特色社会主义文化的一个着力点。

中国传统文化，甚至可以说东亚的传统文化主要植根于悠久的农耕经济生活。它在历史演进中不断积累，哺育着一代又一代后人的思想，融入他们的血液,同时形成一定的思想行为模式,规范和支撑着后人的精神。在定居的农耕生活中,世代相袭而形成地缘血缘的社会群体。为维护家庭农业这一自然经济的社会细胞,逐步形成了一套完备的伦理道德和观念体系,来规范和处理父子、父母、兄弟姐妹及其他亲属关系。在这种融生产、生活、教育、防卫和娱乐的社会功能为一体的家庭中形成了血浓于水的关系和情感。这就是东方团体精神微观的社会经济、伦理道德的感性基础,而每一个家庭都是这种团体精神的载体。

改革开放之初,在联产承包的农户和分散的小规模乡镇企业中,传统的家庭生产经营功能和家族文化得以复活。差别在于:乡镇企业是将传统耕织互补的农业生产功能移向了商品化和专业化的第二、三产业。自 20 世纪 80 年代后期,尤其是 90 年代以来,沿海先开放、市场经济发展较早的地区,在企业规模和经营管理素质升级过程中,逐步出现了传统的地缘血缘结合的家族关系、经营管理、人际交往方式向现代化科学组织管理方式的转化,并形成一种新型的情理结合的行政管理方式和企业团队精神。随着市场经济深入发展,企业的规模、组织、管理、生产分工日益扩大和细化,仅依靠原来家庭、家族或熟人社会的血缘地缘的小圈子,既满足不了择优配置人才的需要,也适应不了职责分明的理性化管理,更适应不了严格按技能和业绩付酬的分配制度。因此,在改革开放先行、民营企业发展较早的地方,当企业规模和经营管理水平上升到相当程度后,便出现在招工、用人上突破原来的血缘地缘圈子,而以能力主义为标准招聘职工,进行合理化科学管理的情况。同时又在企业内部,在劳资关系中,努力营造一种以企业为家的相应情感,以凝聚职工,发展事业。从地缘血缘关系和家族温情文化中脱离出来、与理性化科学管理相结合形成新的企业管理文化,最显著的特征可概括为四个字:合情合理。这种新型文化,既是中国传统的家族文化在新条件下的蜕变和升华,也是现代企业理性主义管理模式引入中国并实现本土化的产物。换句话说,这种兼具民族性和现代性的企业团队精神是民族情感文化的现代转化。

随着市场经济的深入发展和所有制结构的分化,家族管理创新又必然与多元产权主体结合在一起。每个具体企业的产权形式是多种多样的。形式多种多样,但产权、提留和分成等经济关系清晰分明,日渐显现出现代企业的特征。随着企业的逐步壮大,在本村本乡本地的地域限制已束缚其发展时,富裕地区雄厚的资金和人才便开始向邻近的城镇,进而向大中城市,甚至向国外伸展。生产、流通、服务日益一体化、社会化,为乡村社会的组织整合提供了越来越坚实的经济基础。

随着社会组织结构的变化,传统的血缘家族关系已逐步淡化。由于共同利益和一体化经济的不断发展,家族企业管理这种社会组织整合的内涵和力度不断得到拓展、丰富和加强。在这个群体中,几千年传承下来的家族亲情团体意识在中华人民共和国成立后,几十年合作化、公社化和社会主义教育过程中形成的合作观念和对集体的归属和依存感,又以一种叠加相容、复合变异的形式再现出来,表现为合作的团队精神、集体保障的意识以及一种具有归属感的可以依靠的泛化的大家庭观念。在这种社会经济结构中,组织层级日益制度化,越来越多地融入理性化因素。

随着乡村市场经济的兴起,人际关系逐渐民主化、平等化。在金钱关系上,陌生人之间当场算清的行为准则逐渐泛化和强化,在乡村社区的熟人社会中也逐渐习以为常,甚至家庭成员中也开始亲兄弟明算账——人与人之间亲情、金钱关系越来越分明,在管理和经济关系上不再含糊,这的确是市场经济趋向成熟的征兆。这种社会经济文化现象正在改革开放较为成熟的沿海地区成长。这种公私兼顾、情理结合、共同致富的社会经济文化综合发展模式,是对家族文化的创新发展。

几千年来,儒家文明虽然一直都致力于探讨人与人之间的关系,但中国社会毕竟还是一个"低度信任社会"。由于缺乏关于彼岸的信仰和此岸的契约,表面上家庭成为社会纽带的核心,实际上信任难以超出家庭之外。这就使家族企业在制度化方面也面临挑战,若不适时转型,企业规模相对较小而无法形成大气候,于是就出现公司不断产生、发迹,然后消亡的现象。家族企业转型为现代企业依然是困扰民营企业的重要问题,因为这种转型并非仅仅依赖制度就可以实现,它背后有着深层的文化惯性,使人们在社会交往中不得不付出巨大的成本来与陌生人之间达成某种形式的信任。而像洛克菲勒、福特、摩根这样延续百年至今依然充满活力的庞大企业就是家族企业在现代社会中实现成功转型的典型案例,值得深思。

"获得"与"获得感"

近年来,从中央文件到主流媒体、从理论讲堂到百姓日常,"获得感"迅速并持续成为社会大众最为关注的热词之一。"获得感"作为一种对现实生活满意度的评价方式,应该能精准反映每一个人"获得"的客观情况,获得是获得感的来源和根基。有了"获得"才有"获得感","获得"越多越有获得感。"获得感"就是被给予的自我满足感、成就感和愉悦感。获得与获得感之间应该具有内在统一性。但现实生活中,应然不等于实然。有了获得的事实未必天然产生获得感,"身在福中不知福"正说明事实与价值、客观存在与自我意识之间的距离。只有在获得的基础上强化自我意识,从事实走向价值,才能实现获得与获得感的统一,领会得失之间的合理辩证法。

获得,首先与需要相关。而需要丰富多样,层次也各有不同。有人需要万众瞩目的舞台,有人则需要安静地和家人柴米油盐,当然还有人需要物质和精神混杂在一起的那种润物细无声的滋润。马斯洛的需要层次论强调,在满足温饱需求的基础上,较高层次的归属和爱、自尊与自我实现的需要就会上升。与需求层次相应,人的获得也是多样、多层次的,不仅包括物质方面有形的获得,也包括精神与价值等方面无形的获得,且获得的数量和程度多样,质量和水平各异。

获得,与期待有所获得的具体的人有关。有的获得,完全是个体私有性的,比如甄子丹对咏春拳的领悟、古龙对武侠心理描写的笔底微澜等,如人饮水,冷暖自知。你的良药也许是别人的苦酒。有的获得则体现为社会群体的共享和分有。比如二孩政策,比如农村医保,它们一定会对具体个体产生这样那样的影响,但不会简单地等同于每一个人的平均所得。

获得,与时效有关。作为不同于物理事实的事实,既有当下的获得,也有预期性的获得。不仅仅意味着得到一个现成的结果,更常常是一个持续的过程。所谓"一直在路上,才能与神圣相逢",说的也许就是带有阶段和过程的那种预期性获得。加薪是眼前的,短期内就可获得,而分配制度的深化改革则是指向未来的、预期性的获得。年终绩效奖励,可能就是一次性的获得,而生态环境的优化和生态文明建设,则是利在长远的获得。

获得,还与途径和方式有关。辛勤劳动,苦干加巧干,直接获得相应成果;全社会分工协作,为他人服务的同时进行自我服务,可分享间接的获得,比如国土安全等公共产品。

获得感,正是对获得的感受、感知与感悟,是一种积极性、肯定性、正当性的评价。获得感不是个人"画饼充饥"的主观臆想、虚幻满足,更非他人恩赐的产物,而是获得这一事实及其特性的主观表达和积极反应。获得感既表现为人的物质方面需求得到实现后的满足感、安全感、享受感,也表现为精神与价值方面的尊重感、认同感与成就感;既表现为个体获得的独特感受,也呈现为社会群体共有的文化生态;既来自当下实实在在的受益,也出自对未来的美好预期。

获得感作为对获得的主观认识活动,首先是一种自我感觉、主观感受,进而深化为对获得的客观肯定与价值评价,表现为主观评价与客观价值的统一。获得感并不是一个简单的被给予、被植入的结果,而是主客观多种因素不断叠加、交互作用的产物,是主体的需求、愿望等内在的尺度,与需求之满足和愿望实现等外在表现的统一,是人的主观感受性与客观实在性的统一。所以,主体的获得感只能得自对获得的内在感受、内化提升。由感觉到认知、感悟,是一个主观自我感受的建构过程,是一个从客观事实向主观评价的转化过程。

没有获得的客观事实,就不可能有获得感。反之,如果缺乏主观感受的必要能力、条件,即使有了获得,也不一定就有获得感。从获得到获得感是一个内化、转化、提升的过程,需要主体自觉参与其中。我国改革开放40多年来,伴随着社会的快速发展、深刻变化与现代转型,广大人民群众的物质生活水平与精神文化需要都得到了极大的改善和满足,正如习近平总书记所说,"广大人民群众有了更多获得感"。但毋庸讳言，也出现了"端起饭碗吃肉，放下筷子骂娘"等矛盾现象，不同社会群体在获得与获得感之间的脱节和矛盾有所显现。

一些社会成员明显缺乏获得感，制约广大人民群众增进获得感的不利因素也确实存在。比如，需求的满足不能适应人们需求的层次提升和急剧变化。从发展趋势看，当前人民群众对获得的要求、层次不断提高，单一的物质生活需求基本得到满足后，对更高层次的安全需要、情感和归属的需要、尊重的需要、自我发展和自我实现的需要有新的期待。也因此，物质需求满足所带来的获得感及其边际效用会逐步递减，精神与价值方面的尊重感、成就感、认同感、归属感等会越来越成为获得感的主要内涵。与此同时，人们的需求取向越来越多元化、个性化、差异化，对转化为获得感的条件也提出新的要求。

扭曲的获得观念严重影响获得感的取得。少数人在消费主义、享乐主义、拜金主义的刺激下，对获得的理解出现扭曲乃至迷失，丧失了正常的判断标准与合理的价值目标，追求享受、放纵私欲、生活奢侈、精神颓废、投机取巧、好逸恶劳、盲目攀比等不一而足。扭曲的获得观之下，欲壑难填，即使再多的获得，也以为当然，不会生成获得感。而社会上的一些不公正现象还会消解获得感。随着市场经济的深入发展，社会群体利益分化加剧，社会财富的获得与分配的不均有所凸显，贫富差距、利益冲突不可避免，尤其是有人通过不正当手段迅速获得大量社会财富，而一些弱势群体的权益得不到有效保障，凡此种种都会严重消解人民群众共享改革开放发展成果的获得感。

满足人民的需要，为人民大众谋福利是党和政府一切工作的出发点和落脚点，人民的获得感，实际上就是对党和政府工作实效的检验，就是对党和国家的认同，就是对中国特色社会主义道路的信心，就是实现"两个一百年"中华民族伟大复兴中国梦不竭的精神动力。为此，我们要创造有利、有效条件，积极促进从实际的获得向实在的获得感的转化。

从现实来看，获得向获得感的转化及其实现程度，既取决于现实社会发展的水平，也取决于社会发展与人民群众现实生活相融合的程度与方式。因此，其一，要深入具体了解人民群众的客观需要及其变化特点，有针对性地满足人民群众的需求。贯彻以人民为中心的发展思想，就要及时了解人民群众需求的新特点新变化,把握当今社会背景下人民群众普遍的社会心理状况,认识与遵循人民群众需求的规律,既要破解群众当下面临的急、难、愁问题,也要关注影响社会长治久安的问题;既要攻克住房、医疗、教育等群众普遍性迫切需求的难点,也要注重解决不同群体及个体的特殊性难题。

其二,要尊重人民群众的主体地位,使人民群众通过自己的辛勤劳动创造美好生活,在实践中体验获得感。人民既是社会发展的实践主体,也是发展成果的得益主体。应积极引导人民群众在参与各种类型社会实践的过程中,感受自身的主人翁地位,真正认识清楚:获得,不是谁的赐予,不是等着天上掉馅饼。全靠我们自己艰苦奋斗、顽强打拼、创新创造,进而增强热爱劳动的认同感、尊重感与成就感。

其三,要持续推进政府公共信息的公开、透明,帮助人们不仅了解自己的获得,也知晓社会的获得;不仅知道本群体获得的水平、程度,也体会不同地域、不同群体获得的水平、程度;既倡导获得的公平不是指每个人的同时获得、同等获得、同量获得,又展示社会获得的正当性、公正性与合理性。

其四,要充分发挥媒体舆论的引导作用,说明讲清改革举措的含金量、社会政策的增益性、发展成果的社会效益、建设项目的有益功能、公共产品的共享价值,引导人民群众确立合情合理的获得感。要通过各种媒介、多种形式与途径的宣传、推广,充分展示当代中国社会发展所取得的成果以及人民群众普遍获得的事实,促进社会成员树立正确的价值观,明确获得感的内涵与合理性限度。同时,态度鲜明地批评和反对扭曲的获得观,尤其要通过具体案例剖析,以事实说明获得的差异性,追问获得的正当性与合法性,帮助人们从获得的公正性增进获得感。

从根本上说,改革开放与经济社会发展已经为中国人民带来了巨大的获得和清晰的获得感。我们党秉持五大发展理念,统筹"五位一体"总体布局,协调"四个全面"发展战略,推进全面建成小康社会,不断把实现"两个一百年"奋斗目标作为前进方向,为增进中国人民持久的、长远的获得感创造了良好的环境和条件,当然,我们自觉的主体意识也需要不断建构,对获得的评价尺度更要合理对待。

童年危机与数字素养

2018年,第24届世界哲学大会在北京召开,"学以成人"是会议的主题。探讨"学以成人"问题,一个直接的路径就是把问题追溯到人生的童年阶段。随着以计算机技术为代表的互联网时代的到来,童年时光被纳入多样、开放的全新场景中。

成长之路正在经受前所未有的挑战

家庭对于信息的过滤作用被削弱

儿童以往对于世界的了解和认识,主要取决于住在哪儿和可以去哪儿,家庭的作用因而不只是将儿童与户外危险相隔绝,很大程度上也决定了他们所能接触到的信息。经过家长过滤而进入家庭空间中的信息虽然不可避免地承载了家长的价值取向,但也因此营造了一个相对稳固的童年空间。然而,在互联网时代,身体的空间隔离不再关联于信息隔离。只要一台与互联网相连接的计算机,足不出户即可了解整个世界。儿童不再只作为信息的线性传播结构的终点,凭借通过互联网获取的信息,他们甚至可以对家庭中的礼仪、习惯乃至公共话题进行评判,因而挑战了家长的权威。

儿童-成人的代际关系被重塑

相比于通常不善使用高科技产品的成人而言,成长于21世纪的儿童却似乎具备了与生俱来对互联网的适应与领悟能力,访问网页、使用社交网络已经成为维系他们日常生活的重要基础,可谓"数字原生代"。家长作为信息发布者的角色已被消解,进而导致技术意义上新的代沟。"向孩子学习"不再只是一句时髦的口号,童年对于成年的信息"反哺"已经成为一种频繁出现的社会现象。

儿童被迫提前进入成人世界

儿童"成人"以往是一个按部就班、循序渐进的过程,但在网络世界中,无论是搜索引擎、社交网络,还是在线百科全书,都没有按照特定的次序为儿童展示信息,原本属于成人世界的内容在互联网时代毫无保留地涌进儿童视野。过去被家庭、学校等隔离在童年生活之外的成人因素正在大幅度介入自我意识尚未完全形成的童年生活,这不仅使我们正在领教一个个表达、穿着与成人无异的"小大人"的姿态,而且误导性信息甚至威胁到了儿童的生命安全。发源于在线社区"蓝鲸游戏"将煽动自杀设定为终极目标。露西·比德尔(Lucy Biddle)等人的调查也已经表明,即使在维基百科这样的网站中,也能够非常轻易地获取到关于自杀方法的详细技术信息。

之所以产生上述影响,原因有很多。第一,互联网本身在家庭中的核心地位看似隐而不见,事实上已成为丰富学习方式、实现寓教于乐的重要技术支撑。第二,作为电子媒介的互联网技术颠覆了印刷文化对于童年生活的奠基性作用。印刷的词语让位于电子的图像,更易理解的符号降低了儿童理解成人世界的门槛,阅读能力、理性思考和批判性判断不再是必要条件,识字文化所依赖的"传统的技能"变得缺乏意义。第三,儿童在互联网世界中失去了过去用以支持和分担认知过程的线索。信息的极大丰富使注意力转变为一种匮乏的资源和财富,为了吸引注意力,网络搜索引擎通过测度用户的意图来对搜索结果进行排序,购物网站则根据用户的购买记录来打造更加个人化的购物界面。于是,价值不再来源于信息本身,而是由能够吸引注意力的网络环境所创造,这是失去控制的主观感受,也改变并剥夺了支持意义归属的社会文化生态。

应对挑战的观念和路径

在互联网时代,那些用来帮助成人和儿童认识世界的符号、标志和规范被"眼球经济"瓦解,儿童所面对的是一个缺少可理解性和相关性的世界,童年生活被卷入技术风险中。为此,我们需要在以下几个方面着力:

告别自然主义和浪漫主义

近代以来,明代思想家李贽、法国启蒙运动代表人物卢梭等都主张自然主义教养观,认为童心是净、是真,而闻见道理是染、是假。要服从自然的永恒法则,顺应儿童身心的自由发展。这种自然主义的"学以成人"思想,浪漫有余,倡导回归本真的幸福的"自然人",而非高度社会化意义上的"知识人"和"文化人"。面对互联网时代的童年危机,首先就要告别这种倾向和态度。在儿童使用互联网的情境中,一面是接触到全球化的信息、丰富的教育资源、朋友间跨越时空界限的沟通,另一面则是色情内容、陌生人、隐私泄露、网络骚扰、泛滥的广告,早已不是一张白纸,不能一味顺应,也不能夸大童心和天真的抽象与纯粹,更不能与信息技术的发展背道而驰。我们只有在充分了解互联网技术对于儿童所带来的发展机遇以及与之相对立的风险之后,才能发现解决危机的条件。听之任之或因噎废食都不可取。

培育数字素养

儿童成人的过程今天已经与互联网技术交织在一起。在批判性地重塑技术时,技术也同样在重塑人类。与印刷术相关的素养使得成人的世界能够隐藏在文字之后,互联网技术基本消解了这一界限。面对儿童过早卷入成人世界这一现实难题,我们必须注重数字素养的培育。数字素养是包括检索并过滤信息、创建内容、通过互联网技术进行交流、具备隐私保护意识和手段等在内的一系列综合技能,它不仅意味着对互联网资源的利用,而且更加强调适当的态度以及抵御风险的能力。特别对于成年人而言,数字素养的获得尤为重要。为了弥补与儿童之间由于使用互联网的技术能力差异而导致的"数字鸿沟",他们必须肩负起责任,调整对于新兴事物的态度,在此基础上习得与互联网相关的软硬件基本使用技能,提升整体的鉴别、分析信息的智慧,进而重新获得在家庭和学校中的引导性角色,并由此恢复家庭和学校对于信息的过滤和管控能力。

重塑社会规范与引导机制

应该看到,面对互联网时代大多数企业所遵循的注意力经济模式,以及由此带来的碎片化的信息空间,数字素养的培育不可能一蹴而就。对此,我们的关注不应过度聚焦于互联网技术本身,以免忽略作为网络空间中注意力引导机制而起作用的相关政策和规范方面的问题。实际上,我们必须呼吁和寻求社会政策层面的努力,在网络空间中重新建立引导注意力的相应机制,进而在成人与儿童之间再次确认相对清晰的界限,并作为培育数字素养的相应保障。这方面的努力其实一直没有停止。十多年前,网络游戏中的暴力设定对儿童成长可能产生的严重负面影响是重要的社会议题,2007年4月、2011年7月,新闻出版总署等八部委先后联合发布《关于保护未成年人身心健康实施网络游戏防沉迷系统的通知》,2014年8月就游戏防沉迷实名验证再发通知。通过在时间和年龄上对用户进行限制,"防沉迷系统"已经成为解决儿童网瘾问题的重要举措。这些措施尽管并非一劳永逸的解决方案,但至少是值得肯定的有益尝试,并产生了积极的社会效应。

在摆脱掉不适当的倾向与态度之后,家庭和学校需要面对其信息过滤功能丧失之后的调整,家长则需要面对代际之间传承方式的改变,而政府和社会需要面对的核心问题将是如何在网络世界重塑规范与秩序。这三个方面的观念转变和实际行动,不仅需要大量的资源投入和社会关注,而且依赖于跨学科研究力量的整合。无论儿童还是成人,"学以成人"始终都是一个不断不尽的过程。

人格示范常态化

当下雷锋精神这一符号的"受众"已不是笃信"集体意识"的一代,而是强调个人权利和竞争意识的新一代。面对当代人价值取向的多元化和现实的道德困境,我们需要进一步思考人格示范常态化的途径。

雷锋作为一个道德人格被肯定,既是自身品质使然,也与当时中国经济、政治和思想道德建设的客观要求有关。20世纪60年代初的学雷锋活动与军人价值观紧密相连;"文化大革命"的特殊时期学雷锋活动体现了畸形的思想道德和人格符号;20世纪80年代的学雷锋活动展现主体意识的启蒙、觉醒和精神文明重塑的价值取向;90年代的学雷锋活动伴随市场经济带来的观念冲突和精神突围的社会需求;进入21世纪,学雷锋活动的内容和形式都发生了相应变化,公德问题成为雷锋精神传承的核心。世易时移,从"学雷锋、看行动""学雷锋、树新风""学雷锋、讲文明""学雷锋、做四有新人"到"学雷锋、志愿行动"等,不同时期学雷锋的口号各具特色、对雷锋精神的宣传也有所侧重,但无论是在社会主义建设初期还是改革开放新时期,雷锋精神对于引领社会风尚、推动社会主义思想道德建设一直发挥着重要作用。

时代性与超时代性的统一

雷锋精神首先是时代的产物,也随着时代的发展而不断调整其内涵和表达方式,雷锋精神与我国思想道德建设的阶段性要求和任务也彼此呼应。主体意识增强、个人利益诉求凸显的时刻也是雷锋精神的内涵被质疑、辩难的时刻;"道德滑坡"、信仰困惑的关头也是雷锋精神的部分内涵被呼唤回归的节点。我们对雷锋精神的阐释从来都不是铁板一块,经历了提出、形式化、重塑、拯救、传承以及日益具体化和深化的过程,是一种与时俱进的精神力量。与此同时,凝结在雷锋精神中的基本品格又具有超越时代的蓬勃生机,雷锋精神的内涵表达可以与时俱进,但走出自我、服务人民并乐在其中的质朴品格却可以超越时代和社会,具有恒久魅力。我们要从时代性与超时代性的统一上理解和把握雷锋精神。

职业道德向理想道德转化

进入20世纪90年代以来,雷锋形象的丰满与完整曾出于种种原因被局限和定格为艰苦朴素、助人为乐。仅就乐于助人来说,雷锋助人的自觉性与"学雷锋"的强制性、雷锋助人的持久性与"学雷锋"的形式化、雷锋助人的无私性与"学雷锋"者的功利主义等矛盾和背离现象,很容易导致广大青年对学雷锋的怀疑。因此,把握雷锋精神的职业特色,从职业道德出发逐步树立理想道德,是相对符合实际的价值选择。值得注意的是,雷锋精神的实质是与他的军人职责联系在一起的,是一种职业道德。军人首先就要讲奉献。作为军人就是要忠诚于党,热爱人民,报效国家,献身使命,崇尚荣誉。但雷锋精神同时超越一般的职业道德,他把人生的整个价值定位于服务人民,把人生的意义定位于服务而非享受,并以此为信念贯穿实践,体现崇高性和理想性。所以,一方面,我们要在敬业、勤业、乐业中学习雷锋精神,另一方面又要在从职业道德向理想道德的转化中把握雷锋精神。

人格示范向精神象征升华

崇高的人格是伟大心灵的回声。半个多世纪以来,雷锋这个普通的士兵所呈现出的"精神原型"承载了不同时期社会的道德向往,形成了无比强大的人格力量。从有"学习雷锋的光荣标兵"之称的朱伯儒到被誉为"新时期的雷锋传人"的郭明义,无以计数的雷锋式道德模范以他们鲜活的事迹和身影展现了不同时代的雷锋形象,雷锋已经成为为人民服务的精神象征。20世纪90年代后期开始,中国青年的人格示范趋于多元,随着青年的生活背景、奋斗经历、关注热点及成才路径的丰富多样,值得学习的榜样也更加贴近生活,可近、可亲、可学。由理想的追寻转向实际生活世界,由英雄梦转向平常心,是新世纪青年人价值取向的重大改变。即使如此,雷锋这样的精神象征依然有意义,胸怀家国与张扬个性可以并行不悖。我们要从人格示范向精神象征的升华中感悟雷锋精神。

要传承、延伸和发展雷锋精神,我们还需要面对社会转型时期当代人价值取向的多元化和现实的道德困境,进一步思考人格示范常态化的可能和途径。

某种程度上可以说雷锋是一种集体创造的道德人物。我们是否应该注意道德人物的负载问题?雷锋生活的时代,有雷锋那样的战士,也有焦裕禄那样的干部,要注意避免单个地实用主义地对待雷锋或雷锋精神。时代条件及其面临的问题都发生了变化,应当避免离开今天的条件人为拔高雷锋精神。还应该考虑的是,在雷锋时代,还有哪些人物和精神是被误打误伤,而他们也许恰恰是今天所需要的珍贵的道德资源。在雷锋精神的宣传过程中,如何在强调其象征意义的同时,避免将其"高大全"地符号化,进而避免使受众产生排斥情绪,仍是一个需要认真思考的问题。雷锋精神这一符号的"受众"已不是笃信"集体意识"的一代,而是强调个人权利和竞争意识的新一代,他们心中的"雷锋"形象并不具体,要让他们理解、传承和弘扬雷锋精神,更加需要从实际出发,合理处理一与多的关系。

使雷锋精神的学习回归常态

笔者认为,传承和弘扬雷锋精神应与社会主义核心价值观培育相结合,积极倡导负责任、讲诚信的价值取向。应避免把雷锋精神看作统领一切的概念,也不能仅仅依靠雷锋精神来解决当前的道德问题。中国社会当前的难题是公正问题,公正与责任紧密相关。罗尔斯将"责任"与"分外事"进行了明确区分,"责任"就是做"分内事"。从这一角度看,雷锋更多地应当作为做分外事的典范,但如果将道德建设的重点放在做"分外事"上,难言正常。社会道德建设的重点应放在"责任"上,即各守其位、各尽其职。与此同时,将学雷锋活动看作献爱心也存在泛化和异化现象,中国的许多问题还需要爱心之外的制度建构。

雷锋精神的传承与发展还需要继续发挥青年作为生力军的作用。从50

年学雷锋活动的历程看,青年一直是其中的主要力量,自20世纪80年代开始,青年也是传承雷锋精神的重点对象,"潘晓讨论""寻帽讨论"等几次围绕雷锋精神和人生价值的讨论也主要是以青年为中心的。在新的历史条件下,要进一步探索适合青年的学雷锋活动载体,引导广大青少年见贤思齐。

仪式、节庆与精神生活

近年来,各类节庆、仪式活动受到多方重视,不少专家学者为此献计献策。其目的远不仅仅是宣传造势,更重要的是巩固集体记忆、提升审美价值、丰富精神生活。一起工作多年的同事即将退休,悄悄录下大家对他的祝福,适当机会静静地播放,看似自作多情,当事人却感动万分。影像的形式当然不是为了赚得眼泪如海,而是挽留集体性的记忆;孩子十岁生日,除聚餐、买玩具之外,如有心收集他的出生证、医疗卡、幼儿园入园通知、小学一年级写得歪歪扭扭的字,各个年龄段的照片等编辑成册,告诉孩子:这个世界已经接纳你。这样的特别纪念比鸡翅和汉堡要有意思得多,还可以告诉孩子:美,来自寻找和创造,来自生活积累和观察的敏锐度;18岁成人礼虽然各个国家的做法不一样,但都会在其中融入国家、社会、文化的理念,融进人伦日常的生活。"牢记青春誓言,振兴中华""圆老人一个心愿""为家人做一件有意义的事"等都是极富中国特色的表达,其中包含我们对走出自己、走向他人的精神生活的理解。

既然仪式和节庆活动具有如此重要的精神意义,我们就要高度关注形式感及其丰富内涵。

文化的形式感

文化是一个民族的神经,在中国举办的各种大型节庆活动中,中国文化及其形式感不可或缺。2008年奥运会开幕式上,无论是中国汉字与阿拉伯数字的有机结合,还是服饰、造型和舞蹈与中国不同历史时期人文特点的勾连,抑或古筝、琵琶和钢琴的合奏，处处可见中国文化具体形式的美感。连"有朋自远方来，不亦乐乎"也找到了新的舞台。丝绸之路、茶马古道、书法、国画、昆曲、京剧、瓷器等诸多元素因表演和展示而唤醒记忆，赢得认同。这些形式在具体运用过程中已不再只是形式，而成了充满形式感的内容。2010年世博会前后的大型节庆活动和仪式设计同样有一个形式感的运用问题。作为承办方的上海，不仅是上海人的上海，也是长三角的上海，更是全国的上海、世界的上海，成功运用历史文脉的渊源有自中西交汇的兼收并蓄和智者乐水的周流无滞，发现并体现世博会的中国审美形式，是一件功德无量的事情。

形式的崇高感

我们应当着手剔除文化心态中曾有的对待形式的多变性、包容性和不严肃性，增强崇高感。在中国民众的信仰中，并不是没有神圣的偶像，所崇拜的各路神仙，更无严格规整的体系，甚至将孔子、关公、观音、耶稣供于一堂。为读书做官就去拜孔子，求子嗣就去拜观音，想发财就去求财神。一方面，借助宗教的形式保持了以人为本，体现大度和睿智；但另一方面，就可能导致对现实中很严肃的大问题，往往关注得不够认真、不够彻底，对于具体的形式表达缺少一贯的把握，而是任其含混不定。抛开单纯的宗教用意，对包含丰富内容的形式采取实用主义式的随机反应，往往导致敬畏感的缺失。如果没有敬畏感和崇高感，如果只是流于形式，就可能导致浅尝辄止、点到为止、随随便便等现象发生。培养对形式的敏感，提升对形式的审美趣味，不仅是对大型传播活动主创人员的要求，也应当成为广大青少年养成教育的重要内容。

美善相生，以美储善

仪式、节庆活动通过具体审美形式传达道德要求，提升文明水平。美善相生，以美储善。赋予概念、教化、规范的善以具体生动的美感形式，使善可以成为激发情趣的观赏对象，理性和感性中和，善就脱离抽象形式而成为一种因素融于审美活动中。从善到美，就创作而言，难度变大，就教育而言，则更深刻也更自由自觉了。各种各样的庙会、旅游节、电影节、大型赛事、大型展览活动其实都是对举办地民众素质的大检验,也是把艺术思潮、审美理想和欣赏要求传播给大众的载体。道由情生,把握好仪式和节庆活动中美与善相辅相成的关系,可以丰富中国人的精神生活,吸引更多的受众参与其中。

"+文化"与"文化+"

对于很多人来说,电影不只是一种消遣,而已成为一种生活方式。由此,也为我们观察文化角色的演变提供了新的视角。

记得著名哲学家冯友兰20世纪30年代后期曾经在美国宾夕法尼亚大学讲授中国哲学,其中特别提到农耕社会的经济基础孕育出了孔子、老子、庄子这样的哲学家。他认为中国是大陆国家,以农业为主,土地是财富的基础,所以贯穿在中国历史社会经济思想的中心总是离不开土地的利用和分配。农耕社会的眼界影响着哲学思考的方法。农业所要对付的,例如田地和庄稼,一切都是通过劳作直接感受领悟,且行且珍惜。这就可以理解,农耕社会孕育的哲学家也往往以对于事物的直接领悟作为他们思考的出发点。《吕氏春秋》中有一篇《上农》比较了农业和商业,认为在生活方式上农业比商业高尚。中国哲学中的重要两派儒家和道家都表达了对农业的渴望和灵感,只是形式上略有不同而已。寒来暑往,黄回绿转,这些来自农事的体验和感悟还养育了一大批田园诗人。甘其食,美其服,安其居,乐其俗。邻国相望,鸡犬之声相闻,民至老死不相往来,一看就明白是小农国家的田园画。由此可见,特定文化样式的发展,别具风格的文化人群体的生成,各门类艺术的繁荣,都和一定的经济社会形态有着内在联系。

改革开放以来,特别是前20年,文化的角色,无论是大文化还是小文化,基本上是市场经济的伴音,不是完全的主角,事实上也没有更多的闲情和余暇来从容发展创意性的内涵。所谓文化搭台,经济唱戏,一语道破主次分别。因为经济发展是硬道理,只有经济基础打好了,才可能有条件发展文化,满足人民群众日益增长的精神需要。所以整个价值导向就是"+文化"的样式：房地产开发，用审美元素吸引眼球；历史叙述，用"戏说"博得观众。文化是寄予其中的脆弱存在，不是主体，也不那么核心，偏于手段和工具。其实真、善、美等亘古以来被称颂的价值范畴，孤立、抽象地看，都很易碎，都需要具体的载体支撑，依托一定的经济社会活动并赢得有限的生存空间。孟德斯鸠继承了一大笔遗产才有条件写出《波斯人信札》，文化和经济的联姻起初很长一段时间内就是这种伴生型的样式。当然这并不意味着离市场比较远的纯粹学理性文化研究没有成果，我们只是强调被市场裹挟而走的那一类文化活动、产品所呈现的"+文化"的特征。

2005年以来，尤其是文化体制深化改革的十余年来，文化走到了前台，事业与产业各自明确功能，逐步实现伴生型向自主型的转变，"+文化"逐步向"文化+"转变。各类文化机构的拆并、社会资本的进出、市场运营的实质性操作等，使文化本身成为主角，成为目的。也就是说文化插上经济的翅膀，走入信息快车道。产业结构的调整、服务业比例的提升、众创空间的激励等都呼唤着文化走到经济生活的舞台中央，许多行业要获得可持续性发展，需要搭载文化创意和文化发展这样一个大的平台，才变得不那么原始，不那么"钢筋水泥"。

人们的消费生活、心灵生活较以往也有了更加多元、多样、多层的内涵和需求。这是一个信息文明快速发展的新阶段。在这个阶段，企业家关注"文明比较与中国道路"，甚至关心王阳明的心学与功夫论、上海经济发展中对历史文脉的梳理以及上海演出市场的细分和受众的多元化趋势、一系列以"文化"为主题的微信公众号声气相投，凡此种种都预示着"文化+"时代的到来。

美国引导的第四次科技革命其实就是信息革命，除催生金融帝国主义和美元霸权外，也催生了文化消费方式悄悄而深刻的革命。互联网经济有可能把生产、流通、分配、消费的环节扁平化，生产不需要集中上班，可以交给机器人，机器人也不要社会福利，一天24小时灯都不要开在那里忙上忙下。和人的自由发展、全面发展没有关系的生产，将来统统可以交给"非人"。那人空下来干什么？生产和生活良性互动，做自己喜欢的事情！谋生和乐生就有可能真正一体化。慢慢地，精神文化生活本身就变成了目的，文化就变成人越来越重要的需要实现和享受的东西了,而且有望成为文明的真正灵魂,相应地,文化也成了产业发展的内容,而不是附属品。

《国外社会科学文摘》2016年两期连续摘编《大西洋月刊》德里克·汤普森的文章《没有工作的世界》,其中介绍美国的彼得·弗雷兹(Peter Frase)将出版一本名为《四种未来》的著作,讲述自动化如何改变美国。作者认为,工作实际上代表三件事:经济社会生产产品的方式、人们赚取收入的方式和为很多人的生活提供意义和目标的活动。这个作者是一个"后工业主义者",欢迎甚至支持工作的终结。经济学家约翰梅纳德·凯恩斯(John Maynard Keynes)曾预言:到2030年,技术进步可能实现每周只工作15小时以及大量的休闲时间,这是一个消费、文化创造力和权变的未来。

在"文化+"时代,地铁不仅仅是地铁,而是生活方式的重要组成部分;剧场不仅仅是剧场,而是徜徉流连的心灵之家,哲学不仅仅是大学教授的枯燥概念,而是寻常咖啡时光里津津乐道的话题。生活艺术化,艺术生活化,这也就给公共文化空间营造提出更高的要求。中国文化传统总的来说更加注重的是私德,对于公共的文化心理空间及其心性修养等还是比较陌生的,上海众多的图书馆、博物馆、艺术宫以及思想生产者将在"文化+"的发展态势下各美其美,各得其所。

文明互鉴与自我意识

习近平总书记曾就《人民日报(海外版)》创刊 30 周年作出重要指示,充分肯定《人民日报(海外版)》积极传播中华优秀文化、宣传介绍中国发展变化所发挥的作用,强调要用海外读者乐于接受的方式、易于理解的语言,讲述好中国故事,传播好中国声音,努力成为海内外华人华侨增信释疑、凝心聚力的桥梁纽带。世界多极化、经济全球化深入发展,文化多样化、社会信息化持续推进,在跨文化交流中如何传递信息、塑造形象、表达价值,营造于我有利的国际舆论环境,显得尤为重要。目前来说,笔者认为,应当处理好寻求共识与自我意识、语言学习与文化自信、价值偏好与客观理性的关系。

寻求共识与自我意识

随着互联网的快速发展,在中国的很多地方开始感受到美国企业和文化的巨大影响,比如成立于 1971 年的咖啡连锁公司星巴克,好像变成咖啡店的国际标配。不仅如此,美国人习惯过的情人节、万圣节、感恩节、圣诞节等也正在变成中国的节日。当然,中国的春节也在时代广场呈现热闹景象,旗袍、中国功夫等也受到美国的关注。从中美两国的文化交流和生活互动的角度来说,全球化早已成为一个正在深度发生的现实。在这个现实中,美国也许更多地考虑如何利用自己的经济和文化优势,充分扩展自己的市场份额和生存空间。而中国在通过技术引进、项目合作的过程中学习美国的做法和经验,分享国际化和市场化成果的同时难免暗暗忧虑"自己不见了"的危险。"国际化"是什么呢?按照字义,是使自己变得更"国际"一些,可是,谁是"国际"呢?变得跟谁一样呢？也许几十年前大致只有一个标准、一个方向，比如美国化，这样的国际化对中国来说就是单纯地向别人看齐。

今天，中国道路的开创、中国奇迹的取得，中国为世界文明发展做出的贡献应当使我们意识到，"国际化"的方向已经有了比较大的改变。虽然从国际舆论格局来看，西方话语仍居强势地位，但是高度重视人类共通的经验，尊重共同的价值和情感，从文化共识出发，聚焦中国故事，主动发声，实现国际表达，应当成为中国人跨文化传播中的自我意识，尤其需要及时了解社交媒体和移动终端的发展趋势，对传播的开放性、交互性、分众化有观念和技能的双重把握。否则我们就有可能在这种越来越靠近的国际化进程中失去自我。

中国的上海和纽约有不少相似之处，摩天大厦、高科技产品以及智能化的生活标志着中国社会一部分人的物质生活与美国越来越靠近，但从自我意识的角度来看，我们可能都需要思考外在生活条件和技术水平的提高是不是就意味着我们比前辈更加幸福。我们可能要一起思考现代文明的发展与人的自由全面发展的关系，总而言之，需要谨慎处理目的和手段之间的关系。笔者曾参观的美国费城Lancaster地区Amish人的简朴生活方式，很受震动。也许大资本、高科技，一切追求和发展，最终的目的是回到根本——回到自己的语言、文化，自己的历史、信仰，自己的泥土。正如香港中文大学校长沈祖尧在2015年学生毕业典礼上所强调的那样，快乐与金钱和物质的丰盛并无必然关系。漫无止境地追求奢华，不如俭朴生活带来的幸福和快乐。一方面，从文明学习和借鉴的角度来看，国际化使我们变得越来越一样，物质文明及其载体的日益趋近导致人与人之间的零距离；但另一方面，每个人、每个民族、每个国家依然不一样，中国人的自我意识提醒我们：百花园之所以是异彩纷呈的花园，正是因为各不相同。交响乐之所以成为交响乐，也是因为各个乐手各司其职，才有和美的效果。文化多样，文明趋同才是国际化中比较合理的自我意识。

语言学习与文化自信

中国人在20世纪七八十年代的时候主要学习四种外语，英语、日语、俄语和德语。上海在700多年的历史发展中历来重视语言的学习，尤其是近代以来，在外滩的"买办"都会说一种"洋泾浜"英语。改革开放以来上海最主要学的语言是英语,学校教育从小学一年级开始一直到博士毕业,英语是每一次大的测试中必须考的科目。伴随着语言学习而来的是这种语言所承载的思维方式和价值观的影响,但在整个学习的过程中包括上海在内不同程度地忽视了中文教育和中国独特的思维方式。就上海来说,小学生不会讲上海方言很正常,不会说英文倒变得奇怪了,对本土文化的体验和认识相对还有欠缺。为改变这种状况,如今不少地方公共交通已经同时使用标准普通话和本地方言。

按照笔者的理解,语言深深扎根在文化和历史的土壤中。中国人的文字是象形和表意文字,在一幅画上同时画蝙蝠和鹿,表示的意思不是简单的两种动物在一起,而是祝贺有财运和福气的意思。结婚时按照中国的民俗,朋友们会送一个装满红枣、花生、桂圆、莲子的桶,意思是"早生贵子",按照英文的思维,这四种食物与生孩子完全没有因果联系。象形文字可以从形和声猜测其意思,使用这种文字的中国人思维方式上偏形象,由此及彼,把本身无关的两件事做出推理联想;而英文是字母文字,不能直观判断其意义,更偏重抽象思维,做由表及里的思考。思维方式的差异导致中西文化、礼仪传统、哲学思想、文学艺术的差异。文字的差异导致思维逻辑的差异,最终又反映为文字表述的差异。使用字母文字的民族在医学实践中容易进行纵向联系,求其所以然,进行由表及里的深入思考;而使用象形文字的中华民族在医学实践中更容易进行横向联系,把形声作由此及彼的联想考虑。中国人学习理解自己国家的语言,体会中文的韵味,是历史感的必要组成部分。正是意识到这一点,目前中国的大学入学考试把英文分数做了调整,从 150 分调整到 100 分,考试次数从一次调整为 3 次,3 次测试中可以选择最好的一次作为高考录取的分数,客观上加大了对本国语言文化学习的分量。

移植语言,就是移植文化和历史,移植价值和信念,两者不可分。娴熟英语,通晓英语世界的价值观与运作模式,使新加坡和中国香港这样的地方容易与国际直接对话,但是他们可能也要付出代价。英语强势,可能削弱了本土语言文化的发展,而英语文化的厚度又不足以和纽约或伦敦相提并论,文化发展上可能的结局就是四不像,两边落空。两种文化土壤都不够厚实的环境也许可以培养实用功利的工商管理人才,但真正体现自我意识和人文情怀的空间可能还是有限的。大家可以设想,外语再出色的人最适合表达他思想和情感的依然是母语,虽然母语未必是别人听得懂的语言。相对于母语,外语是我们不可缺少的一个"转换插头",电源依然是自己身在其中的祖国文化,那是我们每一个人的根,对这样的文化之根,美国人很自信,我们中国人也有自信。学习、了解别国文化,不是为了淹没自己、丧失自己,而是为了成就更好、更加丰富的自己。

我们有能力做好自己的事情,14亿人的奋斗和创造为我们的跨文化传播提供了源源不断的生动实践,我们有底气也有必要用别人听得懂的语言、讲得通的逻辑词汇,去呈现自己的语言、自己的观点、自己的意义世界。当然,文化自信也要以讲究技巧、注重艺术为基本前提。

价值偏好与客观理性

跨文化交流的目的实际上是寻求和印证各自的个性,进而达到知己知彼。知己,所以要决定什么是自己安身立命、生死不渝的价值。知彼,所以有能力用别人可以理解的方式呈现自己。跨文化交流的结果不是把我变得跟别人一样,而是用别人能理解的方式告诉别人我的不一样。所以"国际化"是要找到那种"别人能理解的方式",是手段,而非目的。找到"别人理解的方式"需要广博的知识和客观理性的价值判断。不知道非洲国家的殖民历史,会以为自己的"悲哀"是世界上最大的悲哀。不清楚世界各国对中国市场的反应,会永远从政治的单一角度去思考中国问题。不了解联合国的妥协政治,不了解伊斯兰世界的内在思维,不了解全球化给国家主权和民族文化带来的巨大挑战……不了解这些,又如何奢谈找到什么对话的语言让别人了解你呢?

越是理性清醒的国家,对于国际的知识就越多。知道越多,掌握越多,就越知道自己应该怎么做。也许在耶路撒冷,也许在伦敦,在北京,在香港,在上海,突然下起冷雨来,远远看见下一个街角闪着熟悉的灯,你就知道在那里可以点一大杯拿铁咖啡加一个 bagel 面包,虽然这是一个陌生的城市。国际化就是把自己敞开,让 Starbucks 进来,进来之后,又知道如何使我们中国自己的功夫茶、小米粥更温润优美,知道如何让别人见识我的不一样。Starbucks 越多,每一个城市自己的特色小店越重要。

跨文化交流互动中还需要自觉主动地消除成见。比如你在书上看到"从众性"作为日本人的特点,但是你还是会在东京街头发现一群打扮得像地狱天使一样的摩托车骑士。保持很长时间并代代相传的东西照样也会有例外,没有什么规则是包罗万象的,总有例外情况发生。任何时候都需要我们抛开偏见进行实地观察。中央电视台记者白岩松在哈佛大学演讲时谈到加州牛肉面的事情,其实加州并没有牛肉面。你想象中的美国人可能就是中国人自己。我们总是容易按照自己的判断标准和先入为主来看待别人,于是你看到的其实只是你自己想看到的。

跨文化交流、加强国际化,实际上就是要求一种去标签化的实践活动,面对面的接触一定好多背靠背。中国很难想象美国也有比较偏远的农村,而美国人印象中的中国也许就是香港、上海、北京等大城市,其实还有很多偏远的山区,发展也还不平衡。

研究跨文化交流需要面对的最终问题是客观性。跨文化交流必然涉及价值观,你从自己的文化背景和角度研究其他文化,因此你的观察和结论总带有自己文化的印记,而观察你不熟悉的言行并解释其意义是困难的。比如你来自一个不喜欢沉默的国家,如何去弄懂别人的沉默?民族和文化的优越感就会妨碍跨文化交流的客观性。客观性意味着摒弃文化间任何明显和细微的敌意。多样性并不会导致分离,文化的丰富性和差异性本来就很正常。对包容的正确理解和实施不是负担,学会尊重那些非主流人群,不论其人种、民族、宗教、出身、性别等,对跨文化交流尤其重要。

处理好寻求共识和尊重自我的关系、学习他人和文化自信的关系、价值偏好和理性客观的关系,也许是跨文化交流在今天特别重要的三个方面。

由"高楼综合征"想开去

愈近现代,人们愈加怀念曾经有的弄堂温情。放学回家,邻居张妈热情地招呼孩子吃饭做功课,邻里关系十分紧密。如今大楼林立,公寓多多,温情不再,隔壁邻居谁也不认识谁,上上下下,电梯间形同陌路,是谓"高楼综合征"。真有那么可怕吗?换个角度想想:弄堂里的邻里关系确实紧密,但紧密过分了,照顾不也是监视吗?很多人只看到照顾的一面而忘记蜚短流长瞬间弥漫的另一面。而所谓"高楼综合征",最厉害的不就是孤独感吗?但是窥探和监视也少啊,隐私权不就得到更好的保障吗?有些时候,特别是在家中的时候,不归属到某个社会群体中就一定是坏事?当然对于一个已经习惯了原先伦理分类和规范的人来说,孤独是一件可怕的、让人不知所措的事情。一个在某老弄堂生活了几十年的人,也许他最伟大的出走就是走到巷口,又回头了。

由此不禁联想到"四郎探母"的故事。两国交战,杨四郎(延辉)兵败被俘,他隐姓埋名,也不告诉别人他有老妈,而且老妈还是个元帅,也隐瞒他有妻子四夫人的事实。结果被番邦公主招为驸马,还生了个儿子,夫妻恩爱。这里面已经隐含一个两难问题,一边是十五年未尽孝的母亲,一边是令他家破人亡的仇家成了妻子,四郎如何取舍?后来佘太君亲自带兵到边界,四郎只好跟番邦公主坦白。番邦公主才知道丈夫原来是仇家,她威胁要去告诉母后(萧太后),但一说完就哭起来了,毕竟四郎是她丈夫,这又是一个两难。最后番邦公主还是悄悄帮忙,让四郎见到母亲。杨四郎回去后跪在母亲面前,忏悔自己十五年未尽孝道,匆匆一面又要赶回去。佘太君骂道:"难道你不知道天地为大,忠孝当先吗?你还要回辽邦?"杨四郎在舞台上也哭,他怎么会不知道?可是如果他不回去,公主就会被杀头,因为她放走了俘虏。除了这些伦理纠葛,还有原配夫人的耳光等着杨四郎呢。但不知怎么搞的,这个故事的结局是大团圆。除非我们假装"不舒服的东西"不存在,否则有些大团圆就是粉饰好了的太平。而伦理上的两难和缺憾,粉饰不了。就像高楼和弄堂,我们不能简单地当成八股文和是非题。

有的女性对着孩子常常抱怨丈夫,抱怨到最后就是哭,就是叫:我再也受不了了,我没有办法再和你过下去了!最后她的孩子也受不了了,跟母亲说:好,我明天就带你去跟老爸离婚。结果呢?母亲哭得更凶,很生气地骂儿子:你这个不孝的孩子,怎么可以这样讲话?怎么可以这么做?他是你爸爸。瞧,这也是一种两难,抱怨竟成为伦理的一部分。而伦理上的孤独就意味着出走,从群体、类别、规范里走出去,只有走到群体外围,才能回望自身的处境。有几个人敢、肯、能作这样的出走和回眸?所以,有些人选择哭,选择抱怨,选择发泄情绪,而不会选择行动,不会考虑怎样解决问题。

每个人一生下来就会被放进一个人际关系的网络,被归类。为什么如此归类?类本身是否合理?我们不去深究。所谓乱伦,无非背叛了原来的分类原则。在《封神榜》里,哪吒割肉还父,剔骨还母,把来自父母的肉身还给父母。这里就埋伏着一个巨大的乱伦和颠覆。但是作为新伦理的代表,哪吒恐怕要承受孤独的代价。失去身体的哪吒后来在太一真人的帮助下以莲花化身,才得以背叛他的父亲。而在中国传统的伦理分类中,父权不容背叛。孔子选择父为子隐,子为父隐,令人感动,只讲法律的社会难免冷冰冰。但另一方面,现代社会中渴望独立的个人对自己的身体又存在暴力冲动,所以会去刺青、穿孔、打洞。身体发肤是我自己的,为什么不能毁伤?毁伤的身体里有肉体的自主性?其实任何一种伦理分类,常常有两难和例外。只是因为某些分类已成"公认"的公式,绝大多数人不敢质疑它们。而实际上看起来没有问题的伦理分类可能潜藏着矛盾。也就是说在大多数人认定的毫无疑义的伦理分类面前总有孤独的出走者,是那百分之零点几的孤独的出走者提示着伦理分类的迷障。

在一些两难的道德困境里,我们没有下结论说一定要学习西方法治观念,也没有说一定要遵守传统的伦理道德,需要思考的是如何在道德的艰难里获得坚持的意义。比如寻求一种比较有弹性的伦理——包括角色互换的机会等,再比如结合弄堂和高楼,搭建符合人性又相对独立的交往平台等。否则,伦理也可能成为暴力和障碍本身。

再绵密的人际网络也无法将人与人合为一体,大团圆的文化可以让我们偶尔陶醉一下,但大多数时候,在个体更独立的时候,爱才会更成熟,不只是陶醉,不只是依赖。而我们常常把伦理当成依赖。从健全的个体出发,依靠不会变成依赖,而且依靠也不是常态,因为自己完全可以独立。

见义勇为与风险伦理

近年来,拾金不昧、见义勇为者被人误解、反惹官司的事情时有发生。明明只捡到 1 700 元,苦等失主前来认领,失主非但不表示感谢,反而要求捡钱者倒过来支付 8 700 元,事态越搞越大,最后竟然要对簿公堂。这是《扬子晚报》曾报道的一则真实案例。失主不相信好心人真的只捡到 1 700 元,好心人不能理解好心为什么被当成驴肝肺。这样的事实积累到一定程度就会出现福州 83 岁老人摔倒在人行道上,众人围观而不援手的现象,因为人人都怕被"讹上"。凡此种种,除了法治环境和社会保障制度,不禁使人深思:见义勇为究竟是否值得?好人为什么难做?如何正确看待风险伦理?如何真正营造一个不总让好人吃亏的社会环境?

德国哲学家康德有句名言:位我上者灿烂星空,道德律令在我心中。普通大众并没有读过康德,但是也有自己心中的道德底线和评价标准。即使在个人利益的重要性和正当性日益突出的今天,即使在包含风险、需要付出代价甚至牺牲的非常时刻,我们都会理性地肯定道德价值。所以见义勇为是否值得不会成为真正的问题。普遍困扰的倒是好人难做、见义勇为难得。何以如此?

首先在于一个低度信任的社会缺乏对见义勇为的起码理解。谁相信一个八竿子打不着的过路人会送一位被撞伤的老太太去医院呢?十多年前"打假"活动中涌现的王海不也被某些部门骂成"不是东西""嘿,他动机不纯,想捞钱"吗?不相信世间有好人,人与人之间缺乏起码的信任,怀疑别人的善良,这些都实实在在伤害善者和勇者的心。

其次是缺乏对好人行为的实际追随。如果没有实际行为的支持和追随,只把勇者打入光环围绕的另册,需要时才拿出来赞颂一下,那么谁又能毫无悔意地说好人该做呢?

最后是扬善惩恶的机制尚不健全。虽然有些地方建立了见义勇为鉴定机构,但事后的补救与即时的共鸣毕竟有距离,惩恶的滞后也会带来一系列的负面效应。

其实归结到一点,无论从行为本身还是行为可能导致的社会效果来看,见义勇为都涉及风险伦理。德国图宾根大学著名哲学教授奥特弗利德·赫费在关于基因问题的道德研究中曾经引入风险伦理。[①] 在考虑是否值得付出相关的代价进行基因研究时,赫费认为,首先要研究风险的类型、危险的控制、可能的损害方式和损害出现的概率,可能的优点和优点出现的概率。其次,从可能的损害方式和损害出现的概率分析消极的利益期待,即损害期待。再次,从可能的优点和优点出现的概率分析积极的利益期待,即优点期待。最后做出判断:如果损害期待提高了,那么总的利益期待就落向消极,人们就以理性的方式反对之;而如果总的利益是积极的,那么人们就选择支持它。在权衡利弊时从来不容忽视的是,基因研究的风险涉及一种绝不与低等价值协商和妥协的价值,因为拿去冒险的是身体和生命的基本权利,所以禁止损害比有效的戒律具有优越性。这一伦理问题的应用性研究确实使空泛的道德议论变成实实在在的技术操作。

问题在于,涉及见义勇为,我们发现风险伦理的实现方式不同寻常,是瞬时的,几乎又是本能的。勇者在做出判断和选择前未必有时间思考风险、代价、概率之类的问题。关键时刻做出的瞬时反应,也许比冷静思考后做出的理性选择更能说明勇者的人格和素质。本能的"善行"和"勇为",看似非理性,实质上是平时个人修养和社会培育的结果,而无论从个人自身的修养来说,还是从个人所在的集体对它进行的社会培育而言,理性都发挥着重要作用。当然我们不可能要求每一个社会成员都具备瞬时反应、义无反顾的风险伦理精神,也不提倡无条件的牺牲,善行确实要与智慧和合理的手段结合。但凡事当前,如果人人都失去本能反应,先做理性和经济的较量,眼开眼闭,错失有所作为

---

① 参见奥特弗利德·赫费:《作为现代化代价之道德》,上海译文出版社 2005 年版。

的机会,甚至无视勇者的德行,那就说不过去了。

生活没有旁观者。风险伦理的实现、风险的控制和代价的减少需要每一个人把自己放进去,把自己的行动也放进去,愿意为勇者和善者做一些事情。我们不能老指望别人先做好人,自己躲在好人堆里游移。

真正的道德行为超越功利考虑,好人并非为感恩戴德而行善。但是从社会的角度来说,我们不能让善者和勇者总是吃亏,不能总让老百姓慨叹:好人不长寿,坏人活不够。我们需要一个实现风险伦理与见义勇为共生的社会文化氛围。总让行善者和老实人吃亏的社会是一个个人和集体、自我和他人对立的社会,这个社会之所以要不得,是总让人在"利己主义"和"自我牺牲"之间进行非此即彼的选择。不想自我牺牲,就选择利己主义;不想选择利己主义,就只好自我牺牲,这是伦理学上道德两难的一种形式:两种你都不想要的东西,却非得选择其中之一不可。两种你都想要的东西,但要了这个就必须放弃那个;要了那个就必须放弃这个,则是另一种意义上的道德两难。

在现实社会里,全然回避道德两难不大可能,但一个人如果在生活中经常碰到这种两难,一个环境如果让人们处处为难,这个环境就一定出了问题,在这样的环境中,见义勇为值得自豪,但我们不能总让善行者和"勇为"者经受各种风险甚至生命的考验,这毕竟是令人痛心的事情。从社会整体的角度来看,从设计制度、创造环境、营造舆论、实施奖惩的领导干部、主管部门来说,要努力创造一个人人为我、我为人人的社会环境,只有在这样的环境中,道德规范才比较容易作为一种合乎人性的、常态的力量产生作用,才能够降低其实现的风险和成本。

一个善行者不经常吃亏的环境,更能促成道德规范的内化,更能在人们心中植入瞬间反应的道德"本能",产生关键时刻发挥作用的心灵火花。

有人说善良是一棵矮树,但愿它是一棵岁岁常青的矮树。愈近现代,摩天大厦间更需要守望相助的精神。一个用道德追求提升经济生活的社会才能让我们有所期待,安心且温暖。

善之艰难及其可能性

关于道德,关于善恶,我们很容易陷入相对论。当然,道德相对性不等于道德虚无主义,排除道德归罪并非等于完全不讲道德,另一种可能是将道德判断延期,通过且慢判断来展现非善即恶的斩钉截铁有其局限。

道德的高大上、完美的楷模也许并不是现实生活中的个人,而可能是"想象的人物",更加真实的状况和事实也许是:人人都在可能的环境和条件中沉醉于道德相对性。不是说想怎样就怎样,而是各人有各人的道德,包括内涵、层次及外延等,因此道德也可能变成相当私人化的一个领域。

出版家唐诺在《尽头》[①]一书中以17篇长文绵密细致地讨论过人寿几何和善与善的冲突问题,尤其是关于疾病和医生的关系,很有启发意义。

医生这个职业,在100年左右的时间里曾经很是光鲜、荣耀,如今却再明显不过地显示其中的沉重、矛盾甚至危险。大众传媒里看到的医院黑幕、医疗纠纷及其各种各样的戏剧化形式,致命的还不是病毒细菌而可能是拳头刀械,医患之间的信赖关系正面临寸寸瓦解之势。医术不是巫术,但要去指责医疗技术不进反退是没有道理的,一定要痛骂一声全都狼心狗肺也令人难以置信。一个可能糟糕的医生、一个不幸的医疗事故、一次偶发死亡你恰恰遇上,对整体来说还是一个统计数字,而对当事人却是百分百灭顶之灾。这也正是医疗行业的永恒麻烦和道德困境。个体性的病痛死亡经验巨大强烈到能摧毁掉最后的一点点理性,制造出人试着讲道理的极大困难。

---

① 参见唐诺:《尽头》,广西师范大学出版社2013年版。

但回过头来我们是不是也要考虑下单位医疗时间被迫不断缩减的事实？这个事实只需要将全部医生数乘以其平均工作时间再除以看病人次总数就可以明确无误地知道答案了。看病基本如看花，和个别人等的善意恶意、技艺高低乃至个人意志的关系其实真的不大，这三个关键数字的变化消长才是真正要命的。短期来看，救人如救火，暂时能调整的好像只能是医生的平均工作时数。在现实生活中医生总数不可能随时增加，而且将来也许离岗的比进入的还多。医生每天工作时间数，极限也就是 24 小时，再下去就违法了。这种情况下一味诉诸善意，呼唤良知，恐怕远远不够。

一方面，医疗技术的进步及未来时间的尽头我们可以感觉到，另一方面，前进得更快的是我们对生命质量的要求、对人道的要求以及对死亡之事的恐惧和沮丧，对此我们有更加远也更加美好的期待。我们把这些连同所有美好的期待一股脑儿交给医疗负责，有没有想过后者是否能真正承受？事实上医疗也永远做不到亦步亦趋，医生又不是巫婆。人的善念和关于生命质量的期待很美好，持续实现它从而相信它却非常不容易。而要实现一个遍及眼前所有人的善念，比如高质量的生命，将是一个庞大体系以及超难支撑维修的工程，何况这个体系还是靠某些人用身体、用原始的生物性力量来维持的。事实上，我们如今已经实现的老者病者的照料规格，已远远高出社会自身的能力以及我们的伦理道德水平。善意无价、情义无价，但我们还应观察到它的另一面，也就是行动起来试图滑入现实的不堪负担的一面。善也并不珍稀，几乎人人处处都有，只是它绝不便宜。

哲学家老子曾经像写动物、无生物、飞马微尘一样来写人，把仁义礼乐等看成生存之外的过大过当的目标，所以道法自然。我们当然应该是一个人道主义者，这样一个简单的道理实行起来却很难，对有些行业则越来越困难，而循规蹈矩的坚守又遭遇生物学意义上的极限成本。

基督教渴望并设计一个至善的神，但要如何才能把它和这个世界真正紧密联系起来？神自己也没有办法，只能将它与世界分离，制造永恒的不可逾越的距离。我们对恶可能并不陌生，也还算知道每天如何与它周旋，忍受它并努力阻止它的破坏性力量。真正深不可测的倒是善，理解不足的也是善。谁都希望能一马平川，顺利活下去，受伤或者生病都能得到妥善、正确、及时的医治,然后70岁、80岁、90岁、100岁一路前行,我们甚至还希望最好能没有痛苦地自然死去,即使无痛死亡也让我们觉得悲伤遗憾。如此防老防死并为死亡的到来而自怜自伤的,也许只有我们人类。相当一段时间以来,我们满以为这是人的基本要求、基本权利,生来就该是这个模样,但现在已知道这不是当下的普遍事实,极可能也不是未来可普遍实现的生命景象。

善意也好,放纵也罢,统统只能放在有限人生中加以思考。在不需要假设、天天面临的现实生活里,多让亲人活一年,去从没去过的国家和城市,买一本新书,从又一个清晨醒过来,触摸人伦日常,这才是我们每一刻的真实模样。在此基础上,人可以抱有希望,希望极可能就是我们生而为人所能有的最好东西。真正有意义的令人激动的倒不是具体获得了什么幻想中的结局,而是带着希望不屈不挠争取和努力的种种可能性!

人的平均生命为八十来岁,如果有个家伙可以使出浑身解数,活到我们两倍的时间(也就是说,160年),那么,这家伙跟我们就不会属于同一个物种。在他的生命里,没有任何东西跟我们会是一样的,爱情不同,抱负不同,感觉不同,道德不同,什么都不同。奥古斯丁论证上帝之城的做法就是要我们不局限于眼下和今生,要把目光从当下死亡移开,用更长时间来理解上帝的所谓公义。他的努力其实是失败的,善恶果报太巨大、太耗时了,我们每一个人的人生明显不够长,装不进去,如果我们非相信它不可,则需要下一轮人生,或传交子子孙孙好几代人(家祭无忘告乃翁)。再不能,那就得把时间拉到永恒那么长,最终在末日审判中一次结清。这种种看似和时间的认真较量,当然有点赖皮,但总好过虚无。

诗词大赛与人文素养

央视的诗词大赛一开始兴许没指望能火起来,却一不小心被儒雅点评者和美少女学霸霸了屏。口吐莲花,思如泉涌,一时间好评连连。幸福来得如此突然,却也合乎情理。不少学者从文化传承、创新、自信等角度进行了评论,具体说明"传统为什么这样红"。大致来说,这是没有问题的,与主办方"赏中华诗词、寻文化基因、品生活之美"的宗旨基本合拍。但笔者认为,诗词本身的魅力好像无意间淡化了,更加被看重的是"文以载道"的"道",而非美丽中文。

相对于白话文,诗词是精练的、艺术化的。"两句三年得,一吟双泪流"也许用力过猛,但"僧推月下门"还是"僧敲月下门"的徘徊往复倒是真实可靠的。笔者很喜欢"相见亦无事,不来常思君"的句子,把读书人之间那种绚烂至极归于平淡的味道写出来了,令人玩味无尽。

中国文字象形又表意,气韵生动,言有尽而意无穷,可以传达人心最深的幽微之处。七言或五言或长短句,讲究平仄音律,如画如歌,神与物游,一往而情深。一句"疏影横斜水清浅,暗香浮动月黄昏",千古遇知音,首先感动我们的正是美,是文字引发的无限情思和无尽想象。"德"和"道"只能寄寓其中,"高大正"更是言外之意。得意不能忘言。

形神兼备,以美储善,外师造化,中得心源。在笔者看来这是诗词之美独有的辩证法。年少时哪怕囫囵吞枣"咽"下的诗篇,经过岁月的沉淀,如夏花,如秋阳,终究是美的历程,而知识和意趣已在其中。阅读、消化、吸收也就是审美享受。当然,中国文化及其诗词表达不能仅止于欣赏,文字学、训诂学、声韵学是背后的理论支撑,皓首穷经也寻常。愈近现代愈少闲情,看似没有具体用途的诗词渐渐被说明文、研究报告、中规中矩的论文挤到被遗忘的角落。诗词大赛算不算一种强势复出？还有待观察。不过任何一个国家都好像没有理由不珍惜经典文本：希腊人不会让荷马死去，意大利人不会让但丁死去，中国人也不会让唐诗宋词死去。"00后"的出彩表现让人想起歌手田震的《铿锵玫瑰》，使我们看见了薪火传承、"舍我其谁"的责任感和语文的自在光芒！美，终究不会被真正地遗忘。

台湾画家蒋勋在《艺术概论》中说，终其一生，我们不能失去对美的信仰。在人性众多的挫折障碍中，在生命众多的困惑迷惘中，美，使人有希望，有向往，有反省，有对伤痛的悲悯，也有对喜悦幸福的期待。蔡元培当年提出"以美育代宗教"，也自有合理之处。

记得李泽厚在《实践美学短记之二》里谈到，从汉代挽歌、古诗十九首到"居家自有天伦乐"，从唐诗对生活的眷恋到宋词对人生的了悟，从苏轼到《红楼梦》，从今日的你、我、他到过去、现在、未来，在时间性的珍惜中才会有"一室千灯，交相辉映"。包孕其中的不是抽象义理而是丰富的感性和基于诗意文字的价值判断能力。

凡此种种，说到底是对文学艺术及其价值的再认识。翻译《源氏物语》的林文月写有一册《读中文系的人》，念《诗经》、看《离骚》，比较陶渊明、孟浩然和王维，无悔当年的选择；1924年出生的叶嘉莹说，如果有来生，我就还做教师，仍然要教古典诗词，"莲实有心应不死，人生易老梦偏痴"。夜阑人静，那些欲言又止的文字，使人久久坐在黑暗里，与隐藏最深的自己素面相对。而培养价值判断能力，提高人文素养，离不开广义的文史哲。文学性的感受是首要的。

历史好比一种沙漠中的地衣，把它整个泡在水里，第八天成为丰盈饱满、尽情绽放的沙漠玫瑰！一旦离开水，又一点一点枯萎。辗转曲折千丝万缕的来历使我们不敢武断。

今天青少年价值观的养成教育，同样离不开文史哲的耳濡目染。只有让知识和观念渗透进生活和行为，诉诸感官的敏锐度和直觉判断，才能称得上素养。文史哲的涉猎，人文素养的提升，最后件件都会落实到对人的情意和关怀，而诗词确实是比较好的载体之一。

各种文字因功能而选择体裁，无可非议。有的需要严肃规整，有的需要幽默滑稽,有的则闲适如羽。改革开放 40 多年,我们呼唤大手笔和思想家对中国特色社会主义理论进行提炼和概括,使之具体化、科学化,并形成有哲学高度的核心话语和思维方式,表述清晰、逻辑一贯。文字功夫和文字之美自当锦上添花。八股、"正确的废话"没有人喜欢,而好的思想要有好的表达。

当然,世间百花园里不是只有唐诗宋词,北京大学乐黛云先生在跨文化交流中也主张不同文化间"同情之理解",倡导"和实生物,同则不继"的智慧,启发我们在热爱诗词、珍惜母语经典的同时,仍需要视野、境界的拓展。泰戈尔、拜伦、莎士比亚、弥尔顿,不废江河万古流,感谢翻译大家,我们也能领略其恒久魅力。莫文蔚一曲《当你老了》,让我们一下子喜欢了诗人叶芝,中信出版社推出《寂然的狂喜》(叶芝的诗与回声),估计也赚得盆满钵满吧。唐人小说《长恨歌传》和《游仙窟》对日本古典作品《源氏物语》的影响则是中外文化交流的佳话。

静故了群动,空故纳万境。希望我们喜欢美丽中文,也喜欢像唐诗宋词这样经典的艺术化的一切好东西。

讲中国好故事

照理，改革开放的样本分析，中国道路的理论解读，文化传统的起承转合，无论走到哪里，无论面对谁，亲历其间的中国学者和理论家应该最有发言权，完全可以平心静气、言之有物地娓娓道来。但只要稍稍留意就不难发现，我们的哲学社会科学在国际上的声音还比较小，中华文化及其价值观的海外传播还可能面临被传统演艺和"舌尖上的中国"所淹没的危险。正如习近平总书记2016年5月17日在哲学社会科学工作者座谈会上的讲话所指出的那样，建设中国特色哲学社会科学话语体系，提高国际话语权，还需要摆脱"有理说不出""说了传不开"的境地。

从实际情况看，"有理说不出"主要是理论功底和水平的问题，而"说了传不开"多半因为内容和表达出了问题。归结起来，一是自说自话，对牛弹琴；二是鸡对鸭讲，言路不畅。不看传播对象，完全沉浸在自己的概念逻辑和理论演绎里，自斟自饮自徘徊，别人如何接受你的所谓话语体系？即便有意制造出一些"笑点""痛点"，生产出一些所谓"特殊桥段"，若没有发自内心的认同，听众也只不过是哄笑一场罢了，谁又能真的听进去？所以，要解决"说了传不开"的困境，第一，要好好琢磨究竟对别人说什么；第二，要仔细研究对谁说；第三，要认真考虑怎么说。总之，要告别"自说自话"，实现精准传播。

这方面有很多例子，比如说关于江南文化。上海地处长三角，近1000年来，长三角地区一直是中国的经济与文化中心，其所传承的江南文化亦儒亦商、经世致用、开放包容。这个文脉与南宋以后在浙江衢州一带形成的儒学有很深的渊源，更与江南文人、思想家的民间讲学和商业伦理联系紧密。如果我们以大家熟知又容易引起争论的中华文化对外传播为例,那么从上海文脉之一的江南文化切入,说说移民文化与江南儒学以及儒商的生活方式就是一个比较符合实际的选题。那么这个内容讲给谁听比较合适?听过以后谁最有可能成为现身说法的"二传手"?

2016年6—9月,上海社会科学院就围绕"移民文化与江南儒学"进行了"对谁说""说什么"和"怎么说"的尝试与探索,笔者有幸参与,收获颇丰。

结合上海自身特点以及上海社会科学院国际学术交流的优势和特色,经过反复商议并多方听取意见,我们主要选取了驻沪领事、商业伦理研究的著名学者、各国青年汉学家以及在沪或来沪的外国大学生为传播对象。苏浙沪是驻沪领事的领区,他们对长三角地区的经济社会文化总体情况有所了解,本身就有话语权和传播途径;来沪参加第六届国际经济伦理研讨会的一批著名学者对中国市场经济条件下企业责任有了解和研究的兴趣,对移民文化和江南儒学,尤其是商业伦理有深入讨论的可能和学术基础;而选择世界各国青年汉学家代表则更多着眼于前瞻性的文化传播和交流对象的拓展,着眼于长远意义上的中国话语体系建设;来沪或在沪的留学生群体有一定的中文基础、上海情结以及感同身受的正能量。如果这些人明白我们说了什么,消化吸收并愿意再次传播,那么效果一定比我们自说自话好很多。

江南文化可以从很多角度进行介绍和探讨,什么样的内容才是适合传播的呢?经过"顶层设计",加之文史哲等相关相近研究所专家的多次头脑风暴,内容聚焦在江南儒学经世致用和多元包容的品格上,始终强调中华文化的历史传承和现代转化的价值。"移民文化与江南儒学",以宋代以来的历史文脉和移民南迁为主线,从利玛窦到徐光启,从韦伯的新教伦理与资本主义文化精神到江南儒商,多维度展示江南多元文化与商业繁荣的关系。此外,多位学者分别结合儒学、道教、书院制以及浙江水路商道,进一步细化思路。

解决了说给谁听和说什么的问题后,还需要把握怎么说的方法和技巧。我们尝试采用的是实地体验+课程串讲的方式并事先作了可行性方案的设计。"移民文化与江南儒学"的体验课程活动,第一现场是衢州孔府,代表们实地了解孔子后学在江南传播以及流入民间的历史过程;第二现场是磐安榉溪村孔氏家庙,代表们对孔子后裔耕读传家的经历感同身受;第三现场是天台山国清寺和桐柏宫，代表们通过佛教和道教仪式感的体验，加深对中国文化"三教合一"的认识；第四现场是王阳明纪念馆和杭州万松书院，代表们对朱熹、王阳明等思想家的研学相长有一定印象。贯穿浙江中部这四个课程活动现场的是水路商道和江南历史文化遗存。边走、边看、边听、边提问和交流，随风潜入眼，兴到偶成诗。仁爱、诚信、崇礼、尚智等价值观，尽在鲜活的体验和感受里。

　　这样的精准设计和传播，取得了较好的效果。参与活动的许多代表通过现场评点、打电话、写信、发邮件等多种方式对体验课程活动给予肯定。时任俄罗斯领事 Kirill Skvortsov 称赞此次活动是"组织完美的一个项目"。德国的领事 Doris Ernst 说："这是非常棒的一个项目！让我们从一个全新的视角欣赏到中国文化。"匈牙利领事 Andras Szuts 表示，"很高兴能够认识这些伟大的中国学者和艺术家。这几天里，我觉得我对中国有了更深的理解"。新加坡总领事 Loh Tuck Wai 觉得，这是他在中国"四年来，参加过的组织得最好的活动之一。通过这次活动，我对江南文化及其对华东地区经济活力的巨大贡献有了更深的了解"。哈萨克斯坦的总领事 Kyraubayev Zhoshykhan 还特地让其远在家中的夫人通过手机视频观看现场的讲演活动。青年汉学家代表、圣彼得堡大学东方系 Polina Rysakova 副教授认为，"通过这个活动，第一次感受到南方的中国文化居然有这样深厚的内容，非常独特。很希望再去一次"。国际经济伦理学会前主席 Georges Enderle 教授年事已高，活动结束后写邮件给主办方负责人，认为"这是一次非常难忘的文化之旅。来中国参加学术会议多次，对中国文化认识最深的就是这一次！"海事大学的部分留学生对"水路商道与江南历史文化遗产"主题表现出浓厚兴趣，美国费城 Villanova 大学的五位本科生围绕所参加的活动专门撰写了体会文章，并有了进一步学好中文的愿望。

　　当然，中国文化博大精深，寄希望于一次活动让老外们完全变成"中国通"是不可能的。但是，这样加入自身体验的讲中国好故事的方式，无疑是润物无声，更具感染力和传播力。

　　今天，我们想要展示给世界一个怎样的中国形象？公平正义的社会理想？清明廉洁的商业理性？鲜亮的时尚色彩？规范的市场经济？又该通过哪些"点"给予呈现？进一步而言，处在伟大变革时代的中国，又该如何让世界真正读懂，恐怕同样需要思考对谁说、说什么和怎么说的问题。

"生命 3.0"和 AI 的未来

人工智能发展迅速,关于人的自我意识和社会存在以及未来的实现方式正引起广泛关注。其中虽有人类被超越的担忧,但总体上依然乐观,因为人类意识的超越性特征可能无法实现数字化编排,因为这些特征太过复杂、不可预知或无法度量。美国天狼星 XM 卫星广播公司创始人玛蒂娜·罗斯布拉特在《虚拟人》一书中反驳了这些乐观的论调,其中的具体论证值得重视,她认为:无论怎样,我们实际上朝着"计算机将像人脑一样进行思考"进发。大脑不像计算机,计算机也无法像大脑一样思考?这是理解上的误区,计算机支持思维克隆人,并不一定要复制大脑的所有功能。小鸟不像飞机,拥有数以十亿计真核细胞的小鸟,要比只拥有 600 万个组件的波音 747 飞机复杂得多。但它们都可以飞行,而且飞机比鸟儿飞得更远、更高、更快。鸟儿之于飞行,正如大脑之于意识。针对占支配地位的人类哲学——血肉主义,玛蒂娜发表了颇具争议的观点:血肉主义的出现,是因为缺乏与没有血肉实体的有意识的存在相处的经历和知识。即使如此,依然可以想象:最终,没有血肉之躯的基质也将像人类一样拥有意识。无论是技术存在还是生物存在,我们都是有尊严的存在。

如果说玛蒂娜过分强化了 AI 时代自我意识面临的严峻挑战,那么斯坦福大学的杰瑞·卡普兰在《人工智能时代》中更为具体地描述了一种自我被他者"捕获"的现象:"当你在网上冲浪,比如刷网页、点击链接、读文章、买东西时,他们还会再次遇见你,因为这些组织已经把像素放得到处都是了。所以他们能对你的习惯建立起非常全面的概况——你喜欢什么、不喜欢什么,你住在哪,你在哪买什么东西,你是否旅行,你有什么病,你读什么书,看什么,吃什么。但是就算是这些非常全面的描述,却也忽略了一个重要的细节:你到底是谁。他们在不知道一个人的姓名、面貌或者其他辨认细节的情况下,就能建立起对一个人生动而详细的描写,只要你用的是同一台电脑!"那么,智能计算机是不是可以和我们发生互动的他者,算不算真正有意义的交往主体?人是否仅仅通过一台计算机实现没有第二人参与的主体间交往?人机之间的交往是否使得个人可以获得规范和意义?随着人工智能技术的深度发展,这些问题的重要性和答案可能越发凸显。

而美国麻省理工学院物理系终身教授、未来生命研究所创始人迈克斯·泰格马克在《生命 3.0》中则直接把生命的发展分成三个阶段:生命 1.0 是生物阶段,主要靠进化获得硬件和软件;生命 2.0 是文化阶段,靠进化获得硬件,但大部分软件是由自己设计的;生命 3.0 是科技阶段,由自己设计硬件和软件。超级智能未来应该有很强的动机在宇宙尺度上进行合作,不仅能有效利用已有资源,还能通过光速进行宇宙"殖民",以获得更多资源。正如《生命 3.0》作者所言,与宇宙亿万年的时间相比,生命的整个故事沧海一粟。如果不摒弃技术而是拥抱技术,我们就加大了生命幸存下来、继续繁荣的概率,当然也提高了生命以更快速度灭绝的概率,所以早做打算、未雨绸缪是明智的选择。

今天我们需要深入思考的是:超级智能带来的真正风险并不是它们的恶意而是能力,在所有应对人工智能可能带来的风险时,伦理要求和目标管理已经被热烈讨论,迈克斯·泰格马克汇总了讨论中的四个伦理原则,即功利主义、多样化、自主性和遗产。这里的"遗产"主要特指符合当今大多数人认为幸福的情景,包括对未来负责。这四个原则真正实践起来会遇到很多问题,所产生的麻烦类似于阿西莫夫的"机器人三定律"(第一,机器人不得伤害人类个体,或者目睹人类个体将遭受危险而袖手不管;第二,机器人必须服从人给予它的命令,当该命令与第一定律冲突时例外;第三,机器人在不违反第一、第二定律的情况下,要尽可能保护自己),这些定律听起来很不错,但它们同时兼顾就可能导致一些意想不到的矛盾。总之,把人们广泛认可的伦理原则编入未来人工智能的程序依然没有解决太多问题。这与让超级智能和人类的目标一致所遇到的情境类似。无论是理解、接受还是保持我们的目标,人工智能所允许你装载目标的窗口期可能很短,"就是在它愚钝到无法理解你,与它聪明到不让你得逞之间的短暂时期",给机器装载价值之所以比人难,是因为它们的智能增长比人快得多。即使你建造了一个既能理解也能接受你目标的人工智能,依然没有完全解决目标一致性的问题。如果它越来越聪明,它的目标发生了变化,如何保证它还会保护你的目标,而无论经历多少次的迭代?人工智能可以被设计来拥有任何目标,但几乎所有足够野心的目标都会带来一些子目标,比如自我保护、资源获取,想要更理解世界的好奇心等,前两个子目标可能会让超级智能为人类带来麻烦,最后那个可能会阻止人工智能保持我们赋予它的目标。何况所谓对人类友好之终极目标本身也有模棱两可之处。

所以,最终还是人自身的问题,我们需要在超级智能出现前认真思考自身。其实人真正要对付的还不是算法之类的挑战,而要再次面临一些棘手的哲学问题,比如无人驾驶汽车的程序设计中不得不考虑"电车难题"并选择撞谁。要想使未来的超级智能对人类友好,我们就必须再次思考生活的意义。什么是意义?什么是"生活"?终极的道德问题是什么?如果我们在具备严肃回答这些问题的能力之前就失去了对超级智能的控制,那后者的判断和答案就有可能与人类无关。所以人工智能的发展实际上将推动、重燃哲学与伦理问题的讨论,并以技术的飞速进步提示这种讨论的紧迫性。

我们希望人工智能的发展最终以人为本。如何更好地促进人的全面自由发展,实现人的不断完善,是未来人工智能发展的重要导向之一。我们应时刻关注人工智能发展的动向,关注人工智能对于整个人文社会科学的影响,并生产与人工智能发展水平相匹配的哲学与伦理观念,为社会的数字化转型过程中以及数字化转型之后人的自我完善和发展做好理论铺垫。

第六辑　上海城市文化

上海城市精神品格

生活在上海这样的国际化大都市，渐渐感知这座城市的文化品格，是点滴汇成，也是水到渠成。"一座城市有一座城市的品格。上海背靠长江水，面向太平洋，长期领中国开放风气之先。开放、创新、包容已成为上海最鲜明的品格。这种品格是新时代中国发展进步的生动写照。"习近平总书记在首届中国国际进口博览会开幕式上的这番讲话，既是对上海城市品格的现代表达，也贴切反映了改革开放以来广大民众日用而不知的自我意识。

上海城市品格的自我意识与现代表达，实际上经历了一个认识逐步深化的过程。2003年，上海召开精神文明建设工作会议，将"海纳百川、追求卓越"八个字作为城市精神。2007年5月，在上海市第九次党代会上，时任市委书记的习近平同志在工作报告中提出"与时俱进地培育城市精神"，新增了"开明睿智、大气谦和"的表述。至此，上海城市精神十六个字表达正式出台。

2011年11月，上海市委九届十六次全会上提出，要结合上海历史文化积淀和现阶段发展实际，积极倡导公正、包容、责任、诚信的价值取向，结合城市精神，把握价值取向，培育和践行社会主义核心价值观。

2018年4月，上海市委、市政府召开全力打响"四大品牌"推进大会，强调文化是提升城市能级和核心竞争力的重要支撑，要以习近平新时代中国特色社会主义思想为指导，用好红色文化、海派文化、江南文化资源，充分激发上海文化的创新创造活力，加快建成更加开放包容、更具时代魅力的国际文化大都市，努力使"上海文化"品牌成为上海这座国际化大都市的金字招牌。

今天，上海的发展站在一个新起点上，需要进一步提升认知、凝聚共识，从上海在新时代中国特色社会主义文化建设中当好排头兵、先行者的高度，深刻领会习近平总书记的重要讲话精神，把开放、包容、创新的城市品格转化为行动和实践。

上海不仅是上海人的上海，也是世界的上海、全国的上海、长三角的上海。因此，我们要在开放、包容、创新的城市品格引领下，立足上海又跳出上海，立足已有成绩又善于发现不足和问题，立足已有体制机制改革又聚焦难点痛点，在服务"一带一路"、长三角一体化等国家战略中实现文化担当，做出新的贡献。

打造"上海文化"品牌，重在提升城市文化的软实力、影响力。这就特别需要通过推进理论创新、智库建设，壮大上海在中国特色社会主义理论发展和传播中的影响力；需要通过文化创新与制度创新并举，有效提升文化治理能力；需要通过体制机制创新，持续推进"源头"和"码头"建设，着力提升文化产业能级，催生文艺创作的精品力作，体现上海文化创新创造活力和实力。

在产品、作品、人品之中，人品为重。应认真、科学地树立先进榜样，发挥人格示范的引领作用。尤其要重视先进榜样的多样化、团队化、年轻化，改进宣传方式，扎实树立上海的"人品"。要以多种方式开展公共意识教育，协同解决"文明养狗""无性别厕所"和"垃圾分类"等问题，并积极学习借鉴长三角兄弟省市的做法和经验，细化制度管理。

从具体实践来看，经过国际文化大都市建设的多年积累，上海已逐步成为国内外演艺作品首发之都，音乐剧是其中的典型代表。应该用足用好这一品牌资源，不断扩展上海艺术节、上海国际电影节、上海音乐节、上海白玉兰表演艺术奖等平台的功能和效应，更好地服务长三角、服务全国，真正体现开放、包容、创新的城市品格。

此外，还可积极搭建类似"长三角文博会"这样的标杆性平台，以平台带动区域空间集聚与产业要素整合，实现真正意义上的"政府搭台、产业唱戏"。根据上海的实际情况，还需进一步聚焦影视、演艺、视听、电竞、艺术品交易等产业，深入分析上海在这些领域的比较优势和成长空间，注重创意与技术的融合，逐步发展壮大上海的核心文化产业。

上海城市软实力

传统与现代交融、本土与外来辉映、有序与灵动兼具、文明与活力并蓄,是上海特有的都市魅力。健全的文化设施、丰富的群众活动、现代化的城市治理体系、较高的国际化程度、公平透明的营商环境,为上海高质量发展打下坚实基础。新时代,厚植城市精神,彰显城市品格,全面提升城市软实力,上海有条件也有必要率先发力、更上层楼。

核心层面

上海城市软实力的核心内涵,既要立足中国特色社会主义基本国情,又要契合城市自身历史发展与现实需求。坚持党的领导,坚定"四个自信",是上海城市软实力的主导方向和根本原则。中国特色社会主义的制度优势是发展的根本保障,也是提升城市善治效能的前提。

培育和践行社会主义核心价值观,是上海城市软实力的灵魂和信仰。它可以起到凝聚人心、汇聚共识、鼓舞斗志的作用。大力弘扬海纳百川、追求卓越、开明睿智、大气谦和的城市精神和开放、创新、包容的城市品格,是上海城市软实力的内核。上海城市精神品格凝聚了城市的价值追求,对软实力的提升具有引导作用。践行"人民城市"重要理念,进一步提升文明程度和市民素质,是上海城市软实力的基础和归宿。全体人民参与城市软实力建设,人与城市才能相互成就、共同成长。

城市软实力,软在"价值",软在"精神"。作为上海城市软实力的核心层面,上海城市精神品格具有标识性意义,充分体现了以习近平同志为核心的党中央对上海的信任、要求和期待,也是上海这座城市的文化身份和自我意识。

通用层面

——城市综合治理能力。城市综合治理能力包括政府管理能力、基层社会治理水平、营商环境优化等方面。新形势下,上海以"两张网"建设为抓手,推动治理手段、治理模式、治理理念创新,提升治理科学化、精细化、智能化、法治化水平,努力打造符合超大城市特点和规律、多元主体协同参与的城市治理新格局。

——文化繁荣度和活跃度。城市文化繁荣度和活跃度包括文艺创作生产活跃程度、现代公共文化服务体系能级、创意创新人才集聚度、各类文化演出节(展)的活跃度等。近年来,上海坚持"一团一策"改革,助推原创文化精品不断涌现,首演、首秀、首发重镇地位逐步确立。同时,现代公共文化服务体系率先基本建成,城市观光、休闲、度假功能逐步夯实。

下一步,要采取更大力度积聚各类创新创意人才,推进实施跨界融合发展战略,实现"国际风范"与"东方神韵"的深度交融,强化文化交流中心地位。

——生活便利性和舒适度。当前,上海正深入实施各项惠民工程,"建筑可阅读""市民修身""生活秀带""微更新"等公共设施和公共服务不断完善。

下一步,要提供资源配置更优化、供给类型更丰富、内容更精准、主体更多元、效能更显著的社会文化服务,满足人民群众个性化、多样化需求,引领高品质生活,建好幸福人文之城。

——国内影响力和吸引力。可理解为集聚与辐射效应。比如,以电影节、电视节、音乐节、顶级电竞赛事、F1中国大奖赛等为平台,推动打造全球影视创制中心、亚洲演艺之都、全球电竞之都,创新运营机制,提高运营水平。

——国际传播力。主要是指传播渠道、规模、实力和城市整体形象的国际可达率。比如,以"上海实践"讲好"中国故事",发挥"感知上海""上海城市会客厅""魅力上海""城市背景板""世界城市日"等对外文化交流活动平台作用,提升上海国际传播能级和国际影响力,提升上海城市形象和美誉度。

新生层面

——数字化能力。以城市数字化转型整体驱动城市生产方式、生活方式和治理方式变革,进一步提升城市软实力,已成为城市综合竞争力的重要组成部分。要以经济数字化形成新供给、生活数字化满足新需求、治理数字化优化新环境,打造"物联、数联、智联"的城市数字底座,激发城市生命体的"细胞"活力。

——生态亲和力。城市生态品质对人民美好生活越来越具有重要作用。实施最严格的生态环境保护制度,健全源头预防、过程控制、损害赔偿、责任追究的生态环境保护体系,进而形成生态环境与人文气息良性互动的人居环境,是上海城市软实力能级提升的重要路径。

——"科技+文化"融合力。城市运行和管理、环境和品质,个性化、多样化的文化消费,离不开科技创新力,离不开"科技+文化"的融合力。要在"硬要素"上叠加"软要素",实现协同整合与相互赋能。

比如,着力打造文化内容和数据生产、交换、传播、消费的全产业链生态系统,加强文化共性关键技术研发。这是提升上海城市软实力的一个新增长点。

还应看到的是,软实力是渐进推动的隐性力量,需要绵密细致的积累功夫。提升上海城市软实力是一项事关全局的长远工作,需要持之以恒、久久为功。一方面,要总结成功经验,实现跨部门、跨行业、多元主体协同推进,把提升城市软实力真正视为"分内事"和"大家的事"。另一方面,要真正对标国际一流、国内先进水准,注重横向、纵向的指标比较、数据积累与综合分析,以便聚焦重点、精准发力。

文化地标彰显上海城市品位

文化是一座城市的灵魂,文化地标则是这个灵魂的外化物和可视符号。文化地标是城市的"文化名片",是城市品位的浓缩,能展示城市的独特魅力。近年来,上海凭借历史禀赋、独特资源和区位优势,持续推进重大文化设施建设,凸显卓越城市的形象和功能,有效保障人民群众的文化权益,丰富城市文化生活。2017年底,上海市委宣传部、上海社会科学院组成调研组,赴中共一大会址纪念馆、上海博物馆、上海大剧院等16家文化单位,就上海重大文化设施运营与综合效能等情况进行了深入调研。

"文化地标"推动文化设施布局不断优化

上海外滩,沿着黄浦江西岸,错落有致地排列着近现代以来落成的"石头建筑",曾经长期作为上海的标志。改革开放后,特别是20世纪90年代以来,上海的地标变了。今天的黄浦江东岸陆家嘴地区,矗立着闻名世界的上海地标。其中,最早"站起来"的就是东方明珠广播电视塔。1991年,《中共上海市委关于当前加强社会主义精神文明建设的若干实施意见》提出,要结合上海的特点建设若干必不可少的文化设施。由此开启了上海重大文化设施建设的新时期。此后,上海市十大地标性重大文化设施拔地而起,东方明珠广播电视塔、上海图书馆、上海博物馆、上海大剧院、上海影城、上海书城、上海马戏城……城市天际线悄悄改变,重要节庆活动和大型国际盛会纷至沓来。

改革开放40多年来,上海大型标志性重大文化设施建设快速推进,城市文化设施建设取得了显著成绩。从文化发展的基本定位和主要功能出发,迄今大体经历了启动阶段(20世纪80年代末至2000年)、完善阶段(2000年至2010年世博会)和功能内涵全面提升阶段(2010年至今)。"八五"至"十二五"期间,上海市级重大文化设施累计投资249.2亿元,其中,"十二五"期间,立项文化设施总投资91.9亿元,为文化设施运营和综合效能发挥提供了重要的财政保障。"十三五"期间,上海文化设施的总量继续提升,总建筑面积超过400万平方米,新建、改扩建储备类和续建类市级重大文化设施项目共29个,规划总投资约154.2亿元。与此同时,全面梳理历史老建筑、工业遗址等资源,系统研究文化设施全市总体布局,为建设具有全球竞争力的功能性项目预留发展空间。

据不完全统计,"八五"至"十三五"期间,上海已建、在建和规划建设的市级重大文化设施项目66个,与社会主义现代化国际大都市相适应的文化设施整体格局已初步形成。

文化设施运行基本平稳

文化设施建得成,不等于管得好。这些年上海的重大文化设施运行得如何?2017年,上海大剧院商业演出总场次为407场,平均出票率90%,平均上座率95%;同期,大剧院艺术课堂共举办了169场,约4.5万人次参与。坐落在上海市中心人民广场的上海大剧院,已经运行20年了。其间,剧院在开拓商演的同时,不断发展公益服务项目,如芭蕾舞鉴赏沙龙、大剧院艺术课堂、迷你艺术节等,充分体现了社会效益与经济效益的有效结合。调研组了解的16家单位分属图书馆、博物馆、剧场、音乐厅等不同文化行业,承载着不同的经营和服务职能。总体来看,16家市级重大文化设施的管理运行情况良好,综合效能指标健康,发展态势持续向好。

——立足自身特点创新发展模式的路径比较清晰。各家机构都结合自身职能、业务特点,探索形成了各自的发展路径。以7家艺术表演场所为例,从运营主体来看,6家为事业单位性质,1家为企业单位(世博文化中心)。事业性质的剧场既能自觉开发和做好公益项目,又能积极开拓演艺市场,立足差异化发展,形成各自特色,避免同质化竞争。比如,同属于上海大剧院艺术中心的上海大剧院、上海音乐厅、上海文化广场3个剧场,上海大剧院以从事高端综合性演艺为主,音乐厅以室内音乐为主,文化广场以上演音乐剧为主,错位发展、相得益彰,取得了较好的效果。世博文化中心则完全面向市场,发挥场馆的现代设备优势,承接各种文化、体育、社会活动项目。

——公共文化服务的功能定位比较合理。16 家企事业单位中有 7 家是财政全额拨款单位,各机构对自身的公共文化服务职能都有比较深入的把握,最重要的标志是都在对主业的理解和运营中,注重发挥和形成面向社会的艺术普及和文化教育功能,自觉拓展大众化服务面,履行公共文化服务职责。比如,上海图书馆在做好读者图书借阅服务的同时,坚持开设大众文化讲座;上海博物馆、上海元代水闸遗址博物馆、上海崧泽遗址博物馆在开门办展的同时,都重视吸引未成年人的参与分享,并以此作为自身综合效能的基本指标。

——财务状况良好,运行平稳。实行企业体制的东方明珠广播电视塔、世博文化中心,在没有政府资金支持的情况下实现了良性运转,社会效益和经济效益兼得,特别是世博文化中心,在项目建设时就明确了运行模式的改革思路,实行所有权与经营权分开,以经营权的受让实现强强合作,共同组建专门的经营管理公司对中心进行运营管理。2010 年 10 月底,当世博会闭会之后,世博文化中心立即变身为"永不落幕的城市舞台",活动场次以年均 25% 的速度增长。实行事业体制的单位中,财政全额预算单位的拨款执行情况良好;自收自支事业单位均能积极争取社会支持和企业赞助,运行平稳。

剧院等文化设施凸显鲜明特色

2017 年 12 月 9 日中午,上海音乐厅南广场西侧的银杏树林下铺上了一层厚厚的"金色地毯",许多市民坐在树下细细品味悠扬的琴声,时不时拿起手机,记录下美妙时刻,这场每年"落叶季"与市民的约定正在举行……行人被乐声吸引,纷纷驻足聆听。初冬时节,上海音乐厅运行第五年的户外公益品牌"银杏音乐会"与观众朋友们如期见面。此次"银杏音乐会"以纪念贝多芬逝世 190 周年为主题,特设白天场和夜晚场,由旅欧青年钢琴家、古键盘演奏家张梦梓演奏贝多芬脍炙人口的经典作品。上海音乐厅始建于 1930 年,1989 年被列为"国家近现代优秀建筑保护单位"。作为中国第一个专业音乐厅,上海音乐厅一直是上海的文化地标。2002 年 9 月,为配合上海城市改造规划,上海音乐厅进行了平移修缮工程。重达5 650吨的上海音乐厅,在平移中被抬升了3.38米,从原址平移到东南方向现址,一共"走"了66.46米,创造了全国建筑平移史上的奇迹。2004年9月26日,举办平移后首场试演。此后,上海音乐厅秉承"音乐为大众"的宗旨,以音乐生活化、年轻化、大众化为品牌理念,践行艺术服务的社会责任,不断丰富剧院业态和运营特色,努力把上海音乐厅打造为"经典的殿堂、时尚的窗口、普及的家园"。

调研中了解到,上海音乐厅目前拥有"经典室内乐""音乐午茶""知音30分""家庭音乐会""迷你音乐节""大师公益""银杏音乐会""玲珑国乐""大师约课"等品牌,以亲民的票价和高品质的音乐让普通市民零距离欣赏艺术。上海音乐厅与上海广播电台合办的"星期广播音乐会"为普及型系列音乐会,创办于1982年,每两周一次,周日上午,票价50元、25元(立位),电台音乐频率同时转播,年均演出25场,年均现场观众逾46万人次。如今,周一到周五的12:00至13:00,在上海音乐厅南厅,都会上演"音乐午茶"——沙龙式的小型音乐会,呈现以室内乐为主导的古典、民乐、爵士、打击乐等各类型风格迥异的音乐会,在普及的基础上兼顾专业深度,满足了群众逐渐成长的艺术需求,10元的票价,获得广大市民青睐,荣获"上海市群众喜爱的培育和践行社会主义核心价值观项目""上海市公共文化建设创新项目"。自2012年1月7日创办至2018年2月2日,"音乐午茶"共举办了1 509场,登上这个平台的演出人员约6 000人次,接待观众14.8万人次,累计曲目量9 600首。

调研组还了解到,上海专业剧院数量达到52个,再加上兼有经营演出与电影放映功能的影剧院等,全市可用剧院达141家。上海文化广场、上海交响乐团音乐厅、国际舞蹈中心剧场、上海儿童艺术剧场、上海市群众艺术馆星舞台等剧院的建成,分别为音乐剧、交响乐、舞蹈、儿童剧、群文演出等各类艺术式样提供了相对专业固定的演出场所。

上海对剧院运营规律的认识不断丰富深化,逐步在舞台功能与平台作用、舞台艺术展示交流与舞台艺术作品创作生产、专业性演出与大众艺术教育普及等方面形成鲜明特色。剧院邀请、组织各类舞台演出的同时注重汇聚各方资源,打造行业发展的高端服务平台;在开拓演出市场的同时参与组织实施艺术创作生产;在切实保证演出专业性、标杆性的同时,注重大众艺术素养的培育。

重大文化设施建设和管理亟须优化

调研组分析,上海市重大文化设施在硬件的规划建设上是领先的,不少在国际上也是一流的,在管理运行的软件方面也有成功的实践。但同时,这些重大文化设施在运营效率、综合效能等方面仍有提升空间,需继续深化改革,进一步加大创新力度。

——法人治理结构还需完善。调研中了解到,财政全额拨款的文化单位按照中央部署的改革要求,对标国际同类机构的治理体制,需要进一步建立健全法人治理结构。艺术专家咨询机制、面向社会各个方面的决策咨询理事制度,用足用好社会资源,接受社会监督,是完善重大公共文化设施运用和保障机制的重要内容。目前,有些单位已进行了初步有益的探索,如上海图书馆等建立了面向社会的理事会制度。

——内部管理机制有待改革创新。在人力资源开发利用方面,存在事业单位编制管理模式的路径依赖,缺少深入开发社会化文化志愿服务的动力和举措,还需增强内部成本控制的意识,在与同行比较中发现不合理之处并优化成本结构。同时,贯彻落实事业单位财政资金管理要求,需进一步明确公共文化服务中"保基本"和"公益性"内涵的边界,厘清公共文化产品和以营利为目的的文化产品间的差别,合理对待公益性收费项目。

——管理运行效能等研究工作亟须加强。当前,国内对文化设施管理运行效能的专业研究尚显不足。因此,需重视和加强对标国际一流水准、国内先进水准的专业研究,包括横向、纵向的指标比较、数据积累和分析,以便认清自身方位,明确发展方向。调研期间,只有上海图书馆、上海博物馆等少数单位提供了国际比较和国内比较的数据。可以预期,市级重大文化设施在政府保障到位、自身积极面向市场的前提下,通过自觉对标国际同行和国内先进标杆,在软件方面攻克短板,一定能大力提升综合服务效能,使上海重大文化设施能够具有一流的管理水平。

调研发现,上海重大文化设施建设和运营中还存在其他方面的不足。诸如,尽管上海52个专业剧院主要位于中心城区,但各剧院空间布局仍较分散,没有形成文化资源集聚效应,如纽约百老汇层级式布局、伦敦西区组团式布局等彼此相邻、互为联动的剧院群落;文化设施建设事实上的软硬件不同步,容易导致剧院和剧目的脱节、定位和资源的矛盾;剧院本身经营单一、市场开发能力弱,而和剧院业态紧密联系的旅游、酒店、商业等城市综合业态,还需时日才能实现统筹配套和有机融合;产业化发展,包括剧目制作和经纪、剧院经营、衍生品开发、演出版权、灵活的售票及宣传系统等在内的完整演艺产业链尚未健全;社会力量投资参与剧院建设和运营尚需政策设计上的推进,等等。

提升上海文化设施运营和综合效能的思考

调研中许多文化单位谈到有效反映各类文化设施运营和综合效能的指标体系问题。16家市级重大文化设施在提供"使用情况"时能基本利用本行业现有口径,但对于"综合效能",包括行业影响力、群众满意度等还缺少明确的衡量指标。因此,有关部门应探索和制定能有效反映各类文化设施使用情况和综合效能的指标体系,促进相关文化机构明确发展目标,提高治理和考核的精细化水平。

——注重强化顶层设计。加强市区两级合作,对重点演艺集聚区在空间规划、功能定位、硬件建设、运营管理等方面进行通盘考虑,实现各区域差异化发展。研究出台扶持剧院建设运营的政策,在用地、税收、资源等方面予以优惠。

——建立多种形式的文化设施建设保障制度。不论是纯公益性还是经营性文化设施,都应认真研究运行规律,以"提高运行效能为中心"深化改革。但无论怎样改革,城市的文化设施尤其是重大设施,今后较长时间仍需继续保持前期硬件建设的财政支持,通过有效监管保证国资保值保全或增值。与此同时,要充分用好各类公益基金,吸引社会资金参与上海重大文化设施建设和运营管理。

——人才是提高重大文化设施运行效能的关键。制定与不同经营模式相匹配的绩效奖励办法,是建立功能完善、效能倍增的文化设施体系的有益途径。应探索差异化的薪酬制度,分类施策、不搞"一刀切",在此基础上根据各行业特点对管理运行进行效能考核。

此外,上海重大文化设施运营和综合效能的发挥,还需进一步探索如何使数字化手段更加紧密地与需求者和用户黏合,对现有"上海文化云"等优势品牌项目不断进行深度开发,形成系列衍生产品,不断提高人群覆盖,促使效能提升。同时,也要充分利用互联网和数字化手段"倒逼"线下的管理运作机制,促使其变革创新,实现线上、线下的资源整合和优化。

用文化向世界传播中国价值

文化是沟通心灵的桥梁,是国与国之间加深理解和信任的纽带。文化通则民心通,推进国际传播能力建设,要从文化共识出发,聚焦中国故事,实现国际表达,展现真实、立体、全面的中国。作为对外文化交流和对外文化贸易发展的先行者和排头兵,近年来,上海不断丰富国际传播的方式方法,多渠道、多层次、立体化地推进文化走出去,让国外民众在审美过程中感受中华文化的魅力。为更加卓有成效地讲好中国故事,增强国际话语影响力,上海社会科学院中国马克思主义研究所组织团队系统梳理了当前上海文化走出去的经验和做法,并在此基础上,从提升文化走出去的广度和深度、内容和形式的精细化等方面提出了建设性意见。

闪耀在世界舞台上的中国经典剧目在海外大量"圈粉",上海国际艺术节积极拓展海外合作的"朋友圈",先行先试的对外文化贸易基地架起合作与沟通的桥梁。作为对外文化交流已久的上海,近年来,在文化走出去的道路上强化顶层设计,拓展平台、路径,加大中华文化走出去的力度,打造了一批富有上海特色和国际影响力的精品力作,逐渐成为中华文化走向世界的码头。

强化顶层设计,构建国际传播大格局

在推动中华文化走出去,讲好中国故事的过程中,上海市委、市政府及相关部门充分发挥主导作用,强化顶层设计,在近些年的文化改革发展规划中,重点部署了指导上海文化走出去的相关任务。同时,还出台了一系列关于促进文化走出去的政策,统筹推进对外文化传播、交流和贸易的发展,如2014年的《关于加快发展本市对外文化贸易的实施意见》和上海文化出口重点企业认定标准,积极鼓励本市文化企业参与国际竞争与合作;还推行了鼓励上海电影企业走出去的若干政策。2015年,上海出台了推进文化创意和设计服务与相关产业融合发展的实施意见,鼓励文化创意、设计服务与贸易融合发展,提升上海对外文化贸易发展能级。"十二五"期间,上海还制定了国家对外文化贸易基地(上海)、上海国际传播能力建设等多项三年行动计划,指导推动文化走出去基地建设,规划城市品牌建设、对外新闻服务、民间对外传播等工程。

与此同时,上海市围绕对外文化贸易工作,组建了包括宣传、发改、商务、财政、税务、海关、文广等多部门共同参与的国家对外文化贸易基地联席会议制度,统筹协调上海对外文化贸易工作。为推动中华文化持续深入走出去,上海通过专项扶持资金和相关政策在税收、金融等方面提供支持,基本形成文化走出去的经济政策体系。先后投入近3亿元,设立版权"走出去"、服务贸易发展等专项资金,带动文化创意企业开拓海外市场,并对优秀原创网络、民营文艺表演团体给予支持;对新闻、版权、广电、艺术等领域的国际贸易项目进行资助和贷款贴息。此外,还对上海电影企业在境外提供的广播影视节目(作品)的发行、播映服务实行增值税免税政策。

当前,越来越多的海内外艺术机构、企业被中国(上海)自由贸易试验区的通关便利、税收优惠、海内外艺术资源集中、金融配套完善等优势吸引,纷纷进驻。上海以自贸区试点为契机,推动文化对外开放先试先行,2014年发布了《中国(上海)自由贸易试验区文化市场开放项目实施细则》,规范管理外商独资演出经纪机构、外商独资娱乐场所、外资企业从事游戏游艺设备的生产和销售等三项文化市场开放政策,已形成有效经验并复制推广至其他区域。此外,上海海关、文广影视局2015年联合发布《关于在中国(上海)自由贸易试验区简化美术品审批及监管手续的公告》,简化美术品进入上海四个海关特殊监管区域的审批及监管程序。

在对外开展文化传播中,上海积极响应国家战略,加强"一带一路"文化建设,并制定《上海推进"一带一路"文化建设三年行动计划(2018—2020)》,提出利用既有优势与平台,在艺术节、电影节、博物馆、美术馆与音乐创演五大领域推动合作机制的建设。

据了解,2017年上海市文化产品和服务进出口总额为91.11亿美元,比2016年增长3.59%。其中,文化和娱乐服务领域增长保持强劲势头,增幅近15%。

多渠道立体化传播中华文化

2017年9月,一场来自美国、厄瓜多尔、英国、俄罗斯等16个国家及中国国内的200多个热门文化IP共同演绎的文化授权展示交易会在上海自贸区精彩上演。作为国际化、专业化的版权类贸易盛会,吸引了包括"安徒生童话"等耳熟能详的国际文化IP,以及"疆绣""龙泉青瓷""义乌剪纸"等中国非物质文化遗产的精品传承,琳琅满目的衍生品与互动体验让各国的采购商大饱眼福。

调研中了解到,为展示中华文化的独特魅力,搭建文化交流互鉴的桥梁,上海积极建设国家对外文化贸易基地,完善对外文化贸易体系。2011年以来,该基地在文化产品交易、仓储运输、提供服务等方面做出了有益探索,自2013年起,借助上海自贸区的优势,运用特有的保税服务,搭建起了一座具备物流仓储、展览展示、交易洽购、金融保险、评估鉴定、版权运营管理等功能的艺术产业平台;2016年全新上线中国文化贸易促进网,全面提升信息服务和电子商务功能。截至2018年底,国家对外文化贸易基地(上海)入驻文化企业已超过1000余家,累计注册资本超过547亿元,基地年文化贸易总额超过350亿元,入驻企业涵盖演艺、娱乐、影视、动漫游戏、图书出版、印刷、拍卖、贸易、艺术品经营等各领域。此外,还成立了上海文化贸易语言服务基地、中小手游产品海外推广服务平台、上海动漫游戏服务外包与出口服务平台等,在语言服务、学术研究、海外推广、服务外包等领域搭建起文化走出去的服务载体。

为进一步深化中外文化交流合作机制,上海不断拓展海外交流渠道,截至2018年8月,上海与59个国家的89个城市建立了友好城市(区)关系或友好交流关系,上海的国际"朋友圈"越来越大,对外合作的国际网络不断延伸。与此同时,上海积极参与中国海外文化中心建设,2011年、2014年先后与巴黎中国文化中心、柏林中国文化中心建立年度合作关系;借助"海外中国文化中心央地合作计划"与布鲁塞尔合作共建,成为首个采取部省(市)合作共建模式的海外中国文化中心,为央地合作共建海外中国文化中心发挥了示范作用,开展的"媒体早餐会""思想者对话"等活动已成为文化品牌。此外,与"一带一路"共建国家开展各类文化交流活动,在博物馆、美术馆等领域探索合作新模式。

据了解,上海国际电影节、上海国际数码互动娱乐展览会、上海国际文学周、中国(上海)国际印刷周、上海国际芭蕾舞比赛等国际文化活动吸引了来自国内外的文化机构、企业及个人,为中外文化交流和文化贸易开展搭建起有效平台。同时,上海也组织文化企业积极开拓海外展会市场,法兰克福书展、里昂国际漫画节、戛纳秋季电视节、科隆游戏展、洛杉矶艺术展、香港国际影视展……通过一系列国际文化展会活动,上海大力支持外向型文化企业开展国际合作与推广,推动了一批中国文化企业、产品和服务"走出去",中华文化魅力和上海城市形象进一步彰显。

自古以来,上海就是对外交通和贸易往来的重要港口。调研组了解到,近年来,上海在对外文化贸易发展方面集中发力,版权贸易、文艺演出、图书出版、动漫游戏等重点领域都已建立起常态化的贸易渠道,搭建起多个功能性贸易服务平台,培养了一大批骨干企业,文化走出去的形式从产品逐步拓展到服务、技术和资本输出。同时,图书报纸期刊、工艺美术品、收藏品等领域的行业企业出口较多,与美国、日本、韩国等国家或地区建立起密切的文化贸易业务往来关系。据统计,2017年上海市文化产品和服务的进口额为43.06亿美元,出口额为48.06亿美元,实现顺差5亿美元。

2016年底,由上海报业集团"澎湃新闻网"运营的新媒体平台"第六声"(Sixth Tone)正式上线,这是上海媒体参与探索对外传播创新路径的尝试。通过招聘国际主流媒体的外籍员工直接参与新闻策划与报道制作,积极借助"外脑""外口"讲好中国故事,以多样化视角提升对外传播的效果。聘请的特约撰稿人既有城市规划师、高校教师,也有动漫导演、外交官员,从多个角度切入,报道题材广泛,达到了不同层面的"和声"和"共振"的效果。

近年来,上海利用丰富的媒体资源,打造对外传播媒体平台。SHINE(上海日报客户端)、Shanghai Eye(上海广播电视台新媒体平台)、Sixth Tone(第六声)、东方网海外头条等新媒体纷纷探索新路,形成了各具特色和优势的对外传播模式,积累了大批境外用户,覆盖亚洲、非洲、欧洲、美洲、大洋洲等各地区，不断地将中国声音传播得更远。同时，上海是境外媒体驻点最多的中国城市之一，国际社会对于上海乃至中国的印象，很大程度上来自这些境外媒体的报道。调研组还了解到，上海初步形成了市区共建、上下联动的对外传播窗口平台，积极推进在对内对外传播融合、境外媒体服务、"魅力上海"城市形象等关键领域的工作。调研团队深刻感受到，中国文化在上海正以多渠道、立体化的方式走出去，文化产品与服务出口不断向高端化发展。

以民族语言和国际表达打造世界级精品力作

实景园林昆曲《牡丹亭》在美国纽约大都会艺术博物馆连演 6 场；上海民族乐团出访匈牙利、奥地利、瑞士、德国和荷兰 5 国，连续 19 天上演 8 场大型音乐会；《金蛇狂舞》《云之南》等展现中国民族风情的传统名曲在法国上演……近年来，上海市充分挖掘和展示中华文化的独特魅力，将诠释中国价值观念贯穿于文化走出去的方方面面。SMG 外语频道连续制作了两季的纪录片——《中国面临的挑战》，聚焦中国实现富强、和谐、美丽、文明和现代化进程中面临的挑战，以及政府和社会各界对此的努力。该纪录片在美国 204 家公共电视台累计完整播出 3 087 集次，在纽约、华盛顿、洛杉矶、芝加哥等地覆盖率达 76%，并获得第 68 届艾美奖最佳社会与法制类节目奖。上海国际艺术节推出"扶持青年艺术家计划"，支持青年艺术家创造精品力作赴海外展演，如王亚彬的《青衣》、杨丽萍的《十面埋伏》分别走进匈牙利和英国。上海歌舞团原创舞剧《朱鹮》在日本巡演 19 场，受到日本观众热捧，被誉为"东方天鹅湖"。

调研中了解到，上海市近年来创新文化走出去模式，以中国艺术演绎西方经典，通过民族特色、民族气质与国际市场审美的有机融合，提升国外观众对于中华文化的接受度。上海京剧院将莎士比亚的《哈姆雷特》改编成京剧《王子复仇记》，从编剧、导演到表演形式，都进行了"中国化"和"戏曲化"的处理，受到西方观众喜爱。

除此之外，上海不断积极探索以学术推动"中国话语""中国智慧""中国经验"的国际研究和传播，各大科研院所、智库及媒体发挥学术优势，在国际学术会议、合作项目中构建中国的学术影响力和话语体系。如由上海市人民政府主办、上海社会科学院承办的世界中国学论坛自 2004 年创办起，已举办了 12

次,截至 2017 年底,共有 2 251 人次中外人士参加论坛,海外代表近千名,覆盖 79 个国家和地区。论坛致力于中国理念的学理化,提出诸多根植于中国传统文化的、有别于西方话语的中国理念,实现对国外理论界的有效传播。如第四届论坛主题"和合共生",引起海内外的高度关注,成为国际社会广泛认可的中国价值。论坛还通过颁发中国学贡献奖、创办《中国学季刊》、青年汉学家研修计划、世界中国学研究所的研究工作等,推进了新一代"中国通"的共同成长。

"魅力上海"城市形象推广活动、"阅读中国"沪版图书海外展销、上海翻译出版促进计划、上海电影周……上海近年来对文化资源进行有效整合、科学规划,以优质内容打造文化精品,提升了文化走出去的水平和国际竞争力。自 2000 年起,上海先后前往美国、英国、斯里兰卡、南非、巴西等国家的重要城市,举办"魅力上海"城市形象海外推广活动,如 2017 年在美国举办的"创新上海"张江论坛主题推广活动,展现了上海科创中心建设情况等。经过十余年积累,活动吸引了诸多跨国机构参与,进一步增强了上海的国际传播力。

为促进电影艺术和文化交流,上海赴纽约、东京、柏林、多伦多、首尔等地,举办"上海电影周",集中放映上海电影优秀作品,向当地民众介绍中华文化。为解决中文作品翻译质量不高,难以进入国外主流发行渠道的问题,上海于 2015 年创设了上海翻译出版促进计划,通过重点支持外籍译者译介中国作品,促进优秀出版物在世界范围内的传播。自 2008 年起推出"上海写作计划",邀请若干优秀国外作家来沪生活两个月,开展交流创作。截至 2015 年底,有 47 位来自美国、澳大利亚、比利时、英国、古巴、墨西哥等国的作家参与此计划,有数十位作家创作了介绍中国和上海的作品,也将上海作家的作品传播到了世界各地。

随着演艺走出去步伐不断加快,上海市文化院团和企业在承担政府对外交流任务的同时,开始探索海外演出自主商业运营,不断提升企业的对外文化竞争力和营利能力。上海大剧院和上海芭蕾舞团共同打造的现代芭蕾舞剧《简·爱》在英国开启海外首演,首次尝试自主租场、纯商业演出模式,连续演出 4 天 5 场,观众达 6 700 人次,平均售票率 55%。此外,上海文化走出去还不断抢占网络市场,上海阅文集团组建"起点国际网",以英文为主要语言,2017 年底上线 300 部左右网络文学翻译作品,供 PC 端和手机等移动端阅读,有力推介了中文优秀文学作品走向世界。

关于提升中华文化国际传播力的思考

党的十九大报告指出:"加强中外人文交流,以我为主、兼收并蓄。推进国际传播能力建设,讲好中国故事,展现真实、立体、全面的中国,提高国家文化软实力。"[1]为推动文化更好走出去,调研组就进一步提升我国文化国际传播力进行了深入思考。

文化走出去要在中华文化的民族特性与世界文化的共通性中找到平衡点。文化走出去仅强调文化的民族性是不够的,还要强调普遍性、共通性,以凝聚民族文化精髓的创意以及有吸引力、感染力的话语体系,打造融通中外的文化品牌,让国外受众听得进去、看得明白,在价值共享中实现民心相通。同时,文化传播中要注重市场调研和受众研究,了解不同国家和地区受众的文化偏好,有针对性地提供文化产品和服务,以对方易于接受的方式传播中华文化。

"请进来"和"走出去"相结合,通过文化出口和进口的互动实现中华文化的传播,是讲好中国故事、提升中国话语国际影响力的重要方式。"走出去"要更加注重内容和形式的精细化,"请进来"要更加注重对象的多样化和活动的体验性。如可在海外知名大学设立讲席教授等职位或设立专项研究资金,通过其他国家学术性、专业性平台实现可持续的精准传播。此外,还可通过"一带一路"企业和企业家走出去带动中华文化的传播。与此同时,还要实现多层次的"请进来",并高度重视"请进来"的对象参与各类活动或项目研究的体验性,通过本土的感受和体验来消除误解、改变观念。

中华文化走出去的重要途径,是向世界提供尽可能多的文化商品和文化服务。对此需进一步培育真正有竞争力的文化主体和产品,鼓励传统业态文化企业做强主业、创新模式,推动原创文化精品走出去,鼓励新兴业态文化企业聚焦新技术、新趋势,加快提升文化服务、技术、资本输出能力和影响力,鼓励行业协会、社会团体、平台企业、中介机构参与文化走出去,发挥桥梁作用。

---

[1] 习近平:《决胜全面建成小康社会 夺取新时代中国特色社会主义伟大胜利——在中国共产党第十九次全国代表大会上的报告》,人民出版社 2017 年版,第 44 页。

从"叠加"走向"质变"

推动文化与旅游融合发展,是以习近平同志为核心的党中央作出的一项战略决策,也是对新时代"人民日益增长的美好生活需要"的积极回应。2018年,国家文化和旅游部成立,为文化和旅游融合发展提供强有力的组织保障,被比喻为"诗和远方"牵手,引起广泛关注。2020年9月27日,习近平总书记在教育文化卫生体育领域专家代表座谈会上的讲话中指出:"文化产业和旅游产业密不可分,要坚持以文塑旅、以旅彰文,推动文化和旅游融合发展,让人们在领略自然之美中感悟文化之美、陶冶心灵之美",为文化铸魂、文旅融合指明了前进方向。

近年来,上海认真贯彻党中央决策部署,坚持中国特色社会主义文化发展道路,全力打响"上海文化"品牌,进一步激活"源头"、做强"码头",城市软实力显著增强。"十四五"期间,围绕建设"高品质的世界著名旅游城市"目标,上海深化文化旅游融合发展,坚持以文塑旅、以旅彰文,构建文化旅游融合发展新优势,深入推进文化与旅游空间融合、业态融合、服务融合,让市民游客近悦远来,既看的到美丽风景,更感受到美好生活;对标世界一流、对标最高品质,上海正努力打造体现国际风范、彰显中国元素、具有上海特色的世界著名旅游城市。

导向、产品、管理、人才是实现文旅融合发展的关键要素,从"叠加"走向"质变"是文旅融合发展之道。为此,我们形成如下思考:

要从培育践行社会主义核心价值观的高度推动文旅融合

文化与旅游有着天然的关联性,但是改革开放以来已经形成的产业、行业分类客观上使两者存在明显区隔,带有自身的行业特征和市场属性。尽管实践和政策层面快速推进,但由于系统的理论支撑尚待时日,不少地方出现了"融而不合"的假象,甚至短时间难以避免"挂羊头卖狗肉"的现象。"文化和旅游的最大、最佳的连接点究竟在哪里"？破解这类难题就需要各级党委和政府部门率先作为,把文旅融合发展提升到新时代培育践行社会主义核心价值观、满足人民日益增长的美好生活需要的高度来认识。

国家文化和旅游部确立了"宜融则融,能融尽融"的原则和理念,相关部门需要跨前一步,对文旅融合开展理论研究、加强顶层设计和政策引导。首先,有必要对文旅融合发展规律性认识、推进模式和实践路径开展理论研究,建立一个规范的、具有可执行性的阶段性目标。其次,需要构建文化资源向旅游产品转化的成果评价体系,文化内容多姿多彩,形式多样,哪些"宜融"、哪些"能融",要尊重文化产业自身发展规律,融得自然,融出效益。最后,要对文化旅游资本市场动态进行综合研判,加强对文旅融合产品中的价值内涵进行有效监管,防止违反法律法规、违背公序良俗、宣扬封建迷信、危害青少年身心健康等内容信息的传播。

要科学认识、探索构建完整的文化旅游产业链

文化内涵及其产品在旅游中的体现可以非常丰富,如非遗、民俗、艺术创作(演艺)、历史遗迹、宗教遗迹、红色遗迹、文创产品等,全方位、深度融合需要探索构建乃至延伸文化旅游产业链。这方面的工作不仅是文化旅游产业自身发展的客观需要,也是对社会主义市场经济运行规则的尊重,更是发挥党和政府导向作用的着力点。正确认知、建构完整的文化旅游产业链,打造每一根链条的上、中、下游"融入"节点,在每一个文旅项目的事前、事中、事后各个环节实现精准融入,对文化产业和旅游产业的真正融合尤为重要。

一方面,要突出创新创意,将多元多样、丰富多彩的文化资源和旅游元素有机整合,充分发挥文化产业、旅游产业的比较优势,提升文旅产品的内涵和品质,创造出更具有市场前景的产品链、影响力和美誉度,推动文化旅游产业链的构建,有效助推文化产业和旅游产业的不断延伸,从而获得更高额的经济效益,促进自身快速发展。另一方面,要综合、全面体现中华优秀传统文化、革命文化和社会主义先进文化的价值追求，举办有新意、有深度、有传承，人民群众喜闻乐见的旅行和文化活动，搭建文化与旅游深度融合的功能性平台，使人们充分享受到特色鲜明、品质服务与优质生态相得益彰的文化旅游产品，增强人民群众获得感、幸福感，以文旅融合的生动实践，讲好中国故事，传播中国精神和中国价值观。

公共文化服务提质增效助推文旅融合

全国各地正在不断优化公共文化服务体系建设，推动实现设施功能更完善、服务品种更丰富、服务内容更精准、服务主体更多元、服务效能更显著，满足人民群众多样化、品质化、个性化文化需求。但是就目前的实际情况来看，各地发展还不平衡，公共文化服务运行效率还有待提高，不同程度存在"门面样式行政化"、内部服务设施单一、界面对公众不够"友好"、公共旅游服务设施不足等情况。概括起来就是三个"融合不够"：公共文化服务设施与公共旅游服务设施融合不够，公共文化服务设施与自身的服务对象融合不够，公共文化（旅游）服务与文旅产业融合不够。

为此，有必要通过基层公共文化设施"更新与提升计划"、公共空间的文化"微更新"改造，借力各地新时代文明实践中心建设，积极探索公共文化（旅游）服务中的文旅项目社会化运作方式，以公共文化服务的提质增效助推文旅融合发展。一方面，可以解决公共文化（旅游）服务的内容供给不足的问题，另一方面也为文化产业相关成果的展现和转化提供空间与平台。优质文旅资源是公共文化（旅游）服务的重要内容，文旅产业本身应该也有延伸融合的投入愿望。当然，具体操作还需要相关职能部门协同推进，把事业的特点和产业的优势充分结合起来。

以开放包容的心态挖掘文旅融合专门人才

文旅融合专门人才应该是具有文化理想和品位、熟悉旅游行业特点、懂得产业发展状况的复合型人才，包括研究型人才、管理型人才、技能型人才等。传统意义上的文化人才和旅游人才，核心能力差异很大，文化人才主要着眼于艺术创作，旅游人才更侧重安全服务，两者在文旅融合工作中不可或缺。我国目前旅游人才队伍以技能型人才为主,如旅游线路策划、导游、酒店服务等,文化综合素养略有欠缺。文化人才队伍的综合人文素养较高,但又缺乏旅游执行所应具备的意识和技能,具备从文旅产品打造到周边业态整体运营经验的高端人才更是屈指可数。真正优秀的高素质、实战型、创新型文旅融合专门人才,需要兼具科学观念、人文素养、责任意识、契约精神,执业要求高、培养难度大。

由此可见,文旅融合专门人才的挖掘培养可能需要走政产学研一体化发展的道路,要树立与时俱进、兼容并蓄的人才观和引才观,完善高端研发和管理人才的培育、引进和保障机制。政府部门在重点人才项目及引才计划实施、各类文化人才评选表彰和典范选树等方面,要有意识地把文旅融合专门人才纳入其中,吸引更多的优质人才加入文旅行业;文化和旅游行业要保持开放心态,引导行业内文化人才和旅游人才优势互补,职业资质互认,完善各自的知识技能结构;高校通过教育理念和模式的更新,尝试分层分类培养模式,有条件的"双一流"院校旅游专业、艺术专业也要拓展跨学科领域,培养研究型、复合型人才,通过目标导向、专业设置、课程设计、实操训练的不断完善,逐渐形成多元化的知识技能培养体系。

自2019年文旅部发布《文化产业促进法(草案征求意见稿)》以来,国家鼓励和支持依托旅游资源创作生产丰富多彩的文化产品,提升旅游的文化内涵,推动文化产业与旅游业的深度融合。文旅融合的理念越来越得到政府、企业和公众的认同与支持。实现消费者的合理需求和文旅产品创新创造的良性互动是文旅融合的题中应有之义,这个意义上的融合不是文化和旅游简单的"叠加",而是一个多方协同形成跨界合力的过程,包括政府部门的引导,相关职能部门的助力,文化旅游行业的市场主体作用以及一批懂文旅的高素质人才加盟。目标就是要共同推动文旅融合从"叠加"走向"质变",生产出更多的能满足人民群众对美好生活需要、能践行和弘扬社会主义核心价值观的优质产品,真正展现"中华历史之美、山河之美和文化之美"。

盘活上海公共文化空间

优质演艺资源与公共文化空间的良性互动与融合发展，既基于彼此契合，更是相互成就，可以造就一个有机统一的新的文化生命体。

互动融合已初见端倪

近年来，上海初步形成了以空间融合为载体、产业融合为核心、服务融合为基础、交流融合为特色的文旅发展新特点和新态势，人文景观空间不断开放。将博物馆、美术馆、剧场等各类文化场馆设施融入旅游产品和线路，深受市民群众的欢迎。据上海市文旅局发布的数据，上海拥有159座博物馆、100座美术馆，每年举办文博美术展览2 000多场。来上海看美展、观文博、赏好剧，成为很多人爱上这座城市的理由。在上海，不仅能让中国看到世界，更能让世界看到中国。

随着国际文化大都市建设进程的加快，文化旅游已成为重要的城市经济增长点和民生幸福指数。博物馆、图书馆、社区文化中心等场馆设施，既是城市文化的展示空间，也是本市居民、外来游客的旅游休闲场所。如何将这些公共文化空间与文艺演出相融合，提升公共文化空间的社会效益，增加文艺演出的优质供给，成为当前亟待解决的问题。

上海部分文艺单位和公共文化空间在互动融合方面已经开始有益的尝试。2023年3月13日，故宫博物院和上海昆剧团签署战略合作协议，此次合作充分整合故宫馆藏和上昆创作演出资源优势，通过文物保护、学术研究、剧目复排等多角度、多层次合作方式，"复活"宫廷演剧、再现艺术经典、追寻故曲佳音，打造更多历史传承与时代潮流融合共生、国际风范与东方神韵相得益彰的生动图景。

上海开心麻花公司在布局演出市场时，立足市民游客多样化、个性化、高品质的需求，强化体验性、互动式"乐活"新消费理念，把演艺新空间全部放在商业广场里，比如沉浸式话剧《疯狂理发店》，理发店的逼真感扑面而来，用这种高还原性满足受众对场景体验、即时交流的追求。"演艺新空间"内多种类型、面向不同圈层观众的演艺节目，作为专业剧场的补充，可以为身处上海，或者来到上海的观众游客提供更多"观剧、赏景、购物、交友"的新选择。

彼此契合需聚焦难点

以优质演艺产品盘活公共文化空间，进一步推动文旅融合发展，我们认为应着力解决当前还存在着的观念和操作环节上的一些问题。

首先，公共文化场馆空间资源有待挖掘。目前地标性、专业性演艺场馆如上海文化广场、上海大剧院、上海音乐厅、上海东方艺术中心等已为大家熟知，"十四五"期间还有在建的上海大歌剧院。高质量剧目主要在此演出，一票难求、"黄牛"泛滥。但相对而言，优质演出的扩展空间总量毕竟有限，对标打造亚洲演艺之都的要求还有较大距离。而公共文化空间兼具展览展示、艺术欣赏、休闲旅游等多种服务功能。相对于专业性演出场馆，其覆盖面、到达率更广泛。上海戏曲艺术中心总裁谷好好认为，博物馆、美术馆等公共文化空间是中华优秀文化的传播阵地，也是戏曲与展览跨界的一个创新发力点，应不断创新文化服务形式，让更多市民共享文化成果。因此，有必要充分挖掘现有公共文化场馆演艺空间资源，以满足人民群众多元多样分层的精神文化需求。

其次，文化演出品质需要提高。目前，上海的国有文艺院团和部分民营演出机构的演出水平居全国前列，一票难求和拖着拉杆箱来看演出的现象频现。但是受场地限制和演出内容供给限制，优质演出的绝对数量有限。而一些公共文化场所的演出质量参差不齐，一些演出内容缺乏创新，艺术水平不高，难以吸引更多的观众。因此，需要积极引进更多数量的国有专业文艺院团和优质民营演出机构，激发专业院团创作演出的动力，提高演出品质，丰富演出内容，增加观众游客的文化旅游体验。

最后，专业性舞台配置有待优化。目前，各公共文化场馆建设注重前瞻性，不仅外观时尚大气，具有现代感，成为区域标志性建筑，深受市民群众喜爱，其内部布局也考虑预留了共享活动空间，如中华艺术宫，内部还设立了小型演出场馆，可举办小型演出、剧本朗读导赏等综合性群众性艺术体验活动。但是因为当初设计建设的时候，这些建筑的主体功能还是以展览展示为主，从专业演艺空间角度来看，还需要进一步优化舞台设备配置，为有文旅特色的演艺产品展示和体验创造条件。

相互成就应综合施策

上海有全国一流的演出供给和演艺市场，又有大量可实现功能拓展升级的公共文化空间，两者的相互成就是彼此内在需要，也是广大受众之福。我们认为实现双赢应综合施策。

一是用好、用足公共文化空间"自我造血"政策。2022年，上海发布了《上海市公共文化设施收费管理办法》（以下简称《办法》），对文化场馆的部分服务项目实行分类收费管理。2023年，上海博物馆已经尝试对部分服务收费，效益显著，形成了很好的"补血"效果。由于《办法》实施时间不长，推进公共文化空间与演艺的有效且深度融合，需要党委政府相关部门的统筹协调、推动支持，激发公共文化空间和演艺机构开展优质演艺项目的积极性和创造性，用好自我造血机制，形成良性循环。让演艺与文旅空间的"水"活起来。

二是激发优质演艺机构与公共文化空间密切合作的积极性。从公共文化空间在演出提供的条件，特别是从其特殊社会定位来看，公共文化空间与演出机构双方从合作开始，就需要有长期的合作规划、定向创作策划、个性制作，建立共赢、稳定、良性循环的合作模式。上海话剧艺术中心原总经理杨绍林认为，这方面的文化旅游建设及市场培育绝不是谁帮助谁的短期问题，而是具有把有现代设计理念的公共空间升华为特殊的展演载体，提升社会公共文化价值和影响力的长远意义。

三是鼓励社会力量和企业参与，形成政府、演艺机构、社会力量三者合作的良好局面。引导社会力量对公共文化空间的投入，包括场馆设施的改善、文化展览的举办、文艺演出的组织等方面的社会性投入。让演艺为商旅业态带来溢价,把人气场馆变成开放式的剧场,把高质量演出的引流和公共文化空间的人流有机结合,形成独一无二的沉浸式体验,助力文化消费市场的繁荣,大幅扩展文艺演出与旅游融合的深度和广度。

四是加强复合型文化演艺人才培养,特别是行业内较为紧缺的舞台制作人才和舞台技术人才,提高公共文化空间和文艺院团从业人员的文化素养和服务水平,加强文化产业的管理和营销能力。如上海大剧院艺术中心和上海戏剧学院就开展联合培养人才项目已签订合作协议,为上海大剧院艺术中心及未来各类舞台演出培养创作及技术人才队伍。这是上海文化艺术领域在加大产教融合上的又一重要举措。此类模式值得我们在人才培养方面借鉴。

公共文化空间作为具有文化展示、旅游休闲等多重功能的场所,在文化与旅游融合发展中扮演着重要角色。通过加强文艺演出与公共文化空间的融合,不仅能够为市民提供更多、更优质的文化生活,也能够促进旅游业的发展,增加城市软实力和文化影响力。

上海正在大力建设亚洲演艺之都,"十四五"上海国际大都市文化发展规划为此也提出了演出场次上的具体目标。政府、文艺院团和公共文化空间管理机构进一步深化合作,有效推动文艺演出与公共文化空间的融合,丰富文化演出形式和内容,更有利于提高公共文化空间的使用效率和社会效益。通过各方共同努力,公共文化空间与演艺产业相互成就,不仅能扩展上海市民游客文化、旅游、休闲的场所,也将会为上海建设亚洲演艺之都增添更多的色彩和动力。

打造富有张力的城市演艺空间

近年来,上海坚持中国特色社会主义文化发展道路,牢牢把握人民城市的精神品格,实现了演艺产品的内容供给、空间布局与观众多样化、品质化、个性化需求的良性互动,彰显了上海社会主义国际文化大都市的独特魅力。

专业特色和多功能拓展并行不悖

一方面,剧院作为演艺行业的第一线,强化专业标签是应有之义。为了实现为观众选好戏、为艺术家搭好台、深化内容的自主生发、呈现专业特色的目标,上海启动"一团一策"院团改革,成果显著。上海文化广场、上海交响乐团音乐厅、国际舞蹈中心剧场、上海儿童艺术剧场、上海市群众艺术馆星舞台分别为音乐剧、交响乐、舞蹈、儿童剧等各类艺术式样提供了相对专业固定的演出场所。同属于上海大剧院艺术中心的3个剧场,上海大剧院以从事高端综合性演艺活动为主,上海音乐厅以室内音乐为主,文化广场以上演音乐剧为主,错位经营,相得益彰。

另一方面,针对观众文化消费需求多样化、品质化、个性化的特点,创新"创制演"模式,挖掘剧院的平台复合功能,实现运营内容的延展。注重开拓审美教育功能,以开放、综合、大艺术为特征,呈现人群与空间联结的新意义,有效匹配供需双方资源,带来更多溢出效应。上海大剧院变身为融演出、制作、文博、美育为一体的综合艺术机构,上海文化广场尝试文化品牌市集、路演、个性化定制活动,都是打破公众对于剧院认知定势的创新举措。2019年5月,上海出台国内首个《演艺新空间运营标准》,专业剧场之外的大隐精舍、思南公馆等适合举办演艺活动的新空间以可大可小、灵活多变的样式有效补充了演出场所资源,拓展了演艺活动空间,实现了人性化服务。

观众"孵化"与市场培育有机统一

观众的年轻化是演艺市场的总体趋势。把"我们想演的"变成"年轻人想看的",把"年轻人想看的"融进"我们想讲的",是演艺剧目生产与消费关系的辩证法。针对年轻观众的文化需求和实现方式,上海注重打造舞台、艺教、新媒体、社群等个性化的会员服务,整合各类剧院品牌资源的孵化和迭代,辐射更广泛的潜在受众;注重剧院自媒体建设,系统布局发布演出咨询、传播艺术教育、凝聚观众共识等线上新空间;注重剧场"把门打开"的开放交互体验,引导年轻观众养成规范正确的观演意识,培植消费市场。舞台导览、音乐午茶、艺术进校园、剧院开放日、戏剧工作坊、艺术家伙伴计划等"大艺教"活动,重在启蒙培育年轻观众,而他们的视野和"胃口"反过来又催生了剧目和业态的创新发展。

上海在剧院运营管理过程中不断深化认识,逐步在舞台功能与平台效应、专业演出与年轻观众艺术教育普及等方面探索形成鲜明特色。剧院在邀请、组织各类舞台演出的同时,注重汇聚各方资源,打造行业发展的高端服务平台;在开拓演出市场的同时,参与组织实施艺术创作生产;在切实保证演出的专业性、标杆性的同时,注重对青年群体综合艺术素养的培育。

设施完善与布局优化相辅相成

内容生产、观众培养,都离不开文化设施的合理布局。"十四五"时期,上海将坚持统筹协调、功能错位、优势互补的基本原则,完成一批重大文化设施项目,保护一批历史文化遗产,增加一批城市文化景观,做到设施完善与布局优化相辅相成。

坚持人民城市理念,进一步提升现有文化场馆、文化设施的使用效能,是激发城市公共空间文化活力的重要举措。应鼓励现有博物馆、美术馆、体育馆等公共文化设施提供夜间文化服务,提升使用效能;多部门协同推进机关、学校、企事业单位的文化体育设施创造条件向公众开放;助力公共空间"微更新"

改造,在"一江一河"沿岸、社区园区商圈和绿地公园广场等植入丰富多彩的文化艺术和休闲运动元素,打造一批特色鲜明、"小而美"的"文化客厅"和艺术"打卡地"。

"十四五"时期,上海还将深化"建筑可阅读"项目,扩大历史保护建筑、文物保护单位开放广度与深度。把现有老厂房、老仓库因地制宜改造为美术馆、博物馆、剧场、画廊、书店、文创园区等文化地标设施,将"工业锈带"变成"生活秀带",将文化特色场馆、特色街区、特色空间、特色市集等融为一体,营造更加浓厚的城市文化氛围。

图书在版编目(CIP)数据

精神自立与文化自信 / 黄凯锋著. -- 上海 : 上海社会科学院出版社, 2025. -- ("马克思主义理论学位点培优培育"系列丛书 / 黄凯锋主编). -- ISBN 978-7-5520-4606-9

Ⅰ. G12

中国国家版本馆 CIP 数据核字第 2024VD7334 号

精神自立与文化自信

著　　者：黄凯锋
责任编辑：董汉玲
封面设计：金　峰
出版发行：上海社会科学院出版社
　　　　　　上海顺昌路 622 号　邮编 200025
　　　　　　电话总机 021-63315947　销售热线 021-53063735
　　　　　　https://cbs.sass.org.cn　E-mail:sassp@sassp.cn
排　　版：南京展望文化发展有限公司
印　　刷：浙江天地海印刷有限公司
开　　本：710 毫米×1010 毫米　1/16
印　　张：18.5
字　　数：286 千
版　　次：2025 年 1 月第 1 版　2025 年 1 月第 1 次印刷

ISBN 978-7-5520-4606-9/G·1369　　　定价：108.00 元

版权所有　翻印必究